カラー版

イチから知りたい！

家紋と名字

網本光悦

西東社

目次

1章 家紋と名字の歴史学 7～58

2章 家紋と名字の人物学 59～106

4章

よくわかる家紋図鑑

【本書に掲載の家紋について】

家紋は長い歴史を経て受け継がれてきたものです。元は手書きであり、その形や名称はそのつど変化してきており、正しいものを求めるのが困難です。本書はできるだけ一般的な名称と形を取り上げて掲載しておりますが、線の太さや数、家紋の呼び名に関しては、右記の都合上、他書と異なることがあります。以上の点をご留意いただき、本書をご活用ください。

本書に収録されているほとんどの家紋は、ご厚意により有限会社マツイシステムの『家紋大全』のデータを使用させていただきました。

1章

家紋と名字の歴史学

家紋とは、その家独自の〝印〟である。
そして名字もその家独自の〝証〟として用いられる。
では、家紋と名字はいつ頃から使われているのか?
その発祥と発展の歴史をたどる。

家紋

家紋の源流と発祥

◆家紋の成立時期は不明

家紋は自然発生的に生まれたもので、その成立時期を特定することはできない。**新井白石**《あらいはくせき》や**山鹿素行**《やまがそこう》といった江戸時代の学者の研究もあるが、決定的なものはない。ひとつ確かなことは、平安末期から鎌倉時代にかけて、公家社会や武家社会に「**家**」という概念が生まれたことが背景にある。

ただ、公家の家紋と武家の家紋では成立事情が異なる。

公家の家紋は、平安時代を通して牛《ぎっ》車《しゃ》や衣服、調度品などにつけられていた**好みの文様**が、その家の紋章となったと考えられている（➡P26）。

一方、武家社会に家紋が登場したのは公家より後だとされる。戦陣で掲げる**旗印**《はたじるし》が起源であり、戦場で武勲を得た証としてその家に受け継がれていったものが、家紋として定着していったらしい（➡P30）。

ところで、家紋が成立するには、まずはそのもとになる文様が必要である。その起源ははるかに時代をさかのぼる。

◆家紋の源流は縄文時代？

家紋のデザインは文様から変化したものが多く、文様ということであれば、**縄文**《じょうもん》**時代の土器**の縄目《なわめ》文様にすでに見られる。**弥生**《やよい》**時代の銅鐸**《どうたく》には、流水《りゅうすい》文様や整った渦巻《うずまき》文様などが見られ、古墳壁画や銅鏡《どうきょう》や埴輪《はにわ》などにも文様は確認されている。日常で使う道具や自分の体にも文様を描いていたようだ。

そして、時代ごとに大陸からも多くの文物が伝わり、そこに施されている文様に刺激を受けながら日本の文様文化は熟成していく。平安時代には**有職**《ゆうそく》**文様**も確立する。

有職文様というのは、家格や位階、伝統などに応じて公家の装束や調度につけた文様である。つまり、**使用に制限のある文様**が生まれたわけで、そこに見られる意識は家紋に通じるものがある。

このようにして、家紋が生まれる土壌が準備されていったのである。

家紋の源流は文様にあり

（左上と左の写真）
『桜ヶ丘銅鐸·銅戈群内の3号銅鐸(国宝)』神戸市立博物館蔵

■土器

縄文時代前期の深鉢型土器。表面に縄目の文様と、植物のようなものをあしらった幾何学的な文様も確認できる。

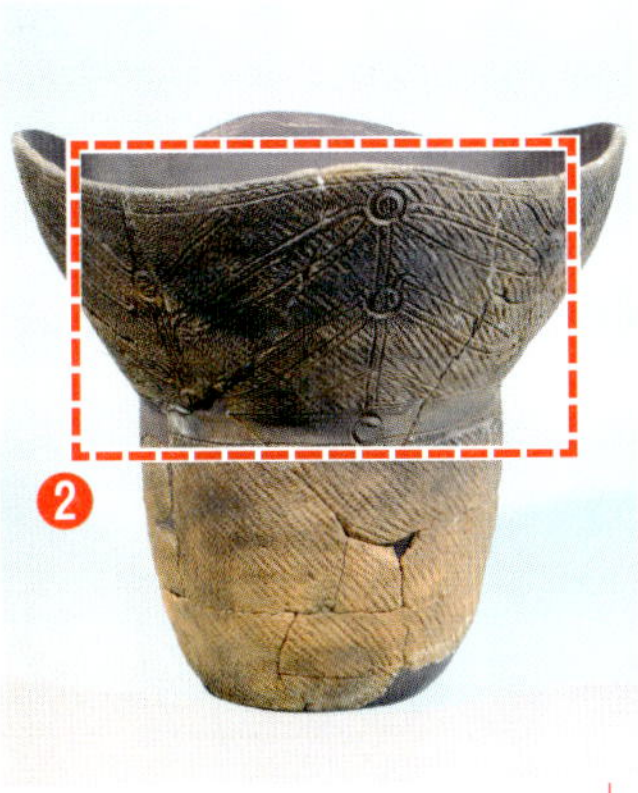

（右上と右の写真）
『中台貝塚　諸磯a式土器』市立市川考古博物館蔵

■銅鐸

弥生時代中期のものとみられる銅鐸。銅鐸の表面に流水《りゅうすい》文様が確認できる。流水の文様は、右のような家紋で使われる。

菊水

主な有職文様

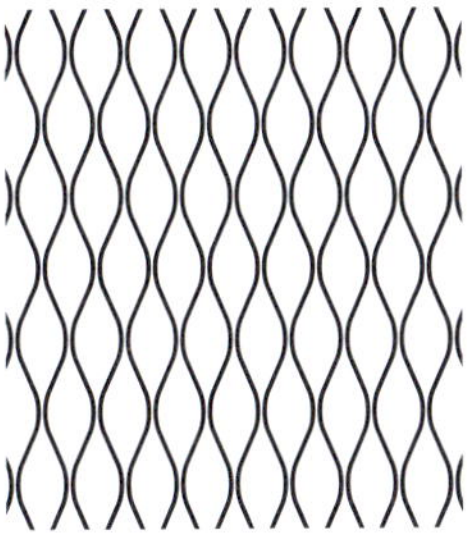

立湧《たちわく》

曲線を縦に二つ並べた文様。雲が湧きあがる様子、水蒸気が立ち上る様子を表す。公家装束に多く用いた。空白部分に模様を入れた、さまざまな立湧模様がある。

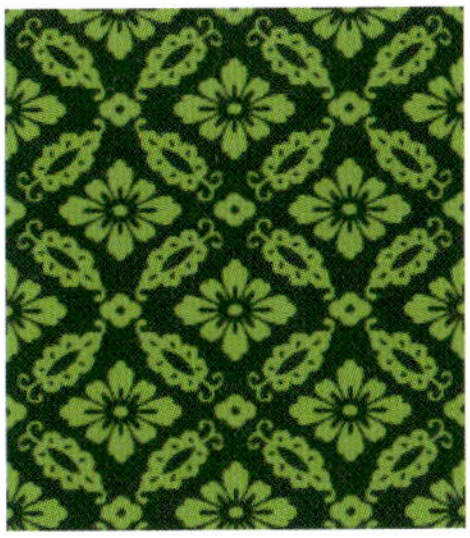

小葵《こあおい》

襷《たすき》の線を葉に見立て、中に唐《から》花《はな》を描いた文様。天皇の日常着に用いられるなど高貴な文様として知られる。平安時代に装飾や調度品などに広く使われた。

襷《たすき》

線を斜めに交差させてつくる文様。シンプルな模様であるが、空白部分に模様の入ったさまざまな襷模様がある。上の図版は中に菱を入れたもので、三《み》重《え》襷と呼ばれる。

名字

天皇から賜った「源平藤橘」が名字の祖

◆氏と姓と名字

古代日本には「**氏姓《しせい》制度**」というものがあり、「**氏《うじ》**」と「**姓《かばね》**」という概念が存在した。氏姓の発生ののち、14世紀ごろに、「家」の名を継承する名称として定着するのが「名字《みょうじ》」である。

氏《うじ》とは**親族集団**や、**血筋**を表す名称であり、地名に由来したり、職業に由来したりした。天皇から賜るときもあった。

姓《かばね》は、朝廷が各氏族や個人に与えた、**位を表すもの**で、天武《てんむ》13（684）年には「**八色《やくさ》の姓《かばね》**」が制定されて整理再編が行われたが、その目的は序列を表すことにあった。しかし、奈良時代にはほとんどの姓が「**朝臣《あそん》**」となって形骸化し、意味のないものとなってしまう。

そして、時代を経るにしたがい同じ氏を名乗る者が増え、各地に広がっていく。そうなると氏を区別する必要が生じ、たとえば領地の地名をとって「○○の太郎」などと呼ぶようになる。やがて自らもその呼び名を名乗るようになり、それが**名字**となるのである。

◆「源平藤橘」は名字の祖

名字に関する本を広げてみると、四字熟語のような「**源平藤橘《げんぺいとうきつ》**」という字の並びを目にする。これは、氏を天皇から賜った有力氏族、**源氏《げんじ》**、**平氏《へいし》**、**藤原氏**、**橘《たちばな》氏**のことだ。

他にも氏を与えられた氏族がいるなかで「源平藤橘」を特別扱いするのは、時に強大な権力を誇った一族であるとともに、その氏の広がりが名字の誕生につながっているからである。

「源平藤橘」それぞれの氏が歴史に登場してくるのは、藤原→橘→源→平の順である。四字の熟語としてのリズムのよさからこのように呼び慣らわされているのだろう。平安末期にはこの四氏のいずれかを名乗る者がほとんどという状態になる。

同じ氏を名乗る者の拡大が名字の登場を促したというのは先述のとおりだが、その「氏」こそ「源平藤橘」にほかならない。**「源平藤橘」が名字の祖**とされるゆえんはそこにある。

氏と姓と名字

人の呼び名は時代とともに変化した。「姓《かばね》」だけでは区別できないために「氏」をつけて、「氏＋姓」で呼ばれたが、これでも区別できなくなったために「名字」を使うようになった。戦国時代には下記のようなフルネームとなる。さすがにすべてを呼称には使わず、また当時は「名前」を呼ぶのは失礼にあたるため、官位や*通称で呼び合った。

徳川《とくがわ》　右大臣《うだいじん》　源《みなもとの》　朝臣《あそん》　家康《いえやす》

名字（徳川）

「家」の名を表す。直系の血族を指す家族のこと。出自を同じくする者が各地に増え、「氏」を区別する必要が生じ、在地領主が居住地や官職に由来する名称を名乗ったことに始まる。

官位（右大臣）

身分や家格を表す位で武士の序列や権威づけに使われた。幕府や朝廷の任命で得られた。戦乱期は勝手に自称できたが、徳川幕府になって公式の官位名が整備された。この官位名で互いを呼び合った。

氏（源）

親族集団、血筋を表す名称のこと。地名に由来したり（蘇我《そが》、出雲《いずも》など）、職業に由来したり（物部《もののべ》、秦《はた》など）、天皇から賜ったり（藤原、源《みなもと》、平《たいら》、橘《たちばな》など）した。

姓（朝臣）

朝廷が各氏族や個人に与えた位（朝臣《あそん》、宿禰《すくね》など）。奈良・平安のころには朝臣がほとんどとなり形骸化。平安中期に名字が多用されるようになると、姓を称することは次第に廃れた。

名前（実名）（家康）

元服のときにつける名称で「名乗《なのり》」ともいう。父親や名付け親の一字をつける場合が多い。普通は名前は口にせず、「源九郎《げんくろう》」などの通称や字《あざな》で呼んだ。字とは元服の際に、本人の好みで付けられる呼称。

明治以降の氏と姓と名字

江戸時代は農民や商人は名字を持つことが許されなかった。だが、明治になって庶民も名字をもつことが義務づけられ、いっきに名字が広まった。現在では、実名は戸籍法により出生後に役所に届ける必要がある。姓名の変更には家庭裁判所の許可が必要である。

COLUMN

本居宣長の疑問は私たちの疑問

「源平藤橘」と並べられているものの、日本史を振り返ってみた場合、橘氏については、源氏や平氏、藤原氏のように栄えたとはいえないのではないか、という疑問をだれもが持つのではないだろうか。

同じ疑問は本居宣長も持っていて、彼は『玉勝間』において、「よに源平藤橘とならべて、四姓といふ。……橘ハしも、かの三うじにくらぶれバ、こよなくせばきを、此のかぞへのうちに入れぬるハ、いかなるよしにかあらむ。」と述べている。

＊**通称**：官位を持たない人が使った呼称。太郎・次郎・三郎など生まれ順にちなんだ呼び名や、◯之助・◯之介など官職風の呼び名を用いた。

中臣鎌足に始まる公家の「藤原氏」

◆「藤原氏」の誕生と発展

「源平藤橘《げんぺいとうきつ》」の中で最初に誕生するのが**藤原氏**である。

天智《てんじ》8（669）年、臨終の床にあった**中臣鎌足《なかとみのかまたり》**が、大化改新《たいかのかいしん》以来の功によって、天智天皇から「**藤原**」の氏を授けられたのに始まる。藤原という名称は、**鎌足の生地の名**にちなんだものだという。

以後、藤原一族は目覚ましい発展を見せるが、その主流となるのが、**藤原北家《ほっけ》**と呼ばれる系統。平安時代の半ばに政権のトップに立ち、長きにわたってその座をキープし、朝廷の中枢を牛耳り続ける。

その過程において、藤原北家の一族は拡大。朝廷に仕える公家の大多数を藤原北家の子孫が占めるほどになる。

そうなると、朝廷が藤原氏だらけになってしまい、相互に区別する名称が必要になってくる。そこで、それぞれの邸宅のある場所によって呼ぶようになるなど、のちの名字につながっていく呼び名が生まれることになる。

◆藤原氏の家紋

藤原が「藤」の一字を含んでいるためか、藤紋が藤原氏の代表紋だと思われがちだ。しかし、実情は少し違っている。

『雲上明覧《うんじょうめいらん》』という公家の名鑑によれば、藤原氏の出とされる97家のうち、藤紋はわずか7家にすぎないという。そして、藤原北家の嫡流《ちゃくりゅう》の家紋もまた、藤紋ではなく、**牡丹《ぼたん》紋**だとされている。

藤原北家の嫡流は、鎌倉時代に入るとまず**近衛《このえ》家**と**九条《くじょう》家**に分かれ、さらには近衛家から**鷹司《たかつかさ》家**が、九条家から**二条《にじょう》家**と**一条《いちじょう》家**が分かれ出る。この5家を**五摂家**（➡P28）といい、なかでも近衛家が筆頭家とされたが、その近衛家と鷹司家が牡丹紋なのである。

さらに、九条家と二条家、一条家は藤紋なのだが、実は九条家も最初は牡丹紋であった。最初に分立した両家の家紋がどちらも牡丹紋だったことから、藤原北家の嫡流においては牡丹紋が家紋と認識されていたのだろうと推測できるのである。

公家の藤原氏の系図

藤原鎌足から始まった藤原氏は、奈良時代に南家《なんけ》、北家《ほっけ》、式家《しきけ》、京家《きょうけ》に分かれた。もっとも隆盛を極めたのは藤原北家の流れで、「五摂家」という公家を統括する一族を出した。

藤原鎌足《ふじわらのかまたり》
藤原氏の祖
(614~69) 中大兄皇子とともに大化改新を主導。律令国家形成のの基礎を築く。

不比等《ふひと》
(659~720) 藤原氏隆盛の基礎を作る。

房前《ふささき》
藤原北家の祖
(681~737) 不比等の息子たちが藤原4家の祖になった。

魚名《うおな》
(721~83) 子孫が武家藤原氏に（➡P23）。

良房《よしふさ》
(804~72) 藤原氏ではじめて太政大臣、摂政をつとめ北家の権力基盤を固める。

基実《もとざね》
近衛家の祖
(1143~66) 六条天皇の摂政となるが夭折する。

兼平《かねひら》
鷹司家の祖
(1228~94) 近衛家を継ぐ兄の後を受け摂政と関白に。邸宅は鷹司室町にあった。

分家して新しい公家を興していった。三条家、西園寺家、徳大寺家、冷泉家など。

兼実《かねざね》
九条家の祖
(1149~1207) 平氏滅亡後、頼朝のあと押しで摂政・関白に。晩年は隠棲した。

良実《よしざね》
二条家の祖
(1216~70) 実経を寵愛する父に縁を切られ二条家を興す。

実経《さねつね》
一条家の祖
(1223~84) 父に寵愛され、摂政・関白に。一条室町に住む。

近衛牡丹《このえぼたん》

近衛《このえ》家

藤原北家の嫡流（本流）。基実の邸宅が近衛大路に面していたことより称した。五摂家の筆頭にあたる。

五摂家の家紋

五摂家とは摂政・関白になれる家柄にある5家のこと。

鷹司牡丹《たかつかさぼたん》

鷹司《たかつかさ》家

藤原北家嫡流。近衛家から分かれ、五摂家では一番最後に成立した。江戸幕末では摂政・関白として活躍。

九条藤《くじょうふじ》

九条《くじょう》家

同じく藤原北家の嫡流。九条殿に住んだ兼実が頼朝と結んで興す。近衛家と並んで五摂家の双璧となる。

二条《にじょう》下《さ》がり藤《ふじ》

二条《にじょう》家

九条家から分かれ、良実が二条京極に住んだことから称した。幕末に最後の関白、二条斉敬《なりゆき》を出した。

一条《いちじょう》下《さ》がり藤《ふじ》

一条《いちじょう》家

九条家から分かれ、実経が一条室町に住んだことから称した。五摂家内でも家格が高い。桃華家とも。

名字家紋

「橘氏」は衰え、「橘紋」は人気に

◆橘氏は橘の実とともに

「源平藤橘《げんぺいとうきつ》」の二番手として登場する「**橘氏**《たちばな》」の始祖は、敏達《びたつ》天皇の血筋に嫁ぎ、女官長として長く宮廷に仕えた**県犬養三千代**《あがたいぬかいのみちよ》である。

和銅《わどう》元（708）年、元明《げんめい》天皇即位の祭儀の宴に際し、長年の労をねぎらわれた三千代が、果物の王とされ、「**非時香菓**《ときじくのかくのこのみ》（夏に実り、秋冬になっても霜に耐えて香味の変わらない木の実の意）」と呼ばれていた橘を浮かべた酒杯とともに、「これをもって氏とせよ」ということで元明天皇より賜《たまわ》ったとされる。

◆子の諸兄が「橘」を名乗る

もともと「橘」は三千代一代限りのものだったのだが、天平《てんぴょう》8（736）年、三千代の子の**葛城王**《かずらきのおう》・**佐為王**《さいのおう》の臣《しん》*籍降下《せきこうか》に際して与えられ、二人はそれぞれ**橘諸兄**《もろえ》・**橘佐為**《さい》と名乗ることになる。こうして氏族としての「橘氏」が成立する。

橘諸兄は左大臣にまでのぼって勢力を誇るが、その栄華は諸兄の一代限りで終わる。子孫は、曾孫の**橘逸勢**《はやなり》が三筆（➡P15）の一人として知られるくらいで、他は今ひとつぱっとしない。後の世で子孫と称している武士も**楠木正成**《くすのきまさしげ》くらいである。

「源平藤橘」と並べられてはいるが、実際のところ他の三氏には水をあけられている。

◆「橘紋」は人気の家紋

橘氏の紋は橘とされるが、始まりは明らかでない。常緑である橘は縁起のよい植物とされてきたが、橘氏の勢力は諸兄のあとは色あせていき、直系は16世紀後半に滅びたとされている。

橘紋もわずかに残る子孫が伝えるのみとなり、衰退していくかに思えたが、橘氏とは別の流れから新たな花を開かせる。たとえば、**井伊氏**、**黒田氏**、**久世氏**などが橘紋を用いるようになったのである。

今では橘紋は、**日本の十大紋**の一つに数えられるほどの家紋となっている。

＊**臣籍降下**：皇族の身分を離れ、臣民（一般人）になること。

橘氏の系図

橘氏は一代限りの氏として、元明天皇より県犬養三千代《あがたいぬかいのみちよ》に与えられたもの。なんとか氏族として興るも藤原氏の勢いに押されて衰退。後世になって橘氏の末裔を自称するものは多い。

敏達《びだつ》天皇
第30代天皇
(538？～85) 推古天皇を后とする。

美努王《みののおう》
(？～708)

橘三千代《たちばなのみちよ》
橘氏の祖
(？～733) 最初美努王に嫁ぎ、ついで藤原不比等と再婚して聖武天皇の皇后となる娘（光明皇后）を産む。長く宮廷に仕えた褒賞に、杯に浮かぶ橘にちなんで橘氏を賜る。

諸兄《もろえ》
(684～757) 不比等の娘をめとる。不比等の息子の四兄弟があいついで病没したあと、権勢を得て左大臣に。

逸勢《はやなり》
(？～842) 遣唐使として中国へ留学。帰国後、政変に巻き込まれ流罪に。書が巧みで嵯峨天皇・空海と並んで「三筆」と称される。

佐為《さい》
(？～737) 首皇子（聖武天皇）の教育係をつとめた。

橘氏の末裔

逸勢以降、橘氏は徐々に衰退した。筑後（福岡）の橘氏のように地方で土着した者もいる。これは同じ筑後の蒲池氏につながるという説がある。楠木正成は橘氏の末裔と史料にあるが確かではない。

橘紋とその種類

上の橘氏の系図につらなる人たちが、実際に橘紋を使ったかどうかはわからない。橘紋自体は人気があり、今では日本の十大紋に数えられるほど使用する家が多い家紋である。

日蓮宗橘《にちれんしゅうたちばな》

日蓮宗の寺紋

日蓮宗の開祖、日蓮の出自にはいろいろ説があるが、橘紋を使う井伊氏族の貫名《ぬきな》氏より出たという説がある。日蓮宗の寺院では、この家紋が見られる。

久世《くぜ》橘《たちばな》

久世氏

江戸時代、下総国関宿藩（千葉県）を治めた久世氏の定紋。ちなみに幕臣で橘紋を使う者は多く、その数は100人を超えるという。

黒田《くろだ》橘《たちばな》

黒田氏

江戸時代、福岡藩を治めた大名の黒田氏。藤巴や黒餅のほか、橘紋も用いた。以前に仕えた小寺氏の家紋、藤橘巴より橘を抜き出して使ったという。

井伊《いい》橘《たちばな》

井伊氏

彦根藩を治めた大名。井伊氏の祖、共保《ともやす》の出生時、そばに橘が一果あり、産着に橘の紋をつけた。これより井伊氏は橘を衣類の紋とした、といわれる。

家紋名字

公家として栄えた村上源氏

◇「源氏」の誕生

「**源氏**」が初めて誕生するのは、弘仁《こうにん》5（814）年のこと。嵯峨《さが》天皇が皇《み》子《こ》たちを臣籍《しんせき》に降ろして家臣にしたときに、**皇室と「みなもと」を同じくする**ということで、「**源**《みなもと》」の氏を与えたのに始まる。

それまでも臣籍降下はなされてきたが、親王《しんのう》世代で臣籍に降ろされることはまずなかった。その点だけをとってみてもほぼ前例のないことなのに、嵯峨天皇は皇子・皇女を順次臣下に移し、計32人という大量の臣籍降下をおこなっている。これは、かなり衝撃的な出来事であったと想像される。

嵯峨天皇はその32人すべてに「源」の氏を与えているが、これが通例となって、以後、臣籍降下に際して与えられる氏の多くが「源」となった。

その結果、源氏の系統は21にも及ぶことになり、その数が多いことから、始祖にあたる天皇の名を冠して、「**嵯峨源氏**」「**清和**《せいわ》**源氏**」「**宇多**《うだ》**源氏**」などと呼んで区別している。

◇公家として栄えた村上源氏と龍胆紋

21に及ぶ源氏の系統の中には一代限りのものもあったようだが、そのなかでもっとも格が高いとされるのが、公家となった**村上**《むらかみ》**源氏**である。村上天皇の皇子・具平《ともひら》親王の子である**師房**《もろふさ》を祖とする流れの村上源氏は、子孫に多くの大臣を出し、公家として隆盛した家柄である。

現在、源氏全体の代表紋だと考えられている**龍胆**《りんどう》**紋**は、もともとはこの村上源氏の代表紋であった。村上源氏の系統にあった公家の**岩倉家**、**久我**《こが》**家**、**中院**《なかのいん》**家**、**梅渓**《うめたに》**家**、などが用いており、後には宇多源氏にも広がっている。

そして、江戸時代になると、武家の名家となった清和源氏と村上源氏とが混同され、龍胆が系統を超えた源氏の紋だと認識されるようになる。その結果、清和源氏の流れを汲む家や、その後裔《こうえい》を称する家が龍胆を家紋とするようになり、いつしか龍胆紋が源氏の代表紋であるかのように考えられるようになってしまったのである。

主な源氏の系統

源氏の系統は21あるが、その中でも勢力が大きいのは次の4つである。

代表的な系統名	臣籍降下させた天皇	特徴
嵯峨源氏	嵯峨天皇（52代・786〜842）	最初に皇子に源氏姓を授けて皇族を離れさせた。嵯峨天皇の皇子で始祖の源融（みなもとのとおる）は『源氏物語』の光源氏のモデルという説がある。子孫に摂津・渡辺氏、肥前・松浦氏が出る。
清和源氏	清和天皇（56代・850〜880）	多くの武家を出した系統。鎌倉幕府を開いた源頼朝、足利幕府を開いた足利尊氏をはじめ、甲斐の武田氏、美濃の土岐氏、上野の新田氏など多くの武将が出た（➡P18）。
宇多源氏	宇多天皇（59代・867〜931）	公家と武家を出し、公家では庭田家、綾小路家、五辻家などの堂上家（➡P28）が、武家では近江の佐々木氏が出た。その後、佐々木氏からは六角氏や京極氏という武家が出た。
村上源氏	村上天皇（62代・926〜967）	多くの公家を出した系統。久我家、中院家、岩倉家のほか、堀川家、土御門家、六条家、北畠家などを出し、朝廷で活躍した。岩倉家は幕末に活躍した岩倉具視を出した。

村上源氏の系図

村上源氏の系統からは多くの公家が出て、朝廷で活躍した。

村上天皇《むらかみ》 — **具平親王《ともひら》** — **源師房《みなもとのもろふさ》** …… **通親《みちちか》**

村上天皇：第62代天皇（926〜67）

具平親王：（964〜1009）第7皇子。詩歌にすぐれ仏教にも関心が深かった。

源師房：村上源氏の祖（1008〜77）和歌に長じた。右大臣まで進む。

通親：（1149〜1202）土御門天皇を即位させて権勢を持った。

通親の子：

通具《みちとも》 堀川家の祖
（1171〜1227）歌人で『新古今集』撰者の一人。堀川家は室町期に絶える。

通光《みちみつ》 久我家の祖 …… **岩倉家**
（1187〜1248）公家で歌人。太政大臣を務め、『新古今集』などに多くの歌がに収められる。

定通《さだみち》 土御門家の祖
（1188〜1247）公家。北条氏と姻戚関係を結び、後嵯峨天皇の後見として権勢を持つ。

通方《みちかた》 中院家の祖 …… **北畠家**
（1189〜1239）公家で歌人。子の通成が内大臣となり大臣家に（➡P28）。

岩倉家
久我家の分家。江戸時代に没落したが、堀川家より家を継いだ具視によって復興。ちなみに分家はほかに梅渓家、久世家などがある。

北畠家
中院家の分家。武家として家名をあげ、伊勢国を治める。後年信長に滅ぼされる。

岩倉具視
（1825〜83）幕末〜明治の政治家。討幕派の諸藩と結び、明治維新を達成。政府の最高指導者についた。

村上源氏の主な家紋

身分や家格を表す位で武士の序列や権威づけに使われた。幕府や朝廷の任命で得られた。戦乱期は勝手に自称できたが、徳川幕府になって公式の官位名が整備された。この官位名で互いを呼び合った。

笹龍胆《ささりんどう》

久我《こが》龍胆《りんどう》

六《む》つ龍胆車《りんどうくるま》

名字家紋

頼朝につながる武家の名流、清和源氏

◇清和源氏は武家の名流へ

21を数える源氏の系統の中で、もっとも栄えたといえるのが、武家の本流となった**清和《せいわ》源氏**である。

清和源氏は、清和天皇の孫の**源経基《つねもと》**に始まるとされる。また、経基は陽成《ようぜい》天皇（清和天皇の子）の次男の子だという異説もある。

いずれにせよ、現在、清和源氏と呼ばれている系統がもっとも栄えたということは間違いない。それは江戸時代、幕末の300近い大名家のうち、4割近くの大名が清和源氏と称していたということからもうかがえる。

その清和源氏の武家の本流としての歩みは、経基の嫡男**満仲《みつなか》**が摂津守《せっつのかみ》に任じられ、その地で武士団を形成したことに始まる。

そこからいくつかの系統に分かれ、多くの家が生まれていく。

◇「清和源氏」発の「○○源氏」

清和源氏の子孫は各地で武家として栄えたため、次の名称が生まれる。それぞれの基盤となった土地の名を冠して、**摂津《せっつ》源氏**、**河内《かわち》源氏**、**美濃《みの》源氏**のように呼ばれるようになるのである。

鎌倉幕府を興す**頼朝**は河内源氏の流れから出る。その河内源氏の支流からは**甲斐《かい》源氏**や**常陸《ひたち》源氏**なども出る。その甲斐源氏の嫡流が、信玄《しんげん》につながっていく**武田氏**である。

◇力強い家紋で武家の名流をアピール

清和源氏には、村上源氏の龍胆《りんどう》紋のような、系統に共通する家紋はない。それぞれの家によって**独自の紋**を用いている。

ただ、新田《にった》氏の**新田一《にったひと》つ引《ひ》き**（**大中黒《おおなかぐろ》**）、足利氏の**足利二《あしかがふた》つ引《ひ》き**、武田氏の**武田菱《たけだびし》**、小笠原《おがさわら》氏の**三階菱《さんかいびし》**など、清和源氏系の武士の家紋を見てみると、花や植物をモチーフにした紋は少なく、象徴的でシンプルなものが多いことに気づく。

武門を誇る家だけに、力強さを感じさせるものが好まれたのだろうと推測される。

清和源氏の系図

清和源氏は武家を多く輩出し、鎌倉幕府を開いた源頼朝と室町幕府を開いた足利尊氏を出した。

清和《せいわ》天皇
第56代天皇
(850～80)

源経基《みなもとのつねもと》
清和源氏の祖
(?～961) 平将門の謀反を朝廷に知らせる。

満仲《みつなか》
(912～97) 摂津守となり武士団を形成。藤原氏と結び勢力を増す。

頼光《よりみつ》
摂津源氏の祖
(948～1021) 摂津(大阪北中部)などを治めた。昔話的な伝説を多くもつ。

土岐《とき》氏
美濃源氏
美濃国土岐郡内(岐阜)を治め名乗った氏族。斎藤道三に滅ぼされる。

義親《よしちか》
(生没年不詳) 西国で反乱をおこし朝廷に討たれる。これを機に源氏は勢力を落とし平氏が台頭。

頼朝《よりとも》
鎌倉幕府開府
(1147～99) 平氏追討の兵をあげ、平氏を滅ぼし鎌倉に幕府を開いた。

頼親《よりちか》
大和源氏の祖
(生没年不詳) 大和守として大和(奈良)で勢力を持った。

義家《よしいえ》
(1039～1106) 長期にわたる奥羽の戦乱を収め、東国に源氏勢力の基礎を築く。

義国《よしくに》
(?～1155) 常陸国をめぐる叔父との争いに敗れ、下野国(栃木)で勢力を伸ばした。

新田《にった》氏
上野国(群馬)の豪族。義国の長男が始祖で、南北朝の内乱において足利氏と争う。

頼信《よりのぶ》
河内源氏の祖
(968～1048) 晩年に河内守として河内(大阪南東部)で勢力を広げた。

佐竹《さたけ》氏
常陸源氏
義国の叔父義光の孫昌義が佐竹氏を称した。家紋の佐竹扇は頼朝に由来する(➡P30)。

武田氏
甲斐源氏
義光の子義清が始祖。甲斐国(山梨)守護より戦国大名になり、のちに武田信玄を出す。小笠原氏も同じ甲斐源氏。

足利氏
室町幕府開府
下野国足利荘を本拠とした豪族。義国の次男が始祖。のちに室町幕府を開く。

清和源氏の主な家紋

新田一《にったひと》つ引《ひ》き(大中黒)

新田氏

上野国新田荘の豪族。南北朝の争いに敗れ衰退。その後岩松氏と由良《ゆら》氏が新田氏の末裔を争った。

足利二《あしかがふ》つ引《ひ》き

足利氏

下野国足利荘を治めた豪族。尊氏が室町幕府を開き、信長が15代将軍義昭を追放するまで続いた。

武田菱《たけだびし》

武田氏

甲斐国守護より戦国大名に。信玄は周辺国を次々と征服し中部地方を征したが、勝頼の代に信長に滅ぼされた。

三階菱《さんかいびし》

小笠原氏

義光の子孫が甲斐国小笠原を治め名乗る。戦功で信濃国守護に。分家が武家礼法の小笠原流を興す。

名字家紋

桓武平氏からは平清盛が登場

◇武家「平氏」の誕生

源氏には20を超える系統があるのに対し、平氏*の系統は4つにすぎない。しかも**桓武《かんむ》平氏**と呼ばれる系統以外は繁栄することはなかった。その桓武平氏には2つの大きな流れがあり、**高棟《たかむね》流《りゅう》**と**高望流《たかもちりゅう》**に分けられる。

最初に誕生したのは高棟流で、天長2（825）年、桓武天皇の孫の高棟王が「平」を賜って**平高棟《たいらのたかむね》**となり、臣籍に下ったのに始まる。高棟流は**公家**として生き、ここから西洞院《にしのとういん》家、交野《かたの》家、平松家、石井《いわい》家などが出ている。

その64年後、桓武天皇の曾孫（高棟王の甥）の高望王も「平」を与えられて臣籍に降って**平高望《たいらのたかもち》**となり、高望流が始まる。高望は、上総介《かずさのすけ》として東国に赴き、そのまま土着、子孫は**武家**として生きることになる。

◇伊勢平氏の流れから清盛登場

高望流は関東地方に大きく勢力を広げ、**坂東《ばんどう》平氏**と呼ばれたが、源氏の一族が関東に勢力を伸ばしてくるにつれ、伊勢《いせ》に本拠を移す系統があった。この系統を**伊勢平氏**という。ここから**清盛《きよもり》**が登場し、平安末期に伊勢平氏は全盛時代を迎える。

一方、関東にとどまった坂東平氏の子孫たちの多くは、源頼朝による平家打倒に応じ、平家滅亡に手を貸すことになる。そういった子孫に、**千葉氏**、**三浦氏**、**梶原《かじわら》氏**などがある。

◇蝶は平家の公達に似つかわしいが…

平氏の代表紋は**蝶紋《ちょう》**とされている。だが、平氏の系統に共通する紋として用いられていたわけではない。そのような認識が定着するのは後の世のことで、平頼盛《よりもり》（清盛の異母弟）の一門が好んで用いたり、**高棟流の公家**たちが使っていたりしたことから、平氏全体を代表する紋だと認識されるようになったのである。

一方、関東に勢力を持った坂東平氏系の武士では、千葉氏の**月《つき》に星《ほし》**や三浦氏の**三浦三《みうらみ》つ引《ひ》き**など、蝶以外の紋が多く使われている。

＊**平氏の4つの系統**：桓武平氏のほか、仁明平氏・文徳平氏・光孝平氏がある。

桓武平氏の系図

平氏の系統はこの桓武平氏以外は繁栄しなかった。公家の高棟流と武家の高望流がある。

桓武《かんむ》天皇
第50代天皇
(737～806) 都を長岡京から平安京に遷都した。

平高棟《たいらのたかむね》
桓武平氏高棟流
(804～67) 諸官を歴任し公家に。晩年は仏教に帰依。

高棟流の公家たち
高棟の子孫は公家となり、交野家、西洞院家、平松家、石井家などが出た。

平高望《たいらのたかもち》
桓武平氏高望流
(生没年不詳) 上総介として常総 (茨城と千葉) の地に勢力を得た。

国香《くにか》
(?～935) 武将。常陸国 (茨城) に本拠を置くも甥の平将門に殺される。

維将《これまさ》
(生没年不詳) 武将。肥前守を務める。

坂東平氏1
維将の末裔である北条氏は頼朝を助け、代々執権として鎌倉幕府を支えた。この北条の流れは幕府とともに滅亡。

維衡《これひら》
伊勢平氏
(生没年不詳) 伊勢国 (三重) に勢力を築く。のちの清盛で伊勢平氏は最盛期に。

清盛《きよもり》
(1118～81) 太政大臣、皇室の外戚として平氏政権を樹立。平氏一門で官位や領地を独占したが内乱が続発。混乱の中で病没。

清盛の子孫
平氏政権樹立後、官位や領地を平氏一門で独占。旧勢力である貴族や寺社、武士階級と対立し源平合戦が勃発。1185年の壇ノ浦の戦いで伊勢平氏の一門は滅亡した。

良文《よしふみ》
(生没年不詳) 関東に拠点を持った坂東平氏の祖。「武蔵野開発の父」と仰がれた武将。

坂東平氏2
坂東 (関東地方) に土着した良文を祖とする氏族で源氏政権を支えた。秩父氏、千葉氏、野与党と村山党 (武蔵七党➡P24) などを出す。

良茂《よしもち》
(生没年不詳) 子の良正は将門と争い敗れる。

坂東平氏3
源氏政権を支えた三浦氏、梶原氏などを出す。梶原景時は洞窟に隠れた頼朝を見逃した話で有名。三浦氏は良文流という説も。

桓武平氏の主な家紋

揚羽蝶《あげはちょう》
西洞院家《にしのとういんけ》
公家で堂上家(➡P28)。居所にちなんで名乗る。桓武平氏の公家はほぼ揚羽蝶を家紋に持つ。

月《つき》に星《ほし》
千葉氏
下総国千葉を治めた。鎌倉時代に発展し上総、陸奥、美濃などを得たが、二つの氏族に分裂、衰退した。

三浦《みうら》三《み》つ引《ひ》き
三浦氏
相模国の豪族。頼朝を助け北条氏とも協調したが、策謀により一族は滅亡。逃れた子孫が各地にいる。

並《なら》び矢《や》
梶原《かじわら》氏
相模国鎌倉郡梶原を拠点とする豪族。鎌倉幕府に仕えるも頼朝の死後に幕府を追われる。

名字家紋

武家藤原氏に発した日本最多の名字

◇傍流の藤原氏は地方豪族へ

藤原北家《ふじわらほっけ》の隆盛は、**おびただしい藤原氏**を生み出した。それだけにたとえ藤原氏といえども、傍流《ぼうりゅう》ともなると朝廷内で出世する可能性はほぼゼロとなる。そこで、地方へ下って豪族となり、**武家として生きる道**を選ぶ者が出てきた。

藤原氏に出自をもつ武士たちには、藤原氏の出身であることに誇りをもつ者も多かった。彼らはやがて自分の名字を変えて、藤原の「藤」と組み合わせた「**○藤**」というタイプの名字を名乗るようになる。

◇多くの名字を生んだ藤原秀郷の系統

武家となった藤原氏の系統としては**山蔭《やまかげ》流**や**利仁《としひと》流**なども知られるが、もっとも栄えたのが、藤原秀郷《ひでさと》を祖とする、**秀郷流**と呼ばれる系統である。平将門《たいらのまさかど》の乱の鎮圧によって関東地方に基盤を築いた秀郷の子孫からは多くの武家が出ており、平安末期に平泉《ひらいずみ》を拠点に繁栄した**奥州《おうしゅう》藤原氏**もその流れをくんでいる。

その広がりゆえに多くの名字も生んだ。もちろん、そこには「○藤」というタイプの名字も含まれており、その一つに、現在の名字ランキングのトップを争う**佐藤**（⬇P144）がある。佐藤のルーツはいくつかあるが、この秀郷流の佐藤こそ嫡流（直系の血筋）だといわれている。

◇傍流にこそ多い藤紋

藤原氏の出である公家に藤を家紋としている例が少ないのに比べ、**武家藤原氏**の系統には**藤紋**を家紋としている例が多いという。たとえば、秀郷流の**内藤**、**佐藤**、**武藤**、**近藤**、利仁流の**加藤**、**後藤**、**斎藤**などの各氏の家紋は藤紋であることが多い。

この事実は、嫡流から離れるほど、血脈に対する意識が強まっていることを物語る。藤原氏の出自を誇りとして、「藤」の字をとって「○藤」と名乗るようになったように、家紋にも誇りを刻み、出自を象徴させたのである。

武家藤原氏の系図

武家となった藤原氏は地方に職を求め武士化したものが多かった。

魚名《うおな》
藤原北家
（721〜83）北家の祖房前の5男。左大臣を務めるも病死。

利仁《としひと》
利仁流
（生没年不詳）平安時代の武人として『今昔物語集』に説話が残る。子孫に多くの武家を出た。

山蔭《やまかげ》
山蔭流
（824〜88）公家として各職を歴任。料理作法にも長けた。

秀郷《ひでさと》
秀郷流
（生没年不詳）平将門の乱を鎮め鎮守府将軍に。弓術が得意。子孫に多くの武家が出た。

利仁流の武将
加賀の加藤氏、越前や美濃の斎藤氏、播磨の後藤氏などが出る。特に斎藤は斎藤姓の由来のひとつといわれる。

山蔭流の武将
鎌倉幕府で活躍した安達氏、分家にのちの政宗を出した奥羽の伊達氏が出る。

佐藤氏
秀郷の子孫の佐藤公清が佐藤姓の祖といわれる。下野（栃木）を中心に信夫（福島）や常陸（茨城）などに広がった。

秀郷流の武将
下野の小山氏、下総（茨城）の結城氏、相模（神奈川）発祥で豊後（大分）の大友氏が出た。秀郷の子孫を名乗る武将はとても多い。

奥州藤原氏
1世紀にわたり本州の北方を支配。平泉を拠点に独自の武家文化を開いた。

秀郷には琵琶湖の女神の願いで近江三上山のむかでを退治したという説話がある。これは『俵藤太物語』として広く親しまれた。

月岡芳年『新形三十六怪撰』
国立国会図書館蔵

武家藤原氏の主な家紋

下《さ》がり藤《ふじ》
内藤氏
秀郷流の内藤氏は各地にいて、丹波《たんば》（京都）で細川氏に、周防《すおう》（山口）で大内氏に、三河（愛知）で松平氏に仕えた氏族がいる。

上《あ》がり藤《ふじ》
佐藤氏
秀郷流では信夫《しのぶ》地方（福島）を本拠とした奥州佐藤氏が大きく、奥州藤原氏とともに栄え、その後も信夫と各地で佐藤姓を広めた。

加藤藤《かとうふじ》
加藤氏
利仁流で加賀を治めた藤原氏が加藤を名乗ったという説がある。鎌倉幕府の御家人だったが頼朝死後の内乱で領地没収。末裔は各地にいる。

下《さ》がり藤《ふじ》に三《み》つ巴《どもえ》
藤井氏
出自については、秀郷流と利仁流の２説がある。秀郷流藤井氏の場合、下野国《しもつけのくに》の小山氏より領地を譲られ名乗ったようだ。戦国時代に没落。

名字家紋

名字の最初は武蔵七党の領地名から

◆武士の領地名が名字に

平安時代も末になると、地方に展開した藤原氏や源氏、平氏などに出自をもつ武士の間で、氏姓とは別の通称が用いられるようになる。同じ出自の者が多くなり、**区別する名称**が必要になってきたためだ。

その通称がやがては**名字**となっていくのだが、それは地名に由来するものが圧倒的に多かった。自分の領地を明確にするために、支配する土地の地名を名乗ったからである。

その代表的な例として、名字の始まりは平安時代の末期、武蔵国《むさしのくに》を拠点にして関東地方に勢力を誇った、「**武蔵《むさし》七党《しちとう》**」と呼ばれる武士団にあるとする説がある。

◆武蔵国を本拠とした武士団、武蔵七党

武蔵七党は、京から移り住み、関東の地を開拓した中級の武士の集団で、横山《よこやま》党・猪俣《いのまた》党・野与《のよ》党・村山《むらやま》党・西《にし》党・児玉《こだま》党・丹《たん》党という7つの党からなっていた（他にも党があり、その7党構成には異説もある）。

その武蔵七党が**最初に名字にあたる呼称**を用いたというのである。

党はそれぞれ同じ出自の者たちが集まり、数十余の家で構成されていた。

彼らは友好的な関係を維持し、互いの領地に干渉しないことを確認し合っていたが、その際に自分の領地を示すために、地名を名字として名乗り合うようになったといわれている。

◆児玉党の軍配団扇紋

なかには党内で同じ家紋を用いた武士団もあった。*『源平盛衰記《げんぺいせいすいき》』にも、**児玉党の旗印が団扇《うちわ》**だったという記述があるように、児玉党の一族がこぞって**軍配団扇紋《ぐんばいうちわ》**を使用したことが知られている。

たとえば、のちに西方に移動して土着し、毛利家に仕えた児玉氏の家紋は**唐団扇笹《からうちわささ》**である。また、上野国倉賀野《こうずけのくにくらがの》（群馬県高崎市の旧倉賀野町）を拠点とし、名字にもした倉賀野氏は**団扇之《うちわの》内《うち》に松竹《しょうちく》**という紋を使っている。

＊『**源平盛衰記**』：『平家物語』を増補改修した異本の１つとされる。成立時期は不明で、鎌倉から南北朝時代にかけて諸説ある。

武蔵七党とは

関東の地を開拓した武蔵七党に属する名字は地名から出ている。

党名	本拠地	解説	一族の主な名字
横山党	多摩郡横山荘（東京都八王子市）	小野妹子が先祖といわれる。加賀藩家老の横山氏はその末裔。	横山・海老名・愛甲・大串・本間・鳴瀬・平山など
猪俣党	児玉郡猪俣（埼玉県児玉郡美里町）	横山党と同じく小野妹子が先祖。徳川家の旗本、岡部氏はその末裔。	猪俣・人見・甘糟・岡部・横瀬・荏原・内島・尾園など
野与党	埼玉郡野与（埼玉県）	桓武平氏の流れで平忠常が先祖といわれる。	野与・鬼窪・白岡・渋江・多賀谷・大蔵・西脇・柏崎・野島・高柳など
村山党	多摩郡東村山郷（東京都東村山市）	桓武平氏の流れで平忠常が先祖といわれる。	村山・大井・宮寺・金子・山口・須黒・仙波など
西党	多摩郡（東京都）	武蔵を治めていた日奉氏が先祖。源平一の谷の戦いで先陣を務めた平山季重がいる。	西・由井・平山・小川・田村・稲毛・川口・長沼など
児玉党	児玉郡児玉（埼玉県児玉郡）	藤原北家の貴族に仕えた有道氏が先祖。長州藩の児玉氏はその末裔で、陸軍大将児玉源太郎が有名。	児玉・庄・本庄・塩屋・小代・四方田・倉賀野・小幡・片山など
丹党	秩父郡（埼玉県）	宣化天皇の皇子の子孫、多治比古王が先祖。江戸時代の大名、青木家（摂津麻田藩）はその子孫。	丹・加治・勅使河原・安保・中村・岡田・青木・大関・野上など

武蔵七党の勢力図

児玉党の家紋

軍配団扇《ぐんばいうちわ》（唐団扇《からうちわ》）

唐団扇笹《からうちわささ》

『源平盛衰記』に「児玉党団扇の指物で百余騎の勢にて出来れり」とあるように、児玉党の一族は戦場で使う団扇を家紋に用いた。右の軍配団扇は大名になった奥平氏、富田氏、久下氏などが用いたもの。左の唐団扇笹は毛利氏の重臣、児玉氏の家紋。西国に移った児玉党の影響で、団扇紋は広島県や九州南部にも多い。ちなみに戦場の団扇は上記のような軍配ばかりでなく、丸い団扇や羽団扇も使われたようだ。

家紋

公家の家紋は車紋から発祥

◆西園寺家の「巴」にみる展開

公家の家紋と**武家**の家紋とでは家紋の成立事情が異なっている。

登場するのは公家の家紋のほうが早く、平安時代の公家たちが、**自分の牛《ぎっ》車《しゃ》**に印をつけて他と区別したことが「**家紋の始まり**」だとする説が有力である。

当時の公家の移動手段といえば牛車であり、ときには多くの牛車が集まることもあった。そんなときに持ち主を明らかにするために、牛車に自分だけの印をつけたのである。

その印は車の装飾でもあり、公家の個性の表れにもなっていった。そして、その印が代々受け継がれるようになり、その家の紋として定着したとされている。

たとえば、現代まで続く**西園寺《さいおんじ》家**の家紋は**巴《ともえ》紋**であるが、その紋が**車《くるま》紋**（牛車につけた文様）として、西園寺家で受け継がれていたものであることをうかがわせる文献（『愚管抄』巻第6）が残っている。

その文献によると、西園寺通季《みちすえ》（西園寺家の祖）の車紋が巴であること、それは通季の祖父である藤原実季《さねすえ》が初めて用いたものであることが記されている。

また、**徳大寺《とくだいじ》家**の家紋は**徳大寺木瓜《もっこう》**と呼ばれる木瓜紋であるが、徳大寺公《きん》継《つぐ》（鎌倉時代初期の公家）の車紋が「木瓜」であり、それが3代前の実能《さねよし》（徳大寺家の祖）のときにできたものであることを記した記録もある。

◆公家の美意識が家紋に結実？

公家の家紋の始まりは、車紋のみに限定されているわけではない。

平安時代の公家は、牛車に限らず、**調度類**や**衣服**などに自分好みの文様をつけていた。おしゃれとして、自分なりの**美意識**を表していたのだ。その文様を自分のシンボルとして、他と区別する印に使うようになってもおかしくはない。

実際に現在用いられている家紋には、当時は衣服の文様として用いられていたものもある。

識別の印としての文様

『平治物語（絵巻）三条殿焼討巻』国立国会図書館蔵

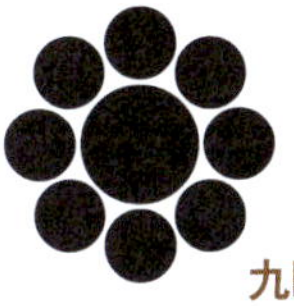

九曜

星紋は道行の安全と守護に霊験があるとして車紋に多く描かれたという。

上の絵は平治物語の一場面で1159年の平治の乱を描いたもの。権力基盤を固める藤原信西を藤原信頼・源義朝が急襲。それが源平の争いを呼び、平清盛が勝利を収めた。場面は藤原信頼が後白河法皇の御所を襲撃し、火を放つ場面。逃げ惑う牛車に九曜や菱の文様が確認できる。

車紋が公家の家紋に

ここにあげた家紋は『大要抄』『尊卑分脈』といった書物に、車紋として活用されたことが記されている。特に西園寺家の巴紋は「車紋は巴で正嫡にゆずる」とあり、「家紋」として使われていたことも推察される。

左《ひだり》三《み》つ巴《どもえ》

西園寺《さいおんじ》家

藤原北家系の公家。京都北山に西園寺を建立、家名となる。鎌倉中期には五摂家（➡P28）をしのぐ権勢を得た。近代の政治家の西園寺公望は子孫。

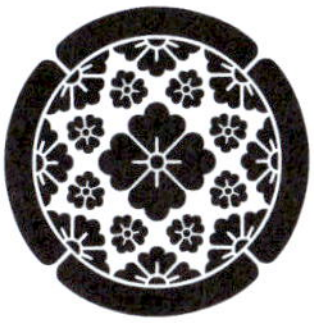

徳大寺《とくだいじ》木瓜《もっこう》

徳大寺《とくだいじ》家

藤原北家系の公家。家祖が京都の衣笠山に徳大寺を建立したのに始まる。子孫には平安末期の歌人実定や明治天皇の侍従長を務めた実則がいる。

勧修寺《かじゅうじ》笹《ささ》

勧修寺《かじゅうじ》家

藤原北家系の公家。家祖が京都・山科の勧修寺を菩提寺とし、寺名がそのまま家名となった。院政期に白河上皇の近臣として活躍、繁栄した。

名字家紋

公家の世界に家格あり

◇公家の名字は居住地に由来

公家の名字には、**京都の地名**に由来するものが多い。そのほかには、祖先が建立した寺院なども名字となっているが、このような呼び名が公家の間に定着するのは、12世紀の末ごろだとされる。

藤原北家《ほっけ》はいくつもの家に分かれながら繁栄を続けたが、その結果、朝廷内は「**藤原氏**」だらけになってしまった。そこで、お互いを区別する必要から、**邸宅**のある場所などで呼ぶようになった。たとえば、九条家の「九条」は、家祖の兼実《かねざね》が京都の九条に邸宅を所有していたことからの呼称である。

そして、他の公家もそれにならうようになり、12世紀末にはそのような呼び名が通称として定着するのである。

◇公家の世界に家格ができる

時代を経るにつれ、そのような通称は「家」を表す名字となっていくが、そんな流れを背景に、公家の世界には家格ができる。昇殿《しょうでん》を許される家柄（**堂上家**《とうしょうけ》）が固定され、その格の高さから、**摂家**《せっけ》（五摂家）、**清華家**《せいがけ》、**大臣家**《だいじんけ》、**羽林家**《うりんけ》、**名家**《めいか》、**半家**《はんけ》と6つに分類されたのである。家格によって就任できる役職も決められた。

摂政《せっしょう》・**関白**《かんぱく》になることができる最高ランクの摂家は、近衛《このえ》家、九条家、鷹司《たかつかさ》家、二条家、一条家の5家で、これは藤原氏の嫡流《ちゃくりゅう》である（➡P12）。他の堂上家も、藤原氏を出自とする家がかなりの部分を占めた。

清華家は**太政大臣**《だじょうだいじん》にまでなれる家柄で、三条家、久我《こが》家、今出川家などがある。

大臣家は**内大臣**から**太政大臣**になれる家柄で、中院《なかのいん》家、三条西家など。**参議**《さんぎ》から**大納言**《だいなごん》まで出世可能な羽林家には、冷泉《れいぜい》家、山科《やましな》家、姉小路家など、**学問の分野**で朝廷に仕えた名家には、日野家、甘露寺《かんろじ》家、万里小路《までのこうじ》家、烏丸《からすま》家などがある。

半家は、摂家や清華家に仕えた。西洞院《にしのとういん》家や高倉家など、いわゆる「源平藤橘」出身の家もあるが、その多くはそれ以外の出自を持つ家々である。

律令制度下の政治

天皇を中心とする律令制度下の政治は、二官八省の体制で行われた。地位としては摂政・関白が最高位であり、その下に祭祀担当の神祇官と国政担当の太政官が置かれ、太政官の下に実際の政務を行う八省が置かれた。太政官は神祇官も統括下に置いた事実上の最高機関。家格によって就任できる役職は決められた。武家政権下で形骸化するも幕末まで続き、制度は明治政府の太政官制に受け継がれる。

関白	天皇を補佐して政務を執り行う重職。事実上、朝廷の最高位。
摂政	天皇が幼少のとき、代わって政務を行う官職。五摂家が独占。
太政大臣	太政官の最高位。担当の職務はない名誉職。適任がなければ欠員。
左大臣	地位は太政大臣の次、諸般の政務を統括する実務上の最高長官。
右大臣	地位は左大臣に次ぐが職務は変わらない。実務上の最高長官。
内大臣	左右大臣に次ぐ重職。左右大臣が出仕しない際、代理に政務を行う。
大納言	大臣と政務を審議し天皇に政務について奏上、勅命を伝達する。
中納言	大納言を補佐し政務を審議、天皇に奏上・勅命を伝達する役目。
参議	大中納言に次ぐ重職で、政務に参加できた。奈良時代に設置。

公家の家紋

■清華家

五摂家の次に位置する家。太政大臣まで昇進できる家柄。

三条花角《さんじょうはなかど》

三条家《さんじょう》

久我龍胆《こがりんどう》

久我家《こが》

糸輪《いとわ》に三《み》つ楓《もみじ》

今出川家《いまでがわ》

菱《ひし》に片喰《かたばみ》

大炊御門家《おおいみかど》

■大臣家

太政大臣まで昇進できるが、内大臣を超えた例は少ない。

六《む》つ龍胆車《りんどうくるま》

中院家《なかのいん》

八《や》つ丁子《ちょうじ》

三条西家《さんじょうにし》

■羽林家

大臣家に次ぎ、大納言・中納言・参議に昇進できる家柄。

雪持ち笹

冷泉家《れいぜい》

稲妻菱《いなずまびし》

山科家《やましな》

■名家

羽林家と同格で、大納言まで昇進できる家柄。

鶴《つる》の丸《まる》

日野家《ひの》

勧修寺笹《かじゅうじささ》

甘露寺家《かんろじ》

■半家

堂上家の最下位。大納言まで昇進できた。

揚羽蝶《あげはちょう》

西洞院家《にしのとういん》

笹龍胆《ささりんどう》

高倉家《たかくら》

家紋

武家紋の生みの親は源頼朝？

◇源平は旗の色で区別

武家の家紋は、戦陣で掲げる旗印《はたじるし》が起源とされるが、その発生時期が特定できているわけではない。ただ、武士に家紋が本格的に広がるのは**源平《げんぺい》の合戦の後**のことではないかと考えられている。

当時、合戦の場では、武士たちは軍《ぐん》容《よう》を示したり、勝利を祈願したりするために、**竿の先に長い布をつけた旗**を掲げていた。これには自軍と敵軍を区別する目的もあり、**平氏《へいし》は赤旗**、**源氏《げんじ》は白旗**を用いていた。記録によれば、このときの旗は両軍とも無地であり、無紋なのである。

とはいえ、家紋の兆しが見られないわけではない。『源平盛衰記《げんぺいせいすいき》』は、一の谷の戦いの折、源氏方の武士である**熊谷次郎直実《くまがいじろうなおざね》**が、「褐《かち》の鎧《よろい》、直垂《ひたたれ》に家の紋なれば、鳩に寓生《ほや》*をぞ縫いたりける」という姿であったことを伝えている。**寓生に鳩《はと》**が熊谷氏の家紋であることを示すこの記述から、武士の中に、紋章でもって家を象徴させ、自分の存在をアピールする意識が芽生えていたであろうことがうかがえるからだ。

◇頼朝が白旗にこだわったゆえに

源平の戦いに源氏が勝利すると、源氏の白旗ばかりになった。武家の頂点に立った頼朝《よりとも》は、やがて**白旗を自分だけの旗**だと考えるようになる。

たとえば、『吾妻鏡《あずまかがみ》』には次のようなくだりがある。奥州平泉《おうしゅうひらいずみ》の藤原氏討伐に向かった頼朝のもとに参陣した**佐竹四郎隆義《さたけしろうたかよし》**は、頼朝と同族ということもあり、白旗を掲げていた。頼朝はこれをとがめ、そのとき手にしていた**扇《おうぎ》**を与えて、それを旗の上に付けるように命じたというのである。

以来、扇紋が佐竹氏の家紋となったとされているのだが、頼朝はこのように、自分のもとに集まった武士たちに、その家がひと目で判別できる印を与えていった。それが**頼朝が家紋の生みの親**ともいわれるゆえんであり、こうして武士の間に自他を区別する象徴として家紋が広まっていくことになるのである。

＊**寓生**：ヤドリギの古名。ヤドリギとは他の樹木に寄生するヤドリギ科の常緑低木のこと。

源平合戦の様子

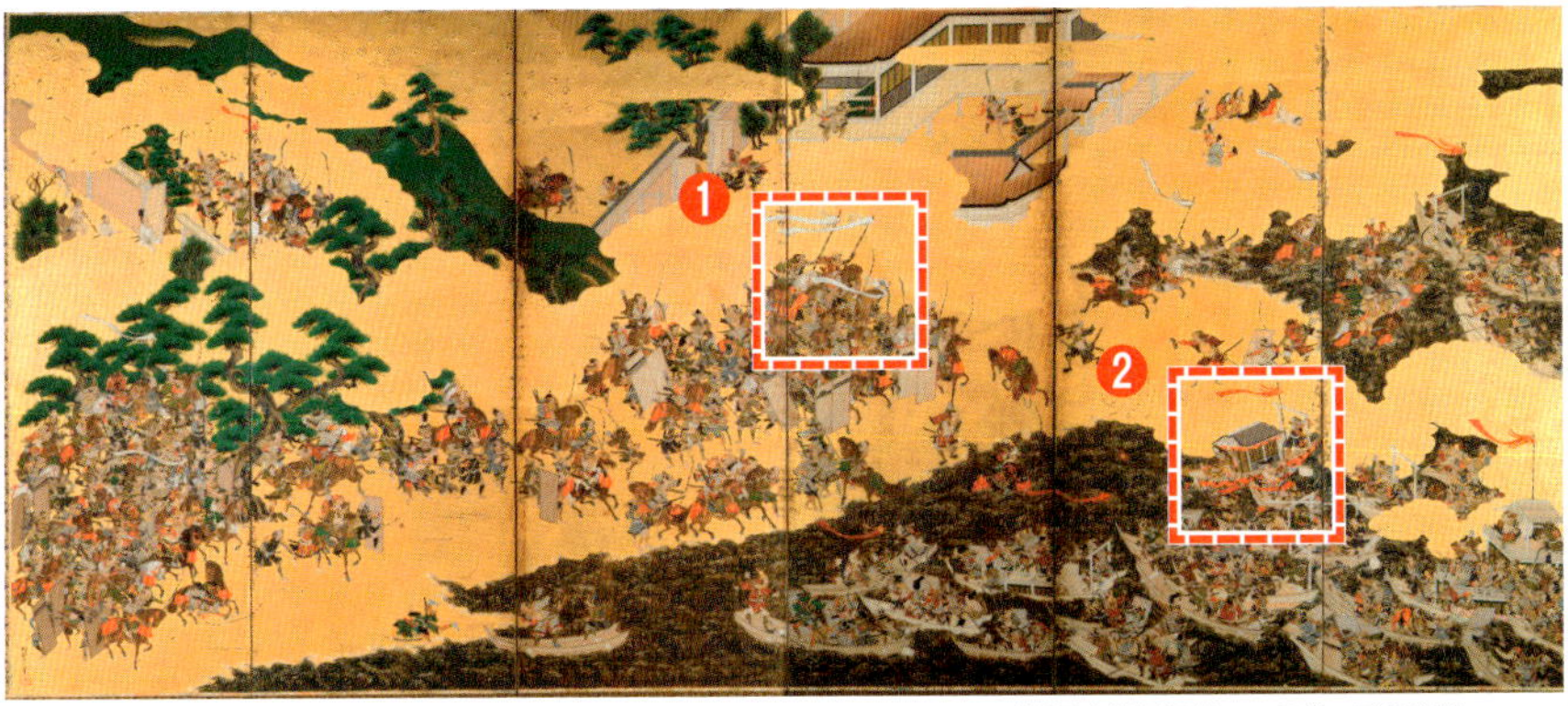

1 源氏方の白旗

2 平氏方の赤旗

『源平合戦図屏風　一の谷・屋島合戦図（一部）』神戸市立博物館蔵

写真は『平家物語』に語られる源平合戦の挿話を描写したもの。屋島合戦を描いている。讃岐国屋島（香川県高松市）に本拠を置いた平氏軍は、一気に源氏軍に本拠を襲撃されて海上に逃れた。陸側の源氏方は白旗をかかげ、海側の平氏方は赤旗を持っているのがよくわかる。

源氏方の主な家紋

寓生《ほや》に鳩《はと》

熊谷直実《くまがいなおざね》

(1141~1208)

武蔵国熊谷（埼玉県熊谷市）の武将。頼朝に従い、『平家物語』では一の谷の戦いで平敦盛を討った武将として描かれる。

佐竹扇《さたけおうぎ》

佐竹隆義《さたけたかよし》

(1118~83)

常陸（茨城）を拠点とする武将。もともと平氏に恩顧を受けていたため、頼朝に対抗し戦いを挑むも敗北。勢力を削減された。

月《つき》に星《ほし》

千葉常胤《ちばつねたね》

(1118~1201)

頼朝の再起を助け、鎌倉幕府の成立に貢献。下総（千葉）守護職をはじめ、全国各地に所領を得て、千葉氏発展の礎となった。

左二《ひだりふた》つ巴《どもえ》

小山朝政《おやまともまさ》

(1155~1238)

頼朝に早くから仕え、鎌倉幕府の成立に貢献した。下野（栃木）と播磨（兵庫）の守護に任じられた。

鎌倉幕府は名字を御家人の特権に

◆頼朝は御家人をどう処遇したか？

源《みなもとの》頼朝《よりとも》は、自分のもとに参集してくる武士たちに、その家がひと目でわかるように印を与えた。つまり**家来となる武士に家紋を与えた**わけだが、同時に頼朝は、家来となった武士たちに**名字も与えた**。

頼朝は鎌倉幕府を開くにあたり、国を治めるうえでの秩序が必要だと考えた。当時の合戦は農民も参加しており、**武士と農民の区別があいまい**だったからだ。

そこで頼朝は、自分と主従関係を結んだ武士の領地を保障して**御家人《ごけにん》**と認め、名字を与えた。それは御家人だけの**特権**であり、下級武士には与えられなかった。「名字」でもって御家人かそうでないかを区別しようとしたのだ。

当時、御家人となった武士たちは、田地を開拓し領地を得るために同族を集めた武士団を形成していた。その武士団も、幕府と御家人の関係のもとに組織されることとなり、**惣領制《そうりょう》**と呼ばれる体制のもとで統括されることとなった。

◆目論見は外れ、名字は広がる

ところが「名字」による統制は幕府の思惑通りにはいかなかった。

名字はすでに平安末より武士領主たちによって使われていた。地方に基盤をもった彼らは、**領地名にちなんだ通称**を用いたのだ。それは出自の同じ武士同士が互いを区別する手段だったが、自分の所領の地名を名乗ることによる領主権の主張でもあった（➡P24）。

つまり「**名字**」を名乗ることは、**その土地の領主**であることを意味していた。頼朝はそのような時代背景のもと、いわば公式な名字を与えることで統制を図ろうとしたのだ。

しかし、西国のような幕府の影響力の弱い地域の武士は勝手に名字にあたる通称を名乗るなど、鎌倉幕府に陰りが見え始めると、地方の武士団の中には配下の者に勝手に名字を与える者も現れた。

こうして御家人以外の多くも名字を名乗るようになり、幕府の目論見は外れてしまったのである。

幕府と御家人の関係

御家人以外
（下級武士や農民）

名字の使用を禁止

鎌倉幕府

土地支配権の保障（本領安堵）、新たな領地や官職の付与など

御恩

奉公

軍役、京や鎌倉などの警護、寺社や将軍御所の修造

御家人

御家人となった武士は一族を惣領制で統制した。惣領とは一族の統括者で、一族の他の構成員は庶子と呼ばれる。惣領は祭祀や軍役、年貢納入の責任を持った。

惣領
庶子家　惣領家　庶子家

上記の軍役、年貢などの負担は、所領の規模に応じて配分賦課された。惣領は所領の制限など、庶子に対してさまざまな規制を行えた。

御家人の惣領制も名字の拡大に寄与？

鎌倉幕府は惣領制度によって惣領に一族を統括させた。だが庶子が増え、分家させることで惣領の領地が減少。分家が新たに惣領を設けて独立していく。室町時代になり、このような小領主は勢力を得るために領地内の農民に名字を与え、味方につけた。名字を武士の特権としたい幕府は名字禁止令を出したが、効果はなかった。

COLUMN

結婚形態の変化と「家」の誕生

名字は「家」を表す名称として定着していくが、「家」という概念が誕生した背景には結婚形態の変化がある。

古代の日本では、夫が妻のもとを訪ねる通い婚がふつうであった。夫婦は同居せず、子は母方の集団で育てられた。

だが、平安時代の末以降、嫁取り婚が一般的になり、夫婦と子供は同居するようになった。その結果、父子で代々財産や地位を継承していくことになって、父親を長とする「家」という概念が生まれてきたのである。

頼朝より与えられた主な家紋

朝倉氏（三《み》つ盛《も》り木瓜《もっこう》）

越前国（福井）を拠点とした豪族。はじめは木瓜を使っていたが、源頼朝の命によって「三つ盛り木瓜」にしたという。

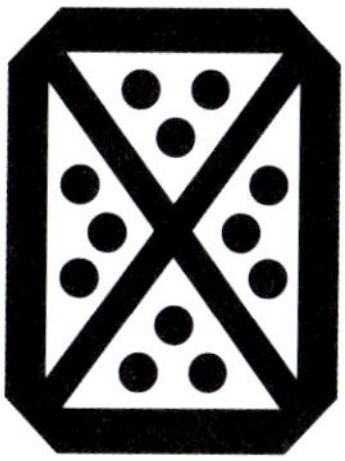

畠山氏《はたけやまし》（畠山村濃《はたけやまむらご》）

武蔵国畠山荘（埼玉県）を拠点とした武家。平氏方だったが頼朝のもとにはせ参じた際、藍皮《あいがわ》を旗につけたことに由来するという。

島津氏（十《じゅう》の字《じ》）

南九州を領した武家。江戸時代前はこの紋だった。頼朝より二つ引きを賜ったが、同じ紋を使うことを遠慮し、棒の位置を変えたという説がある。

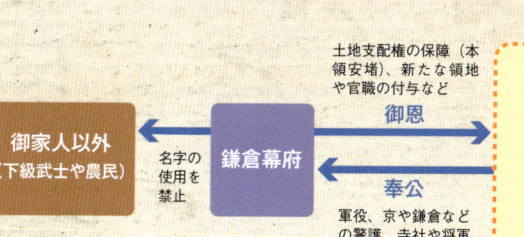

家紋

天皇家が菊紋を使う理由

後鳥羽上皇に始まる皇室の菊紋

現在の皇室において**菊花の紋章**が用いられているのは、鎌倉時代の初め、**後鳥羽上皇**《ごとばじょうこう》が**菊の紋**を好んで用いたことに始まる。

菊は平安時代から貴族の間で好まれた花で、「菊の節句」とも呼ばれる重《ちょう》陽《よう》の節句（旧暦9月9日）では、邪気払いと長寿を願って、菊の花を飾り、菊の花びらを浮かべた酒を酌み交わして祝ったりした。

そんななか、菊の花を愛した後鳥羽上皇は、自分のいろいろな持ち物に菊の文様を施すなど、ことさらに菊の紋を用いるのを好んだのである。上皇は刀を作ることも好んだが、ここにも銘として菊紋を入れており、その刀は「**菊御作**《きくごさく》」とも呼ばれる。

その後、菊の紋は皇室に受け継がれていき、後宇多《ごうだ》天皇のときに**皇室の私的専用文様**として扱われることになる。もともと皇室の家紋は**日月**《じつげつ》**紋**で、現在でも皇室で使用されているが、後鳥羽上皇が菊の紋を愛用したことをきっかけに、菊紋が皇室の紋として認識されるようになったのだ。

菊の紋を賜った武士

このようにして皇室の紋となった菊の紋だが、その菊紋を天皇家から賜った武士もいる。

鎌倉幕府倒幕に協力した**足利尊氏**《たかうじ》（➡P64）は、後醍醐《ごだいご》天皇から菊紋と、もう一つの天皇の紋である桐紋を賜り、**楠木正成**《くすのきまさしげ》もやはりその功を認められて、後醍醐天皇から菊紋を与えられている。もっとも正成は、畏《おそ》れ多いことだとしてそのまま使わず、菊の花半分だけを使い、下に水を付けた**菊水**《きくすい》を用いている。

戦国時代の武将では、**上杉謙信**や**織田信長**が天皇家から菊紋を下賜《かし》されたと伝わり、**毛利元就**《もとなり》は正親町《おおぎまち》天皇、**豊臣秀吉**も後陽成《ごようぜい》天皇から与えられている。

一方で、菊紋を与えられながら辞退した武士もいる。それが**徳川家康**で、名実ともに天下一を目指した家康は、皇室の権威を受け入れることをよしとしなかったのである。

菊の花を愛し、菊紋を天皇家の家紋とイメージづけた後鳥羽上皇。

『天子摂関御影』より『後鳥羽院』

宮内庁三の丸尚蔵館蔵

天皇家の家紋

十六葉八重菊《じゅうろくようやえぎく》
（十六弁八重表菊紋）

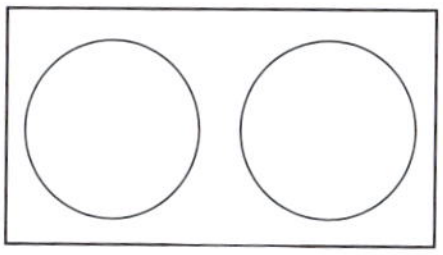

日月紋《じつげつ》

五七桐《ごしちきり》

天皇家は日月紋、菊紋、桐紋の三つの家紋をもっている。日月紋は古くから即位の大典などで使用された。いわゆる「錦の御旗」には金銀で彩った日月紋をつけたという。

十六葉八重菊は明治政府が菊紋の権威を高めようと、皇族以外の使用を禁じた。現在では天皇家の紋章として用いている。五七桐も後鳥羽上皇が使用して紋章として定着。主に武功を立てた武将に下賜された。

COLUMN

菊紋、桐紋は民衆まで普及

菊紋と桐紋は足利尊氏、織田信長、豊臣秀吉などに下賜《かし》された。さらに尊氏、信長、秀吉から褒賞として配下の武将にも与えられ、秀吉が菊紋と桐紋使用の禁止令を出すほど菊紋は際限なく増えていった。

徳川の世になり、家康は菊紋と桐紋の下賜を固辞した。特に禁止令も出さず、今度は民衆までに菊紋と桐紋は普及したといわれる。明治時代には皇族以外の菊紋の使用が禁止されたが、現代では特に使用制限はない。

菊水《きくすい》
楠木正成

天皇と同じ紋を持つのは畏れ多いと水を付けた。

宮家の紋章

現在でも宮家（一家を立てた皇族の家名）は菊をモチーフとした紋章を使っている。

秩父宮家《ちちぶのみや》
大正天皇の第２皇子、秩父宮雍仁親王の紋章。

高松宮家《たかまつのみや》
大正天皇の第3皇子、高松宮宣仁親王の紋章。

常陸宮家《ひたちのみや》
昭和天皇の第2皇子である常陸宮正仁親王の紋章。

三笠宮家《みかさのみや》
大正天皇の第4皇子で歴史学者の三笠宮崇仁親王の紋章。

名字家紋

源氏の血統、足利氏VS新田氏

◇河内源氏の分流から出た血統

源頼朝の出た**河内《かわち》源氏**から分かれ出た流れに誕生するのが、下野国《しもつけのくに》足利荘に住んで「足利」を名乗った**足利氏**と、上野国《こうずけのくに》新田荘を領して「新田」を名乗った**新田氏**である。

ともに源氏の血統であり、領地も近接していたこの二氏は、「足利二つ引き」「新田一つ引き」と家紋までもが対照的である。

そして、足利尊氏《たかうじ》と新田義貞《よしさだ》が登場し、かたや京都で、かたや鎌倉で頼朝が開いた鎌倉幕府を滅ぼした。そして最後は雌雄を決することとなる。

◇二人が主役を演じ、鎌倉幕府は倒れる

鎌倉幕府が倒れたのは、幕府側であった足利尊氏と新田義貞が、**後醍醐《ごだいご》天皇**に応じたからである。

元弘《げんこう》3（1333）年、幕府軍の大将として京都に上洛していた尊氏は、後醍醐天皇方に寝返って、京都における幕府の政務機関である六波羅探題《ろくはらたんだい》を攻めやぶった。新田義貞は、2万の大軍を率いて鎌倉に攻め入り、北条高時《たかとき》以下の北条氏一族を滅ぼした。

源氏の血統を誇る2人が、京都と鎌倉で、ほぼ同時期に幕府を倒したのである。

◇一つ引きと二つ引きの戦い

江戸時代の川柳に、「**鍋《なべ》ぶたが沈んで浮かぶ釜《かま》のふた**」というのがある。これは、足利尊氏と新田義貞の戦いを詠んだもので、足利氏の家紋である**足利二《あしかがふた》つ引《ひ》き**が上から見れば釜のふたに、新田氏の家紋である**新田一《にったひと》つ引《ひ》き**（**大中黒《おおなかぐろ》**）が鍋ぶたに見えるところにひっかけている。

後醍醐天皇の新政に不満を持ち、武家政権の再興を願った武士たちに押されて、尊氏は後醍醐天皇に反旗を翻《ひるがえ》す。だが、義貞は尊氏の下につくことを嫌って天皇側につき、両者は戦うことになったのだ。

川柳で「浮かぶ釜のふた」と詠まれているように、この戦いは**足利二つ引きの側の勝利**で終わる。勝利者の足利尊氏は**室町幕府**を開くのである。

太平記絵巻で見る家紋

『紙本着色太平記絵巻第6巻 第8紙 巻十七(一部)』埼玉県立歴史と民俗の博物館蔵

❶ 新田義貞

『太平記絵巻』とは

1318年の後醍醐天皇の即位から約50年間に起こった軍乱を書いた『太平記』を絵巻物にしたもの。絵巻にはさまざまな家紋が描かれ、当時の武将の様子が見て取れる。上の絵は新田義貞（写真左）が足利尊氏（写真右）に一騎打ちを挑むところ。これに対して挑もうとする尊氏を家臣が止めている様子が描かれている。

❷ 足利尊氏

新田氏と足利氏

新田義貞と足利尊氏は、実は源頼朝と同じ河内源氏の系統である（➡P19）。

新田《にった》一《ひと》つ引《ひ》き（大中黒《おおなかぐろ》）

新田氏

上野国の豪族。後醍醐天皇に応じて、1333年に鎌倉幕府を攻め落とすが、足利氏との争いに敗れ、新田氏は衰えた。

義家《よしいえ》
河内源氏
（1039～1106）
東国に源氏勢力の基礎を築く。

頼朝《よりとも》
鎌倉幕府開府
（1147～99）

義国《よしくに》
（1091～1155）
下野国（栃木）で勢力を伸ばす。

新田氏

足利氏

足利《あしかが》二《ふた》つ引《ひ》き

足利氏

下野国足利荘を本拠とした豪族。鎌倉時代を通じて新田氏をしのぐ強大な一族に。1338年に尊氏は征夷大将軍になる。

家紋

武士の衣服に家紋がお目見え

◇鎌倉から室町にかけて家紋は熟成した

鎌倉時代の初期に始まった武家の家紋は、次第に**家を象徴するもの**として定着していく。名字が代々受け継がれるようになって家系に対する意識も深まり、家紋もまた家と密接な存在となったのだ。

鎌倉時代の末から南北朝の時代になると、全国の有力な武家はいずれも家紋を持つようになり、しかも、それは周知のものとなる。**家紋は名字の代名詞**のようにも用いられ、文芸作品にも応用された（➡P42）。

家紋は、**幕**や**旗**をはじめ、甲冑《かっちゅう》や刀・槍、武具や馬具《ばぐ》などに付けられた。それは**戦場で敵味方を区別**するためであり、自身の武勲をアピールするためでもあった。その家紋が、室町時代には武士の衣服にもつけられるようになる。

◇大型の家紋付き、だから「大紋」

室町時代というのは、武家にとっての儀式の形式が整った時代である。**武《ぶ》家礼式《けれいしき》**と呼ばれ、江戸時代まで慣習として続くことになるが、そんななかで、平安時代には武士の平服であった**直垂《ひたたれ》**が格を上げて武士の礼装となった。

それにともなって直垂が錦《にしき》や綾《あや》を用いたぜいたくなものとなっていき、その略服として、直垂と同じ形式の麻地のものに大型の家紋を付けた**大紋《だいもん》**や、大紋を簡略化した**素襖《すおう》**と呼ばれる衣服が登場する。

大紋は、上衣《うわぎ》の背中、両胸、両後ろ袖の5か所と、袴の両前膝の2か所（のちに後ろ腰、両股立《ももだち》も加わって5か所）に家紋が大きく染め抜かれており、白絹《しらぎぬ》の帯《おび》をつけた。素襖は大紋から変化した服装で、同じく武家の礼装として定着する。

大紋に家紋が用いられるようになったことで、武家の家紋は次の段階に移る。それまでは**旗印として目立つ**ことに重きをおかれていたが、**服飾としての美**という観点も意識されるようになったのである。

室町期に入って家紋は、武士を中心とした社会において、いよいよ大きな意味を持つようになったのだ。

武家の衣服に家紋

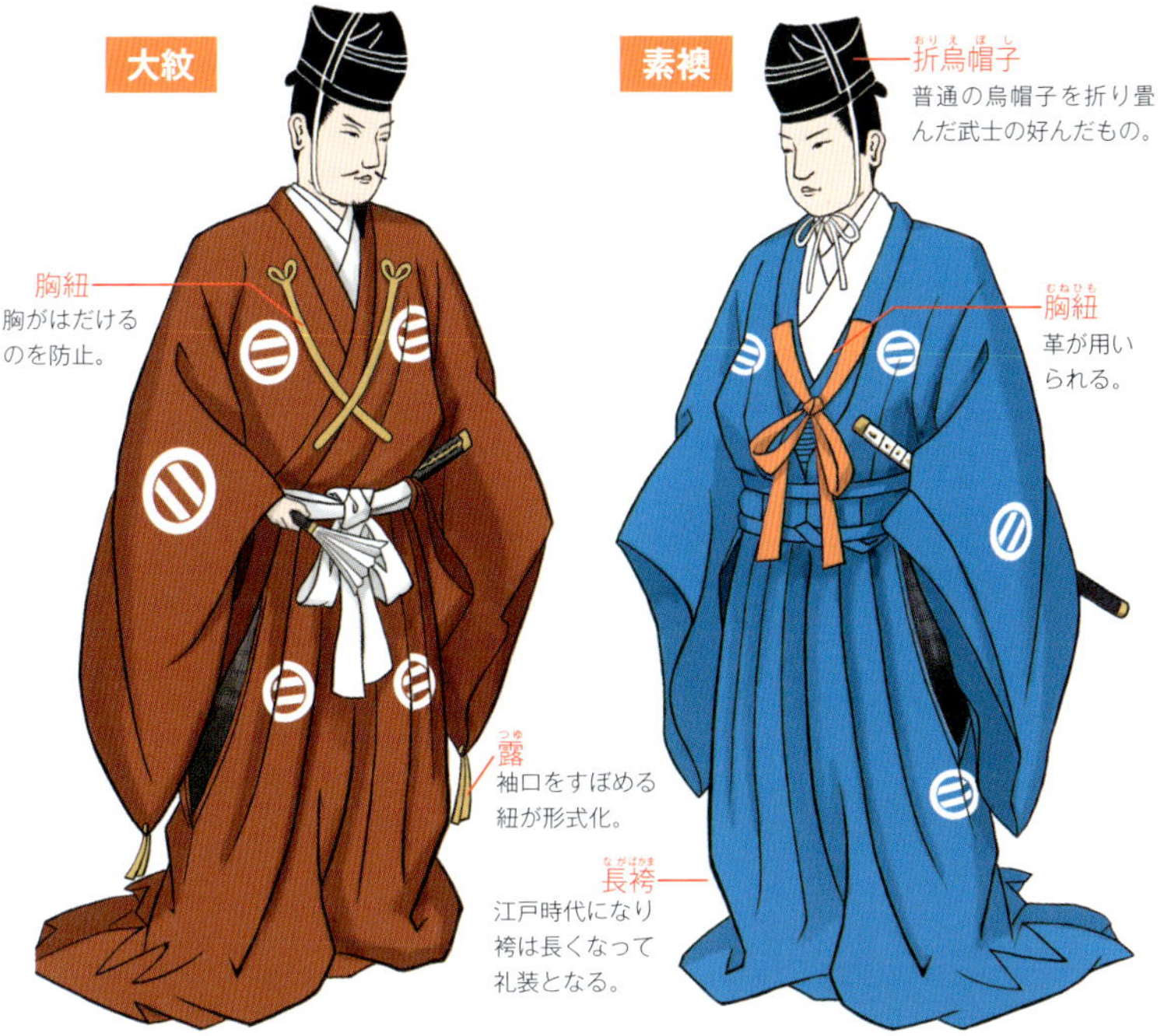

背中、両胸、両後ろ袖、袴の両前膝に家紋を入れる。紋付き袴の元祖とされる。江戸になり、武家の通常の礼装着となった。

胸紐に革を用い、「革緒《かわお》の直垂」とも呼ばれる。背と両袖、袴の腰板と両股立に家紋を入れる。江戸になると平侍の礼服として定着。

武将の家紋

武士の家紋は家や個人を表すものとして定着していった。それは戦場においては敵味方を区別するための機能もはたした。
右の絵は太平記絵巻の一場面で、新田氏の新田一つ引きの旗が翻り、矢楯にも家紋が描かれている。時代を経ると、旗の形式も発達し、馬印（大将の所在を示す目印）も登場してきて、戦場でさらに家紋が目立つようになる（➡P46）。

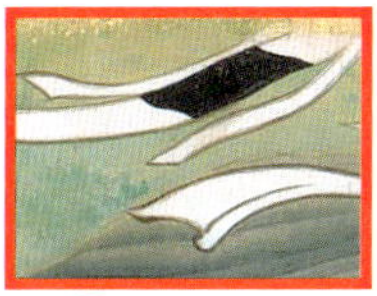
❶ 新田氏の旗

❷ 矢楯

『紙本着色太平記絵巻第７巻 第６紙』埼玉県立歴史と民俗の博物館蔵

名字家紋

応仁の乱が勃発し下克上の世の中に

◆応仁の乱の中心には「足利」の血統

室町時代に入ると、武士の間では、**跡継ぎだけが名字を継ぎ**、その他の子（庶子《しょし》）には別の名字を名乗らせるようになった。名字が広がることで無用な家督《かとく》争いを避け、**家長《かちょう》の力を維持し**ようとしたのである。

室町幕府を開いた足利家では、家督を継ぐ者だけが名字を名乗り、ほかの子はすべて出家させるという方法をとった。

家督相続の争いを避けようとしてきた足利家だが、8代将軍**義政《よしまさ》**のときに問題が起こる。

義政は子ができないことを理由に弟を後継者に指名、弟は**義視《よしみ》**を名乗って跡を継ぐこととなった。

ところが、その後、正室の日野富子《ひのとみこ》が男児・**義尚《よしひさ》**を生む。義尚に家督を継がせたい富子は、幕府の実力者**山名持豊《やまなもちとよ》**を後ろ盾に、義尚の擁立を画策。一方、義視は管領《かんれい》＊の**細川勝元《ほそかわかつもと》**を後見人にして対抗した。

この将軍家の家督争いに端を発した山名と細川の対立は、畠山《はたけやま》氏・斯波《しば》氏の家督争いとからみ合って山名派と細川派に分かれての大名同士の争いに発展、**応仁《おうにん》の乱**となった。そして、10年以上続いた乱が収束したのちは、世の中は下剋上の時代となる。

◆争乱の裏で名字が普及

応仁の乱に代表されるように、室町時代は争乱の時代だった。混乱の中、自分たちの権益を守ろうと、農民の一揆も頻発した。騒然とした時代ではあったが、幕府の衰退は一方で農民の台頭を促した。**名字も農民にまで広がっていく**ことになる。

力をつけて自立の意志も芽生えた農民は、寄合《よりあい》で合議して村のおきてを設け、自衛するようになった。村落を治める小領主は、なんとか領地内の農民を味方につけようと、自分の名字を与えるなどの懐柔《かいじゅう》策をとるようになったのだ。

武士の特権を維持しようと、幕府は**農民の名字を禁止**する政策をとったが、効を奏することなく、名字はいよいよ武士以外に浸透していったのである。

＊**管領**：将軍を補佐する政務の最高責任者。室町幕府初期から応仁の乱まで、管領は細川氏、斯波氏、畠山氏の3家から任ぜられる慣例だった。

応仁の乱

1454	畠山氏で家督争い。55年に義就が家督となる。
1460	畠山氏の家督相続問題に細川勝元が介入。政長が家督を継ぐ。
1464	将軍足利義政が弟の義視を養子に。
1465	義政の正室日野富子が義尚を産む。
1466	斯波《しば》氏の家督相続問題に足利義政が介入。義廉が廃され義敏が家督を継ぐ。
1467	応仁の乱始まる。東軍は将軍邸を占拠し、義政、義尚、義視の身柄を確保。
1468	東軍から脱出した義視を西軍は将軍に立て、2つの幕府が成立。
1473	山名持豊（西軍）、細川勝元（東軍）が死去。足利義尚が第9代将軍に。
1477	西軍が撤兵。応仁の乱が終わる。

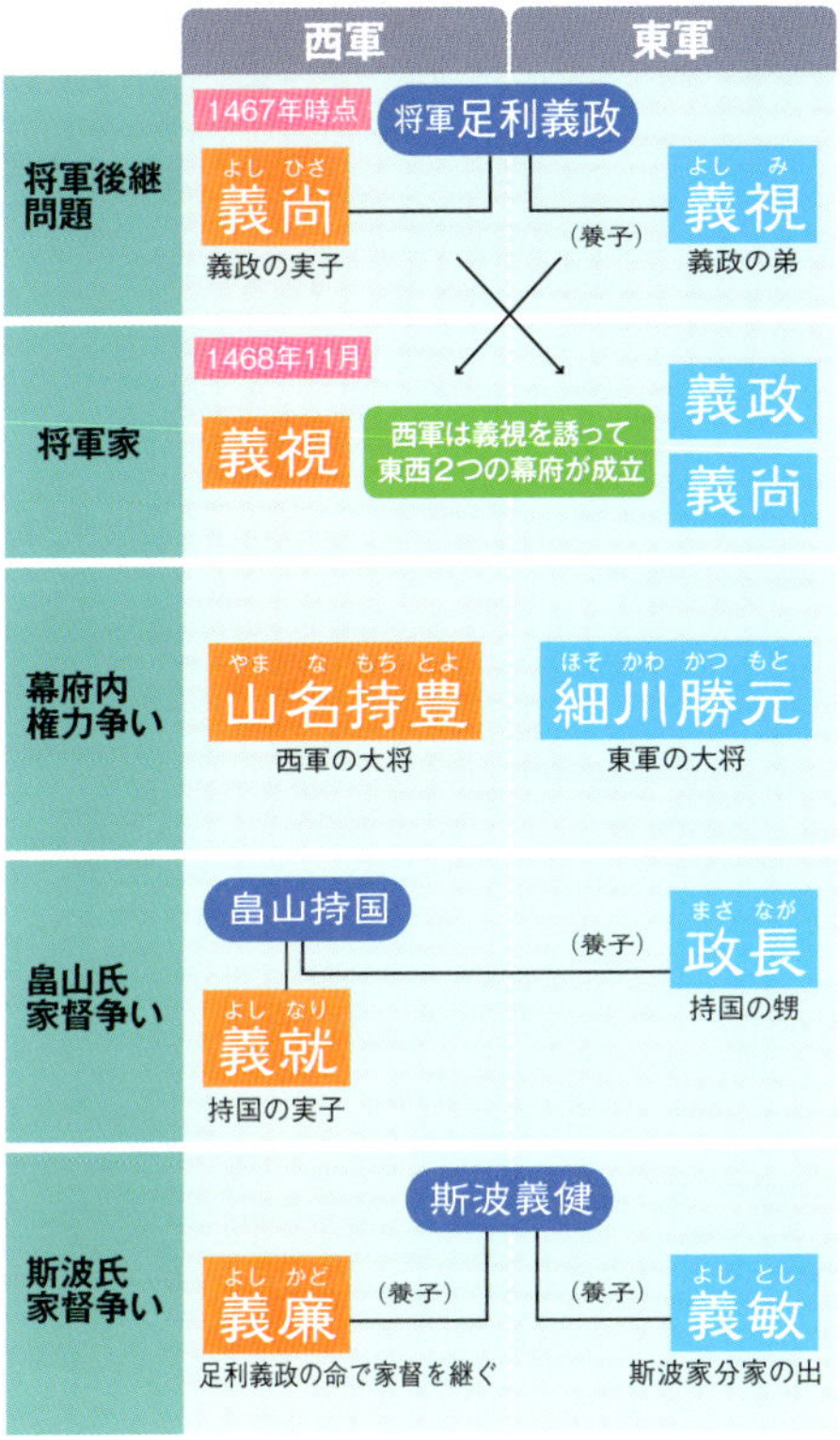

応仁の乱の武将の家紋

丸《まる》に二《ふた》つ引《ひ》き
山名持豊《やまなもちとよ》
（1404～73）

細川勝元と畠山氏の後継者問題に介入するも勝元と対立。これが応仁の乱の遠因となった。西軍の総大将として戦うも病没。

九曜《くよう》
細川勝元《ほそかわかつもと》
（1430～73）

16歳で幕府の執政権を束ねる管領に就任し、以後20年以上もその座についた。東軍の総大将として戦うも病没。

丸の内に二つ引き
畠山政長《はたけやままさなが》
（1442～93）

持国の実子義就と家督を争う。家督を継ぐも罷免され、山名持豊が義就を擁立。義就と戦闘になり応仁の乱が起こった。

丸《まる》の内《うち》に二《ふた》つ引《ひ》き
斯波義敏《しばよしとし》
（1435～1508）

家督を継ぐも義廉に奪われ、家督争いに。応仁の乱の一因となる。内乱に乗じ、家臣の朝倉氏に領地の越前を奪われる。

家紋

家紋集『見聞諸家紋』の登場

◆『羽継原合戦記』に見られる「紋尽くし」

鎌倉から室町へと時代が移っていくなかで、家紋は一般化し、著名な武家の家紋は広く知られるところとなる。

文芸作品にも応用されるようになり、たとえば、**『太平記』**をはじめとする当時の軍記物では、家紋を調子よく並べた描写でもって、読者の興味を呼び起こそうとしている。足利持氏《もちうじ》による長倉城討伐（1435年）の様子を描いた**『羽継原《はねつくはら》合戦記』**（『長倉追罰記』）では、参陣した約120の諸将の名と家紋名が、「紋尽《もんつ》くし」と呼ばれる書き方で、調子よく並べ立てられている。

また、家紋が載った刊行物も現れるようになり、行誉《ぎょうよ》という僧が記した**『塵添壒嚢鈔《じんてんあいのうしょう》』**には陣幕に描かれる幕紋の名称が多数記録されている。

そして、応仁の乱が起こり、世情が騒然としていたころに、家紋史研究のうえでの画期的な史料が登場する。家紋が図示され、解説も付いた、わが国最古の家紋集**『見聞諸家紋《けんもんしょかもん》』**である。

◆最古の家紋集『見聞諸家紋』

1460～70年の間に成立したとされる『見聞諸家紋』は、室町幕府8代将軍義政《よしまさ》のころの将軍家や守護大名から地方に土着の武士に至るまで、**約300家260の家紋**を載せている。残念ながら原本は発見されていないが、何冊かの写本が残されており、中では、江戸時代の新井白石《あらいはくせき》による写本が有名だ。

『見聞諸家紋』に載っている家紋は、写実的な紋も多く、デザイン的には完成途上の紋も多い。しかし、そのほとんどは今日まで伝わっている。武将たちがいかに家名を誇り、そのシンボルとしての家紋を代々大切に受け継いできたか、ということが窺《うかが》い知れる。

その後、家紋を採録した史料としては、戦国時代になって**『関東幕注文《かんとうばくちゅうもん》』『阿波国旗下幕紋控《あわこくきかまくもんひかえ》』**などが出ている。前者は上杉謙信が関東に兵を進めた際に、上野国《こうずけのくに》・下野国《しもつけのくに》を中心とした諸将251氏の家紋を収めたものであり、後者は、阿波国《あわのくに》の三好《みよし》氏の配下の諸将の家紋を掲載したものである。

『羽継原合戦記』の紋尽くし

『羽継原合戦記』より

竹《たけ》に雀《すずめ》は上杉殿御両家、九ともへ（九曜巴《くようともえ》）は長尾《ながお》か紋、水色に桔梗《ききょう》は土岐《とき》の紋、斎藤がなてしこ、鹿は富樫之助《とがしのすけ》、伊勢《いせ》国司北畠《きたばたけ》殿のわりびし（割菱）、大内介がからびし（唐菱）、甲斐《かい》武田とわかさ（若狭）の守護は武田びし、半月に丸びしは興津《おきつの》左衛門《さえもん》、越前《えちぜん》の織田と由佐《ゆさ》の河内守《かわちのかみ》が瓜《か》の紋、秋元も是を打つ、朝倉がみつもつかう（三《み》つ盛《も》り木瓜《もっこう》）、飛騨《ひだ》国司姉小路《あねこうじ》殿は日光月光、月に九えう（九曜）は千葉之介、八えう（八曜）は上総介《かずさのすけ》、三引両《みつひきりょう》は三浦之介、小山は右巴《みぎともえ》也、朝比奈《あさひな》も是同じ、但し遠江《とおとうみ》の朝比奈はけんびし（剣菱）也。

1435年に常陸国佐竹郡長倉遠江守追討に参加した諸将の幕紋をあげたもの。家紋を応用した文学作品の先駆といわれる（沼田頼輔『日本紋章学』より引用・一部補筆）。

『見聞諸家紋』に載る家紋

『見聞諸家紋』には、応仁の乱（➡P40）で東軍に参加した武将の家紋が多い。京都に上洛した際に見聞された紋が収録された、いわば応仁の乱がきっかけで生まれた家紋集である。

九曜《くよう》巴《どもえ》

香川氏・長尾氏

香《か》河《がわ》五《ご》郎《ろう》次《じ》郎《ろう》和《かず》景《かげ》は讃岐の香川氏。長尾氏は上杉謙信を出した越後の氏族。

寓生《ほや》に鳩《はと》

熊谷氏

頼朝より家紋を授かった熊谷氏（➡P31）。本の図柄はかなり写実的だ。

向《む》かい蝶《ちょう》

伊勢氏

表記の伊勢守《いせのかみ》貞親は伊勢《いせ》貞親《さだちか》。室町幕府で政務の実権を握った人物である。

花菱《はなびし》

武田氏

甲斐の武田氏で大《だい》膳大夫《ぜんのだいぶ》賢信とある。このころは武田菱でなく花菱を使った。

名字家紋

家紋も百花繚乱の戦国時代

◆群雄割拠し、家紋は戦いの場へ

応仁の乱ののち室町幕府は弱体化、世はまさに**戦国時代**となり、全国に**大小の豪族**（各地に土着し勢力を持つ氏族）が勃興《ぼっこう》した。そのように現れた豪族たちの中には、氏も素性もわからない者も多かった。それだけに、家柄を重んじる風潮も強まり、有名氏族の名を勝手に名乗ったりするものも少なくなかった。

また、群雄割拠の戦国の世を勝ちぬいていくためには、当然のことながら戦力の充実が求められた。配下の武士の数も多いほうがよく、そういう事情から新規に農民が武士に取り立てられることもあって、**武士の数も次第に増えて**いった。

家紋についても、借用、盗用がしばしば行われたが、武士の数が増えていく環境になったことで、その数も増えていった。

そして、戦《いくさ》がくり返される時代となったことで、家紋には再び敵味方を見分けられる機能が求められるようになった。そのため目立ちやすいデザインのものも生まれてきた。

◆家紋は戦場に咲き乱れる

個人や部隊を識別する識標として、家紋は主に旗に付けられた。従来からあった流れ旗以外に幟《のぼり》も作られるようになり、**指物**《さしもの》（鎧《よろい》の背に差したり、従者に持たせたりした小旗や飾り物）や**馬印**《うまじるし》（大将の馬の側に立てて所在を示す旗）も現れた。

そして戦の規模が領地の境をめぐる地域的な紛争から、複数の武将が混成部隊となって行う合戦になると、ますます目立つ識標が増えていった。大規模な戦闘となれば、主君に戦功をアピールしたり、味方の識標を目印にして戦場での連携を行うことにも役立つためだ。

そのような識標に家紋をあしらって武士たちが戦う姿は、「**川中島合戦図屏風**《びょうぶ》」や「**関ヶ原合戦図屏風**（➡P46）」「**大坂夏の陣図屏風**」など、今に伝わる戦国合戦図屏風に描かれた戦場風景の中に確認することができる。

図屏風で見る家紋

『川中島合戦図屏風』和歌山県立博物館蔵

村上義清の馬印、丸に上の字。

渡辺越中守の馬印、渡辺星。

足軽も家紋入りの指物を指す。

跡部氏の指物。目立つ模様を入れる例もあった。

武田信玄と上杉謙信は北信濃の領有をめぐり信州川中島（長野）で戦った。これが川中島の戦いで、1553年以来約10年で数度の戦闘があった。上の屏風図には上杉方の村上義清と渡辺越中守の活躍が描かれている。右図の跡部氏は武田方の武将。武将一人ひとりが自分の旗を掲げて戦っているのがわかる。

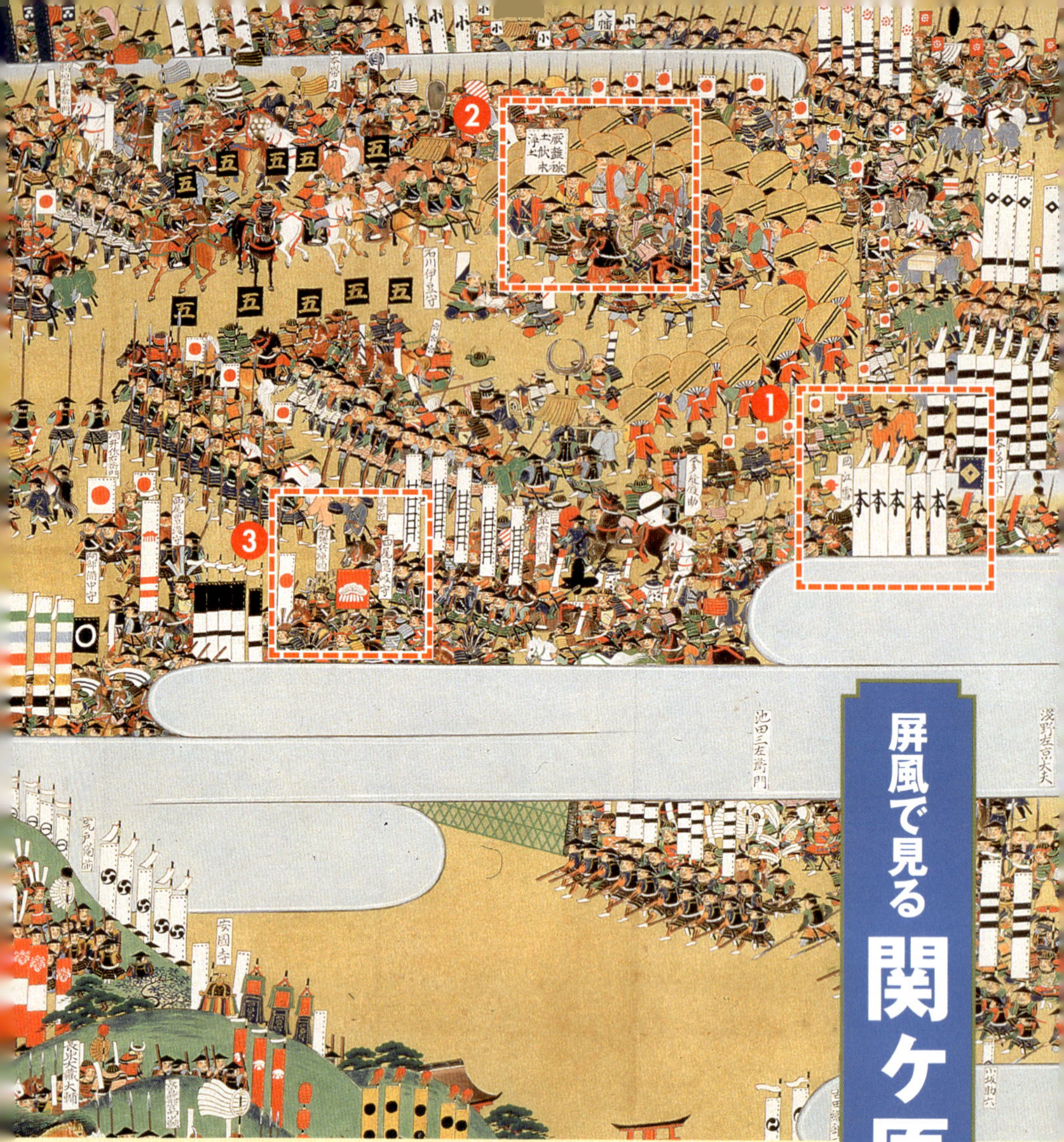

屏風で見る 関ヶ原の戦い

関ヶ原合戦は慶長5（1600）年9月15日に行われた「天下分け目」の戦である。屏風の上部には家康の本陣と東軍が。下部には南宮山に布陣する毛利や安国寺の西軍が描かれている。

1 本多丹下守成重の軍勢。本多家は最古参の徳川家家臣で、軍旗は本の字。

2 徳川家康の本陣。家康は「*厭離穢土欣求浄土」の旗を馬印に使っていた。

＊厭離《えんり》穢土《えど》欣求《ごんぐ》浄土《じょうど》：仏教用語。けがれたこの世をいとい離れ、極楽浄土への往生を切望するという意味。

写真／『関ヶ原合戦図屏風 二曲一双の内』 徳川美術館蔵

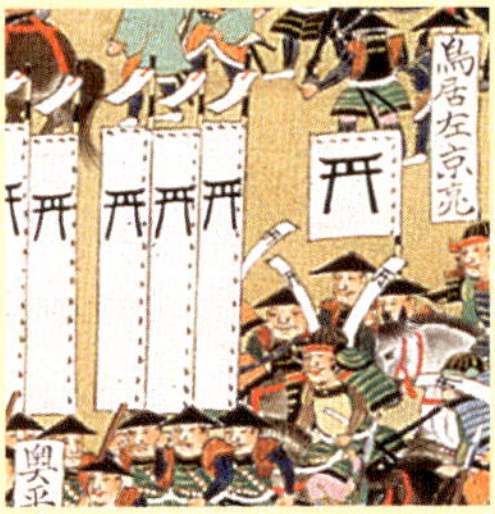

❺ 鳥居左京亮忠政の軍勢の鳥居紋。父元忠は家康の忠臣で「三河武士の鑑」と称された。

❹ 北条美濃守氏盛の軍勢。軍旗の赤地に北条鱗はかなり目立っている。

❸ 西尾隠岐守吉次の家紋は櫛松。関ヶ原の戦功で原市（埼玉県上尾市）に藩を持った。

名字紋 字紋

名字は支配階級の特権に

◆兵農分離と名字帯刀の制限

織田信長《のぶなが》のあとを継いで天下統一を果たした**豊臣秀吉《とよとみひでよし》**は、中心政策として**兵農分離《へいのうぶんり》**を打ち出した。

戦国時代までは武士と農民の区別があいまいで、戦のないときには農作業に従事している兵士も少なくなかった。だが、天下の覇者となった秀吉は政権安定のため、その区別を明確にしようと考えた。皮肉にもそれは、自分のような**成り上がりが生まれない**社会にしようとするものであった。

そこで行ったのが**刀狩《かたながり》**で、秀吉は農民から武器を取り上げた。刀を持ってよいのは武士だけとし、**武士と農民の間に境界**を設けたのだ。

また、**人掃令《ひとばらいれい》**という法令を出し、身分の固定化も図った。武士身分の者が農民や町人になることや、農民が商人や職人になることを禁じたのである。

次いで、江戸幕府を開いた**徳川家康《とくがわいえやす》**は、この兵農分離を受けて、今度は農民から名字を取り上げた。原則として、武士のみを「**名字（苗字）帯刀御免《たいとうごめん》**＊」の存在としたのである。

◆家紋は庶民に開かれる

こうして、秀吉が志向した兵農分離の政策は、徳川の世において、いわゆる「**士農工商《しのうこうしょう》**」の身分制度となって確立していく。**名字・帯刀**が許されるのは、支配階級である**武士だけの特権**となった。

これにより、それまで多くの庶民が名字を名乗るようになっていたが、被支配階級とされた「農工商」の庶民は、公式には名字を名乗ることができなくなったのだ。

しかし、**家紋の使用は庶民にも認められた**。規制は徳川家の葵紋に関するもののほか、いくつかの家紋にあるだけで、基本的には自由に選んで使うことができたのである。

公式に名字を名乗れなくなった庶民にとって、家紋はその代替物ともなった。武士だけの占有物になった名字とは対照的に、庶民にも開かれた家紋は、江戸期を通じて社会に根をおろしていくことになる。

＊ **名字（苗字）帯刀御免**：江戸時代の表記は「苗字帯刀御免」。

兵農分離と名字の制限

兵農分離政策により、刀の所持と名字は武士だけの特権となった。まれに武士社会への貢献を認められた農民や商人に名字の使用や帯刀が許された。名字や帯刀は、庶民にとって社会的な名誉として機能したのだ。

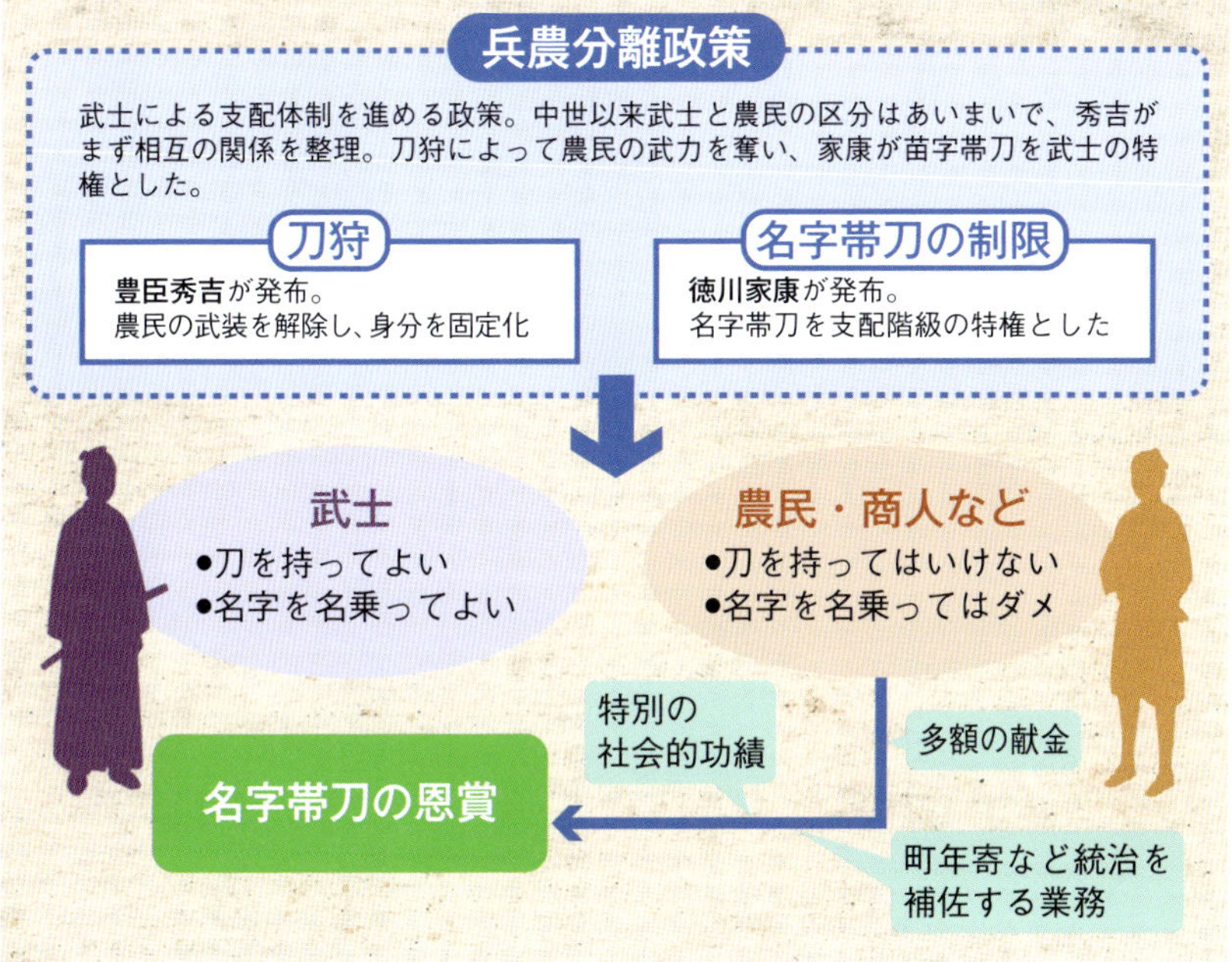

兵農分離政策
武士による支配体制を進める政策。中世以来武士と農民の区分はあいまいで、秀吉がまず相互の関係を整理。刀狩によって農民の武力を奪い、家康が苗字帯刀を武士の特権とした。
刀狩
豊臣秀吉が発布。
農民の武装を解除し、身分を固定化
名字帯刀の制限
徳川家康が発布。
名字帯刀を支配階級の特権とした
武士
●刀を持ってよい
●名字を名乗ってよい
農民・商人など
●刀を持ってはいけない
●名字を名乗ってはダメ
特別の
社会的功績
多額の献金
町年寄など統治を
補佐する業務
名字帯刀の恩賞

刀狩とは？

刀狩令（『小早川家文書より』）

一　諸国百姓、刀、脇差《わきざし》、弓、やり、てつぽう（鉄砲）、其《そ》の外《ほか》武具のたぐひ所持候事《そうろうこと》、堅く御停止《ごちょうじ》候。其の子細は、入らざる道具をあひたくはへ、年貢《ねんぐ》・所当《しょとう》を難渋せしめ、自然、一揆《いっき》を企て、給人《きゅうにん》にたいし非儀《ひぎ》の動《はたらき》をなすやから、勿論《もちろん》御《ご》成敗《せいばい》有るべし。（略）其の国主、給人、代官《だいかん》として、右武具悉《ことごと》く取りあつめ、進上致すべき事。

一　右取りを（置）かるべき刀、脇差、ついえ（無駄）にさせらるべき儀《ぎ》にあらず候の間、今度大仏御建立《だいぶつごこんりゅう》の釘、かすがひに仰《おおせ》付《つ》けらるべし。然れば、今生《こんじょう》の儀は申すに及ばず、来世までも百姓たすかる儀にて候事。（以下略）

秀吉は1588年、大仏建立の名目で全国に刀狩令を出した。目的は農民の武装解除、農業の安定、身分制の確立にある。刀狩令の前に出た喧嘩停止令と合わせて、民衆は武器による紛争解決ができなくなった。

名字家紋

徳川家だけが「三つ葵」を独占

◇御三家・御三卿・御家門

徳川《とくがわ》家が**徳川**を名乗るのは家康《いえやす》のときからで、それ以前は**松平**と名乗っていた。家康が天下を手中におさめ、江戸に幕府を開いたことで、徳川は将軍家の名字となる。

豊臣秀吉《とよとみひでよし》は自分の名字・氏姓を大盤振る舞いし、多くの大名に「羽柴《はしば》・豊臣」を与えて連帯意識をもたせようとした。

しかし、家康は「徳川」に希少価値を持たせる方向を選ぶ。将軍家以外で徳川を名乗れたのは、家康の子どもの中でも、尾張《おわり》・紀州《きしゅう》・水戸《みと》の各藩主となった九男義直《よしなお》、十男頼宣《よりのぶ》、十一男頼《より》房《ふさ》だけだった。

その彼らを祖にする尾張徳川家、紀伊徳川家、水戸徳川家がいわゆる**御三《ごさん》家《け》**。御三家に徳川が許されたのは、将軍家の血筋が絶えたときの備えとして設けられた家であるためだ。

江戸も中期になると、御三家に準じた家格で、将軍家の跡継ぎを出せる家として、**御三卿**《ごさんきょう》と呼ばれる、田安《たやす》家、一橋《ひとつばし》家、清水家が創設され、徳川の使用が許された。

また、将軍家の一族で、御三家・御三卿以外の大名は**御家門**《ごかもん》と呼ばれたが、彼らには松平を名乗ることが許されていた。

◇葵の紋を独占

家康は将軍になると、**三《み》つ葵《あおい》を将軍家の家紋**とした。そして、これもまた秀吉が自身の家紋（桐紋）を多くの大名に下賜したのとは対照的に、**三つ葵の使用に制限**を設けた。徳川家・松平家以外の者がむやみに使うのを禁じたのだ。もっとも、明文化されたのは8代将軍**吉宗**の時代になってからで、江戸初期の実情はそれほどでもなかったという。

そんな三つ葵のデザインは、時代とともに変わっている。家康のときは植物的な感じだが、それがシンプルな意匠へとだんだん変化してきている。また、御三家は三つ葵の家紋以外にも、葵紋をアレンジした家紋を用いていたようだ。

徳川家三つ葵の変遷

徳川家の三つ葵はどんどんデザインが変わっていった。家康のころは葉の芯が33本あり写実的な家紋。吉宗のころには、茎が太くなり、外円にくっついている。江戸後期になると葉の芯は減って、13本で定着する。

初代将軍家康のころ　8代将軍吉宗のころ　江戸時代後期以降

徳川一門とは？

葵紋の使用は徳川一門の家々に限られた。徳川一門とは徳川将軍家と御三家、御三卿、御家門の家々である。

御三家

尾張徳川家、紀伊徳川家、水戸徳川家のこと。家康は九男義直を尾張名古屋に、十男頼宣を紀伊和歌山に、十一男頼房を常陸水戸に封じた。将軍に後継ぎがない場合は将軍家を相続する権利を持つ。８代将軍吉宗と14代将軍家茂は紀伊家から出た。

御三卿

江戸中期に分家した田安家、一橋家、清水家のこと。田安家は８代将軍吉宗の次男宗武、一橋家は四男宗尹、清水家は９代将軍家重の次男重好を祖とする。将軍に後継ぎがない場合は将軍家を相続でき、11代家斉と15代慶喜は一橋家から出た。

御家門

徳川将軍家の一族で御三家、御三卿以外の大名のこと。松平姓を名乗ることができた。越前松平氏（家康の二男秀康が家祖）、会津松平氏（２代将軍秀忠の四男保科正之が家祖）、越智松平家（６代将軍家宣の弟松平清武が家祖）などがいる。

御三家の家紋

徳川一門でも、将軍家の徳川葵と図柄を変えないとならないという決まりがあった。御三家は裏葉で三つ葵を作るよう命ぜられ、丸に三つ葵裏を軍旗で使用した。水戸徳川家と紀伊徳川家は下記のような六つ葵紋を使用したという。

丸《まる》に三《み》つ葵裏《あおいうら》

水戸《みと》六《む》つ葵《あおい》

紀州《きしゅう》六《む》つ葵《あおい》

家紋

紋付の義務化で家紋に変化も

◆公務や儀礼に家紋は必須

江戸時代に入り戦乱もおさまると、旗や幟《のぼり》、馬印《うまじるし》などは必要がなくなり、家紋はおもに**儀礼的な目的**で使用されるようになる。特に**参勤交代**《さんきんこうたい》が制度化されてからは、諸大名の江戸への往来、登城といった際には、必ず家紋の入った服装を用いることとなり、この場合、家紋は**相手の身分を判断する目印**ともなった。

当時の大名たちには家格に応じた礼儀作法が厳しく求められており、とるべき作法を相手の家紋によって判断したのである。大名行列の途中で出会ったときのことを考えて、大名たちは従《じゅう》士《し》（ともの家臣）の中に諸大名の家紋を熟知している者をおいた。

また、幕府は大手門に**下座見**《げざみ》という役職の者を配置して、諸大名が登城する際、各大名が掲げる家紋によってだれであるかを確認し、到着を知らせるようにしていたという。

江戸期においては、大名・旗本の家紋を知ることは公務の上でも、社交においても極めて重要なこととなったのだ。そして、その必要性に応えるかのように、諸大名や旗本の官位、石高《こくだか》、居城、家紋などを載せた、年鑑形式の紳士録ともいえる『**武鑑**《ぶかん》（⬇P113）』も刊行されるようになった。

◆裃におさまりのいい紋とは

家紋必須となった江戸幕府のもとでは、**裃**《かみしも》が武士の正式な服装となった。裃というのは、**肩衣**《かたぎぬ》という袖なしの上《うわ》衣《ぎ》に同じ布地の**袴**《はかま》を組み合わせたことからの呼び名であるが、その肩衣の両胸と背中、上衣の両袖、袴の腰板に家紋がついた。そして家紋も、裃におさまりのいい形状へと変化していく。

家紋は従来、おもに旗や幕に描かれていたので、対称的な形状にする必要がなかった。だが、室町時代に大紋《だいもん》や素襖《すおう》に家紋が描かれるようになって、その形状は次第に整ったものとなっていき（⬇P38）、江戸時代に裃が武士の正服となると、ほぼ**対称的**なものとなった。**家紋を丸で囲む風習**もこの時代に一般化した。

大名登城の様子

『千代田之御表　六月十六日嘉祥ノ図』国立国会図書館蔵

参勤交代によって江戸に滞在している大名の仕事のひとつとして、江戸城登城があった。幕府は祭事や正月、五節句などの機会に行事を開いたが、その際の服装は行事内容や身分（位）によって細かく決められていた。上の絵は嘉祥《かじょう》という行事で、将軍から総登城した大名たちに菓子を与える儀式の様子である。たとえば、正月に一般大名が着用を求められたのは大紋であり、下図の肩衣半袴は五節句の際に一般大名や旗本が着用した。高位のものは折烏帽子を着けたり直垂を着るため、家紋に頼らずともひと目で身分を判断できた。

COLUMN

武士の家紋は『武鑑』で見分けた

『武鑑』とは大名・旗本などの氏名・居城・官位・石高・家紋などが書かれた名鑑で民間の版元が出版した。1657年の『大名御紋尽《ごもんづくし》』が最初の名鑑で毎年改定版が刊行された。武家同士の情報確認だけでなく、庶民や江戸詰めの武士が故郷の土産に購入することもあったようだ。

裃とは？

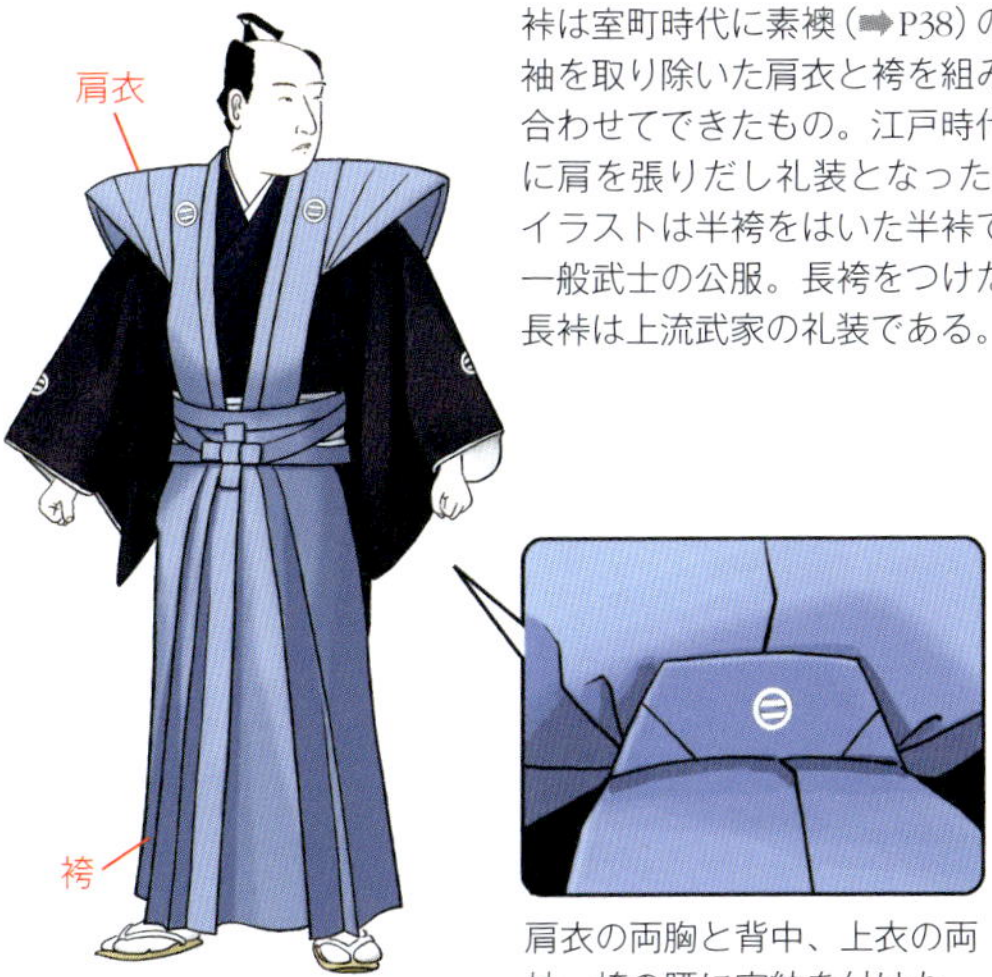

裃は室町時代に素襖（➡P38）の袖を取り除いた肩衣と袴を組み合わせてできたもの。江戸時代に肩を張りだし礼装となった。イラストは半袴をはいた半裃で一般武士の公服。長袴をつけた長裃は上流武家の礼装である。

肩衣の両胸と背中、上衣の両袖、袴の腰に家紋を付けた。

町人文化のもと、家紋は発展

◇庶民の間で家紋は増加・変容

公式に名字を名乗れなくなった庶民にとって、家紋の使用はそれに代わる意味合いをもった。加えて家紋の使用については、**葵《あおい》の紋禁止**などの規制はあるものの基本的には自由に使うことができた。

とはいえ、おいそれと名のある大名と同じ紋を使うわけにはいかない。そこで庶民は**独自の工夫**を凝らすことになり、家紋はいくつものバリエーションが生まれ、その数を増やしていった。

もっとも、町人層が文化の担い手になった元禄《げんろく》文化が花開く時期には、名字の代替というよりは装飾目的で使われ、家紋をアレンジして楽しむ**洒落《しゃれ》紋**（**遊び紋**）が流行ったりした。

洒落紋は家紋というより華美な文様に近い。いくつか種類があり、**伊達《だて》紋**という、古歌や名所にちなんで文字や絵を用いた文様《もんよう》を施《ほどこ》したものや、**加賀《かが》紋**と呼ばれる、目新しいデザインによる紋章に彩色を施したものなどがあった。

◇「悪所」で使われた家紋

江戸時代の庶民の最大の娯楽といえたのが芝居見物で、**歌舞伎《かぶき》**は流行の発信地でもあった。

歌舞伎役者は自身を表現する手段として紋を用い、自分の紋を手ぬぐいに染めて贔屓《ひいき》の客に配ったり、舞台からまいたりしたとされる。ファンはそれを求めるだけでなく、自分の持ち物に好きな役者の紋を入れるなどして楽しんだ。人気役者が舞台で用いた紋が**町人の間で大流行**し、その紋の入った着物や品物を多くの人が身につけるような現象もおきている。

歌舞伎と並ぶ流行の発信地であった**遊郭《ゆうかく》**においても家紋は活用された。遊女たちも自分の紋を定めて、着物を飾ったり、かんざしに刻んだりした。自分の紋と馴染みの客の紋を合わせて**比翼《ひよく》紋**（➡P121）をつくり、客を喜ばせたりもしたらしい。

そんな遊女の紋としては、他のものに絡まって生きてゆくありように自分たちの生き方を重ねたのか、**蔦《つた》紋**が好まれたという。

洒落紋の流行

加賀のお国染　花岡コレクションより

『秋草文様小袖』京都染織文化協会蔵

加賀紋

加賀紋とは、家紋の周りに友禅染で彩色した植物模様の装飾を加えた、加賀独自のもの。史料には江戸中期からみられ、男女ともに武士や庶民などが着物に用いた。また、夜着（写真）やのれんなどにも使われた。

伊達紋

❶

伊達紋とは、普通の家紋の代わりに花鳥や文字、草花などを派手に模様化した紋のこと。

歌舞伎役者と家紋

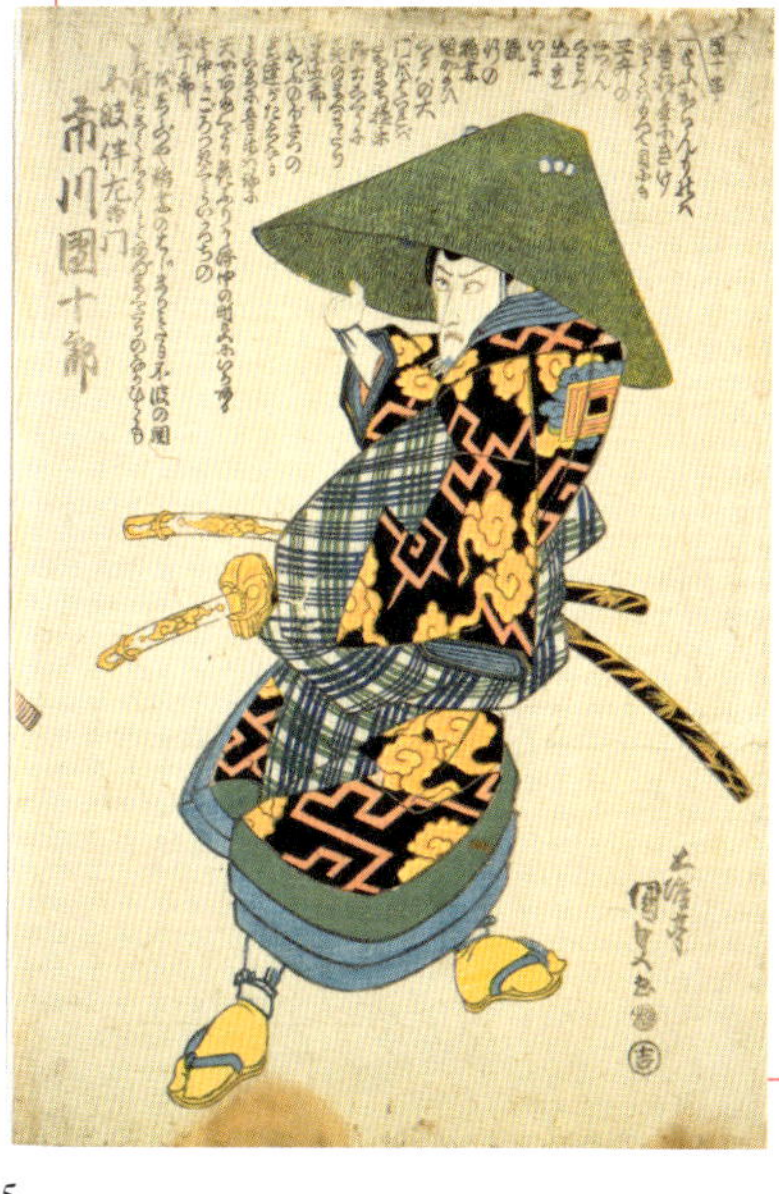

『不破伴左衛門　市川團十郎』国立国会図書館蔵

服装の流行が、庶民を巻き込んで一大ブームとなるのは江戸時代になって初めておこった現象だといわれる。江戸時代は町人文化が花開いた時代でもあるのだ。特に着物の形や文様、帯の締め方などは歌舞伎や遊郭より発信されることが多く、庶民が家紋を意識するきっかけとなる。歌舞伎役者の人気は庶民の間に家紋の流行を呼んだ。初代市川團十郎の紋である三枡は、特に町人の間に大流行し、多くの人が三枡の入った着物や小物を身につけた。このような形で庶民の間に家紋は広がり、自分なりのアレンジをほどこしていったのだ。

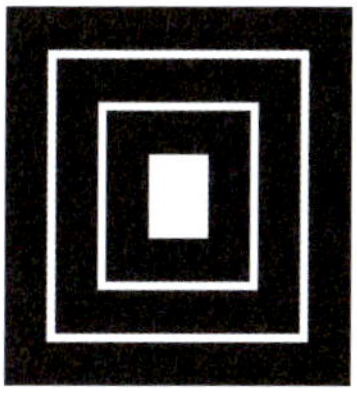

三枡《みます》

名字

だれもが名字をもつ時代に

◆庶民も名字を名乗ることが許される

明治となり、封建的身分制度の撤廃が進められ、いわゆる**四民平等**《しみんびょうどう》の世の中となった。

新政府は明治３（１８７０）年、「今後、平民に苗字の使用を許す」という**平民苗字許可令**《へいみんみょうじきょかれい》を布告する。

ここでいう平民とは、徳川政権下において「農工商」の身分におかれていた人たちである。この法令によって武士だけに許されていた、いわゆる「**苗字帯刀御免**《みょうじたいとうごめん》」の特権が廃止され、農民や町人も名字を名乗ることができるようになった。

ところが、晴れて名字が名乗れるようになったというものの、その反応はよいものではなかった。なかなか長年の因習から抜け出すことができず、多くの人は**すぐには名字を名乗らなかった**のだ。

◆名字をつけなければならなくなる

実は、この「平民苗字許可」の背景には、税制と兵制を確立するうえで、国民の戸籍の整備が急務だったという政府側の事情があった。

政府は、明治４（１８７１）年には**戸籍法**を発布して名字の登録を促した。これは翌年に実施されたが、実名と通称の併記は禁じられ、名字の勝手な変更も認められなくなった。現在の「**名字＋名前**」という形が公式なものとなったのもこのときである。

この戸籍作成に際しては、同居している家族が別々の名字を名乗るなど、かなりの混乱があったが、政府にとってさらに困ったことに、依然として名字なしでいる者が多かった。

そこで明治８（１８７５）年に「**平民苗字必称**《ひっしょう》**義務令**」が発令される。「平民も必ず苗字をつけ、祖先の苗字が不明の場合は、新たに苗字を設けるべし」と命じたのである。「名字の公称を許可」から「**名字の公称を義務化**」したのだ。

こうして名字がなくても構わないとしていた者も強制的に名字をつけさせられることになり、**だれもが名字をもつ時代**となるのである。

名字に関する主な出来事

年	主な出来事	内容
1869	版籍奉還	旧藩主を旧領地の知事に任命（非世襲）、公家や旧大名を華族に、旧幕臣と藩士を氏族に、農民・町人を平民とした。
1870	平民苗字許可令	平民に名字をもつことを許可した。
1871	戸籍法	各人の身分関係を明らかにするために、戸籍の作成・手続きを定めた。
	廃藩置県	藩を廃止して県を置き、政府を中央集権化。
	散髪脱刀令	髪型の自由、帯刀（廃刀）の自由を許可。 華族・士族・平民間の婚姻を許可。
1872	全国戸籍調査（壬申戸籍）	戸（家）を単位に、戸主と配偶者とその家族（直系尊属）などを記載。徴兵、徴税など行政の基礎資料とした。調査の結果は男性1679万6158人、女性1631万4667人。
1875	平民苗字必称義務令	1870年の「平民苗字許可令」で名字を付けた平民が少なく、すべての国民に名字を名乗ることを義務付けた。
1876	廃刀令	軍人と警察官以外の帯刀を禁じた。

■族籍別人口構成（1873年調べ・総人口—3329万8286人）

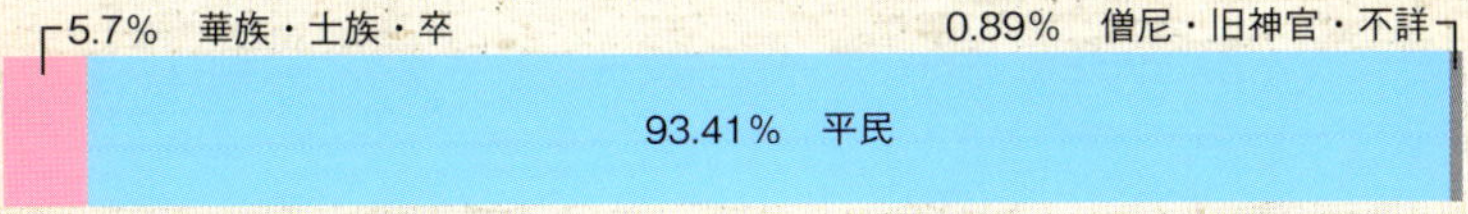

平野義太郎『日本資本主義社会の機構』より

明治政府は「四民平等」の名のもとで、江戸幕府における士農工商を廃止し、平民に名字使用の許可、居住・職業・結婚の自由を認めた。しかし、現実には国民間の身分差別はなくならず、天皇を頂点とする新たな身分秩序が再編される結果となった。

COLUMN

明治の戸籍法は家が基本単位

明治のはじめに施行された戸籍法は家を基本単位としている。家の代表者は戸主《こしゅ》といい、家族の婚姻・養子縁組に対する同意や拒絶ができた。また、居住を指定する権利をもつなど、家族を扶養する義務と支配・統率する権利をもった。

戸主の地位もすべての財産・権利とともに新戸主に相続された。この法制は戦国時代より続いてきた武家の家父長制がもとになっており、戸籍法が改正されるまで続いた。

旧戸籍法では戸主の権限が強すぎ、家族の権利が損なわれる部分があるため、日本国憲法の制定に合わせた1947年の戸籍法の改定により、家父長制に基づく家制度は廃止。現在は夫婦を基本単位とする戸籍法となっている。

沖縄にみる独自性とデザインの普遍性

名字でも家紋でも独自性を発揮しているのが**沖縄**である。

多い名字としては比嘉《ひが》、大城《おおしろ》、新垣《にいがき》（あらがき）、玉城《たまき》などが並ぶが、このような沖縄独自の名字といえるものの大半は**地名に由来**しているという。江戸時代より前には、薩摩《さつま》以外の本土との交流がなかったこともあり、独自の名字がそのまま残ったのだ。

沖縄に本土の家紋が持ち込まれるのは、江戸時代に薩摩藩による支配が始まってから。それまでは、各家々を識別する印としては、「**屋判**（ヤーバン）」と呼ばれる、ある種の記号が使われていた。薩摩藩の支配が始まると本土の家紋を使う家も現れ、現在では本土で用いられる家紋もかなり流入した状態となっている。

そんななかで興味をひかれるのが王家の紋章である。沖縄は15世紀に**琉球《りゅうきゅう》王朝**が成立したが、王家の紋章は「**左御紋**（ヒジャイグムン）」と呼ばれるもの。いわゆる左《ひだり》三《み》つ巴《どもえ》とほとんど同じデザインなのだが、それが本土とは無関係に発祥しているのだ。

成り立ちには諸説あって定かではないが、巴紋は古代から世界各地に発生している文様ではある。とはいえ、琉球王朝において本土とは無関係に巴紋が成立していたという事実を知ると、改めてそのデザインの普遍的な訴求力を思わないではいられない。

左御紋（ヒジャイグムン）

琉球王家の紋章。左三つ巴とは角度が微妙に異なる。

左《ひだり》三《み》つ巴《どもえ》

古代から世界中で見られる普遍的な文様。

2章

家紋と名字の人物学

三つ葵や揚羽蝶など、現代に知られる家紋はそのほとんどが武士の用いた家紋であり、それぞれに、家紋を付けた由来も残っている。ここでは代表的な武士家紋を、名字の由来とともに案内する。

武家で初めて政権を握る

平《たいらの》清《きよ》盛《もり》

【1118〜1181】

平清盛から始まる武家政権

1167年、平清盛《たいらのきよもり》は太政《だじょう》大臣となって**平氏政権**を樹立、武士出身者として初めて政権のトップに立つ。

平家の世は短く、20年足らずで源氏に取って代わられるが、以後、武家の間で政権が移っていくうちに、世に**源平交替思想**というものが流布する。

鎌倉幕府の実権はやがて平氏出身の**北条氏**が握り、次いで源氏出身の**足利氏**が室町幕府を開いた。つまり、武家の政権は源平が交替で担うという考え方である。

これが天下を狙うものに影響を与えた。**織田**

【代表紋】

揚《あげ》羽《は》蝶《ちょう》

蝶をかたどった蝶紋はその姿によって分類される。揚羽蝶は、羽をたたんで静止しているものをいう。羽をたたんで上のほうへあげていることから の呼び名で、蝶の種類を問わない。他に飛翔の姿の飛び蝶、円形につくった蝶丸などがある。公家平氏は揚羽蝶、六波羅党は蝶丸だったという。

名字のルーツ

「平家」と呼べるのは伊勢平氏だけ

清盛は、桓武《かんむ》平氏高望《たかもち》流の系統で、伊勢を本拠にして伊勢平氏と呼ばれる一族の出身。軍記物の『平家物語』のタイトルがそうであるように、ふつう「平家」という場合は、平氏全体ではなく、この伊勢平氏を指していることが多い。伊勢平氏は清盛の代に全盛期を迎えるが、清盛の死後は崩壊の道を進み、頼朝によって滅ぼされる。

『平清盛坐像』宮島歴史民俗資料館蔵

向《む》かい蝶

桓武平氏の流れをくむ伊勢氏が用いた向かい蝶。伊勢氏の分家筋の出と推定される北条早雲も初めは向かい蝶を使っていたとされる。

信長が平氏の子孫と称し、**徳川家康**が源氏の末裔を称したのも、そのことを意識してのこととされている。

その始まりは平清盛にあるのだ。

◇平氏の家紋は蝶紋とされるが……

平氏の子孫を称した信長は、家紋に**揚羽蝶**《あげはちょう》を加えるが、それは蝶紋が**平氏の代表紋**とされていたからだといわれる。

もっとも、蝶紋は清盛の時代には貴族社会一般に流行していた意匠で、特に平氏だけの紋ということではなかった。清盛の異母弟・**頼盛**の一門（**六波羅党**《ろくはらとう》）が好んで牛車に蝶紋をつけていたことから、のちに平氏の末裔を名乗る者がこれにならって蝶紋を家紋にし、「**平氏の紋は蝶**」という認識が広まったと考えられている。

また公家平氏の**西洞院**《にしのとういん》**家**や**平松**《ひらまつ》**家**などの家紋が揚羽蝶なので、そちらのほうから平氏の代表紋のように思われた可能性も指摘されている。

ライバルの武将たち

平家を滅ぼした桓武平氏の末裔

関東地方を本拠に栄えた桓武平氏高望流の子孫を坂東平氏《ばんどうへいし》という。

坂東平氏には、下総国《しもうさのくに》千葉郡千葉荘を本拠とした千葉氏、相模国《さがみのくに》三浦半島一帯を本拠とした三浦氏、相模国鎌倉郡梶原郷《かじわらごう》を本拠とした梶原氏、武蔵国秩父郡《むさしのくにちちぶぐん》を本拠とした秩父氏などがあるが、彼らは伊勢平氏の繁栄とは無縁であった。

逆に源頼朝の打倒平家に呼応し、伊勢平氏を滅亡に追いこむことになる。

源平合戦は、源氏方対平家方の戦いではあったが、本質的には、頼朝を頂いた坂東平氏の子孫たちと、平家の本流伊勢平氏との戦いだといえた。

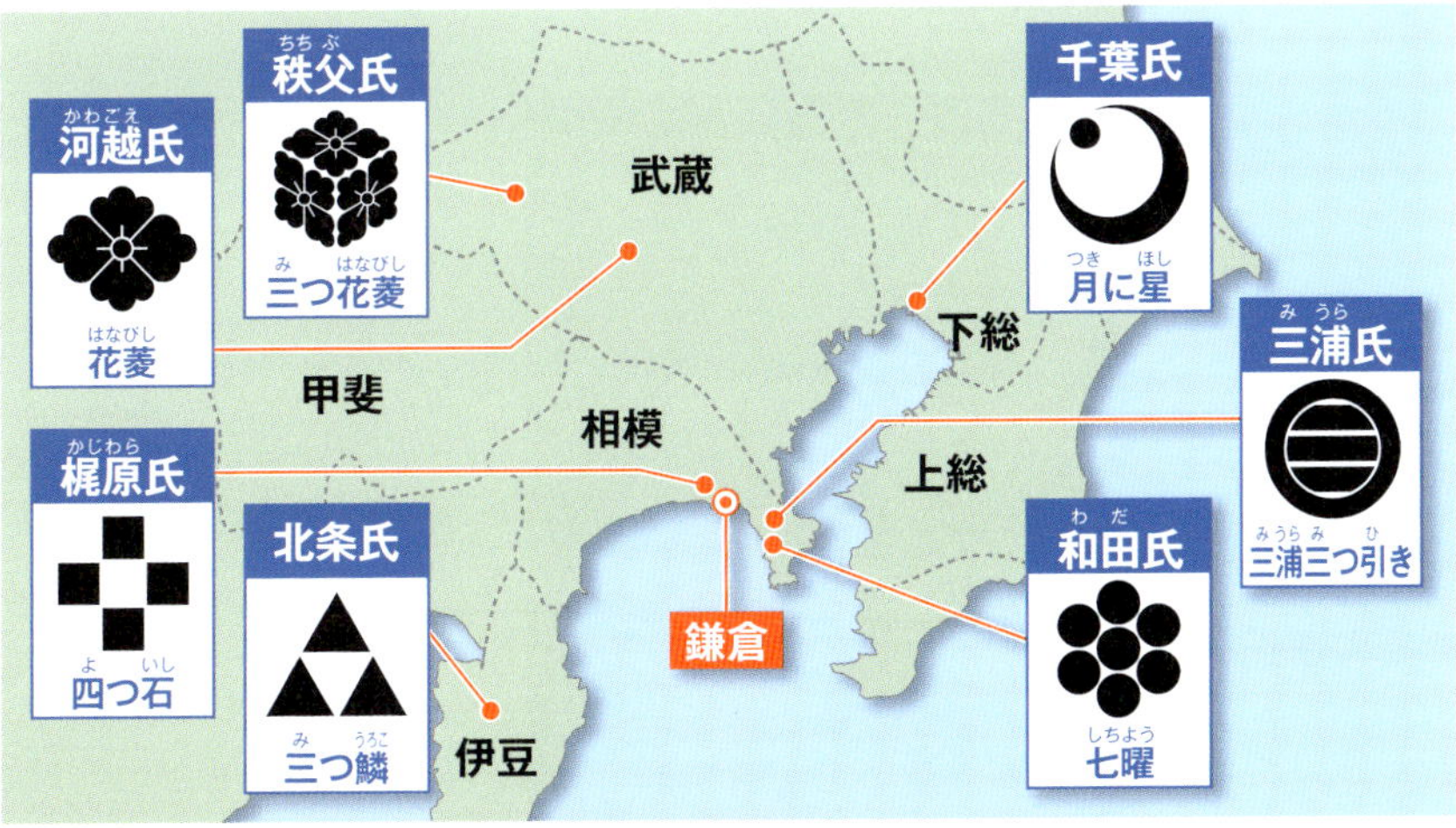

武家の家紋は頼朝が促進？

源《みなもとの》頼《より》朝《とも》

【1147～1199】

源氏嫡流のプライド

鎌倉幕府の初代将軍である**源頼朝**《みなもとのよりとも》は、自分が源氏の**嫡流**《ちゃくりゅう》（**正統流派**）であることを強烈に意識していた。頼朝は一族の者が断りなく「**源**」を使うことを禁じた。

異母弟の範頼《のりより》が頼朝から謀反の疑いをかけられたことがあり、範頼は釈明の書状を出した。ところが、その書状に「源範頼」と署名されていたことで頼朝は激怒してしまい、範頼は伊豆修善寺《しゅぜんじ》に流されたという。

一方で、このような頼朝のこだわりが、武家に家紋の普及を促した面もある。

源平合戦の当時、**源氏方は白旗**を、**平氏側は**

【代表紋】

笹龍胆《ささりんどう》

龍胆の花と葉をかたどった紋で、花3葉5を基本とする。ちなみに笹龍胆というのは、龍胆そのものが笹龍胆とも呼ばれることからの名称であって、笹の葉と龍胆の合成ではない。村上源氏の諸家や宇多源氏が用いたことで、後世、清和源氏も用いたという認識が広まり、源氏の代表紋とみなされるようになった。

名字のルーツ

三代で絶えた源氏の嫡流

清和源氏の流れの河内《かわち》源氏の嫡流に生まれた頼朝。平治の乱で敗れて伊豆に配流、20年に及ぶ流人生活を送った。打倒平氏が成ったのちは、鎌倉幕府を開いて武家政権を確立、卓越した政治力をみせたが、厳格さのあまり義経《よしつね》ら一族を粛清してしまったことが遠因となり、頼朝の死後20年にして源氏の嫡流は滅ぶこととなった。

『絹本着色伝源頼朝像』神護寺蔵

源氏は白旗を掲げて戦った。家紋のような印は入っていない。

赤旗を掲げて戦ったが、頼朝はこの源氏の白旗にもこだわった。

平氏が滅亡し、政権の頂点に立った頼朝は、**無紋の白旗**を源氏の嫡流だけの栄誉のしるしと考えるようになった。そこで、自分のもとに参じる御家人たちには、紋を記したものを使うように命じたのである。

笹龍胆が源氏の紋とされた

ところで、源氏を代表する家紋は**笹龍胆**《ささりんどう》といわれているが、頼朝が無紋の白旗にこだわったことからわかるように、源氏全体の家紋だったわけではない。

実は笹龍胆を家紋として多く用いていたのは、清和《せいわ》源氏とは系統が異なる**村上源氏**なのだ。それがのちの世で混同され、清和源氏の後裔《こうえい》を称する家なども笹龍胆を家紋とするようになった。そして、いつしか**源氏全体の代表紋**であるかのように認識されるようになったのである。

家紋の話

熊谷直実の「寓生に鳩」

『平家物語』における「敦盛《あつもり》」の逸話で知られる熊谷直実《くまがいなおざね》の家紋は寓生《はや》に鳩《はと》。この家紋は、石橋山の戦いで敗れて山中に逃れた頼朝を助けた功によって贈られたという話が伝わっている。

関連の武将

頼朝を支えた武将とブレーン

頼朝の挙兵後、頼朝と主従関係を結んだ東国の武士たちには、桓武《かんむ》平氏の流れをくみ、関東に住み着いた坂東《ばんどう》平氏の子孫が多かった。

また、大江広元のような、新興の頼朝のもとで手腕を発揮しようと京都から下ってきた下級貴族が、ブレーンとして頼朝を補佐した。

畠山重忠《はたけやましげただ》**（畠山村濃**《はたけやまむらご》**）**

義仲·平氏追討、奥州合戦で戦功をあげた。家紋の村濃は頼朝から賜った藍皮を白旗に捺して、頼朝の白旗と区別したことが始まりと伝わる（1164～1205）。

小山朝政《おやまともまさ》**（左二つ巴**《ひだりふたつどもえ》**）**

頼朝が挙兵して以後、一貫して源氏側に立って活躍。一の谷の戦いや奥州の藤原氏征討などで戦功をあげた（1155～1238）。

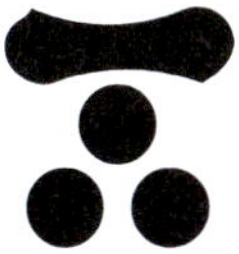

大江広元《おおえのひろもと》**（一文字三つ星**《いちもんじみつぼし》**）**

鎌倉幕府の政所初代別当。同じく一文字に三つ星を家紋としている戦国大名の毛利氏は大江氏の子孫にあたる（1148～1225）。

寓生《はや》**に鳩**《はと》

寓生はヤドリギ科の常緑低木。落葉広葉樹に寄生、球形になる。鳩の紋は、鳩が向かい合うと，弓矢・武道の神である八幡大菩薩の「八」の字に見えることから武士が好んだといわれる。

天皇の賜紋も功を奏さず

足利尊氏《あしかがたかうじ》

【1305～1358】

足利の伝統「二つ引き」

尊氏《たかうじ》（はじめは「高氏」）が出た足利氏《あしかが》は、河内源氏《かわちげんじ》の流れをくむ名家であり、鎌倉時代には幕府の御家人として活躍した一族である。

足利氏の家紋である**二《ふた》つ引《ひ》き**は、戦場に張る陣幕の文様がもとになったと考えられている。

5本に張られる陣幕の布の2本目と4本目を黒く染めて自陣の目印としていたことから、のちに、旗に横棒を2本並べたものが家紋になったという。

衣服の紋などで用いる際の見た目を考えてできたのが**丸《まる》の内《うち》に二つ引き**だが、足利将軍家の家紋とされている**足利二つ引き**だけは違うデザ

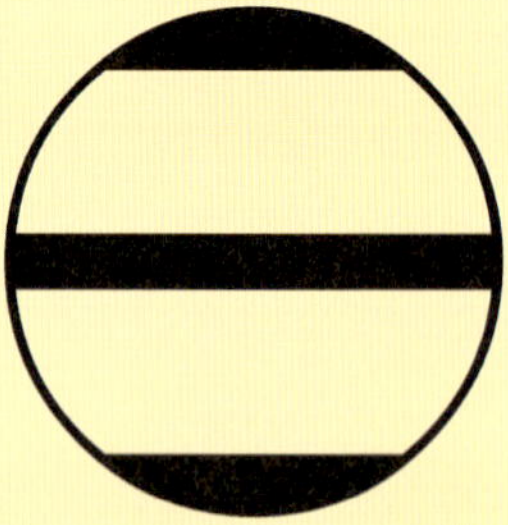

【代表紋】

足利二《あしかがふた》つ引《ひ》き

「丸の内に二つ引き」は、丸に二本の線を引いたシンプルなデザインだが、二本線の太い「足利二つ引き」が公式の足利将軍家の家紋とされた。引き両紋は謎の多い紋で、その成り立ちは諸説入り乱れている。室町幕府が開かれたあとは、斯波《しば》氏や今川氏などの足利一族も「丸の内に二つ引き」を用いている。

名字のルーツ

河内源氏の流れをくむ名門、足利氏

足利氏は、清和《せいわ》源氏より出た河内源氏の流れをくみ、その祖は、八幡太郎《はちまんたろう》とも呼ばれた源 義家《みなもとのよしいえ》の孫の義康《よしやす》。本拠地である下野《しもつけの》国《くに》足利《あしかが》荘にちなんで「足利」を名乗ったのに始まる。尊氏を初代の将軍とする室町幕府は、15代の義昭《よしあき》のときに滅亡、足利氏の直系はここで滅ぶことになった。分家は、紆余曲折があったものの現在まで続いている。

『足利尊氏像』神奈川県立歴史博物館蔵

他の代表紋

五七花桐《ごしちはなきり》

独占紋にするため、後醍醐天皇から賜った桐紋を改良した。花が咲いたデザインになっている。花の数は五七桐と同じ。

インになっている。

◆後醍醐天皇から紋を拝領するも……

二つ引きと並ぶ足利氏の家紋である桐《きり》紋は後《ご》醍醐《だいご》天皇からもらったものである。天皇に応じて鎌倉幕府を裏切り、倒幕に功のあった高氏は、天皇から「尊」の字をもらって高氏から「尊氏」と改名、菊の紋と桐の紋も与えられたのである。

だが、のちに二人は対立、尊氏は北朝を擁《よう》して室町幕府を開き、後醍醐天皇は吉野に逃れて南朝を樹立。後醍醐天皇に背いた尊氏だが、紋を返上はしなかった。桐紋は二つ引きと並んで、足利氏の家紋として認知されていく。

桐紋にはこだわりがあったようで、尊氏がもらった桐紋は五七桐《ごしちきり》だと考えられているが、後に足利氏は、桐の花が咲いたデザインにアレンジした、専用の五七花桐《ごしちはなぎり》を作っている。他家の桐紋との差別化を図ったのである。

家紋の話
武家に好まれた「二つ引き」と「桐」

足利氏は配下の武将に丸の内に二つ引きと五七桐を授けた。丸の内に二つ引きは清和《せいわ》源氏系の武将に好まれ、斯波《しば》氏や最上《もがみ》氏は定紋として使用している。桐紋は足利氏以降、桐紋を授かった武将がさらに配下に与えたために無数に増えていった。二つの家紋を使う武家が多く、武家紋のルーツともいえよう。

丸《まる》の内《うち》に二《ふた》つ引《ひ》き

足利氏が足利二つ引きを使い始めた理由として、鎌倉時代、源頼朝の白旗と違いを付けるために、旗に二つ線を入れたのが始まりという説もある。室町幕府を開府後、足利氏はこの家紋を畠山氏、斯波氏、吉良氏、細川氏、織田氏などに授けていく。

五七桐《ごしちきり》

桐は鳳凰が止まる木として神聖視され、皇室の家紋として使われてきた。これが武家に与えられると、一気に庶民にまで広まり、現在では全国各地で用いられている。また桐紋は日本政府の紋章としても用いられている。

主な家臣
室町幕府創設に寄与した武将

後醍醐天皇の新政に失望した武士たちの期待を担って尊氏は新政権に反旗を翻す。激戦ののち京都を制圧して幕府を開くことになった。

高師直《こうのもろなお》（七宝《しっぽう》に花角《はなかく》）

尊氏の側近として、室町幕府成立後は執事を務める（？～1351）。

赤松則村《あかまつのりむら》（二《ふた》つ引《ひ》きに三《み》つ巴《どもえ》）

尊氏とともに後醍醐天皇の新政に反旗（1277～1350）。

2章　家紋と名字の人物学

戦国武将の割拠

1560~1590年頃の戦国武将の領地や拠点を地図上で示した。これだけの武将が覇権を争ったが、この群雄割拠の時代は信長と秀吉によって統一される。

戦国時代の主なできごと

- 1543 鉄砲伝来
- 1553 川中島の戦い（～64年）（上杉謙信と武田信玄が争う）
- 1555 厳島の戦い（毛利元就、中国地方平定）
- 1560 桶狭間の戦い（織田信長、今川義元を破る）
- 1573 室町幕府滅亡（信長、足利義昭を京より追放）
- 1575 長篠の戦い（織田・徳川連合軍が武田氏を破る）
- 1582 本能寺の変で信長没
- 1585 豊臣秀吉、関白に
- 1590 秀吉、全国統一を完成（奥州平定）

関東の雄は「北条」つながりの三つ鱗

北条氏康《ほうじょううじやす》

【1515～1571】

北条氏の三つ鱗

「後北条氏《ごほうじょうし》」といわれる小田原北条氏の三代目を継いだ氏康《うじやす》は、祖父の早雲《そううん》にも劣らない力量を持ち、**小田原の名君**として知られている。

その氏康の紋は**北条鱗**《ほうじょううろこ》で、早雲譲りとされるが、異説も多い。

当初、早雲は伊勢を名乗っていた。北条に名字を改めた経緯については、鎌倉幕府の執権を務めた北条氏（前北条氏）に憧れていた早雲が晩年に、北条氏の血をひく老女から「北条」の名を譲り受けたという話が伝わっており、それに合わせて家紋も北条氏の紋だった**三つ鱗**《みつうろこ》にしたといわれてきた。

【代表紋】

北条鱗《ほうじょううろこ》

「鱗紋」は、鱗形にかたどった文様。通常の「三つ鱗紋」が正三角形を連ねたものであるのに対し、平べったい二等辺三角形によるものを「北条鱗」という。北条氏の「北条鱗」は、早雲以来のものとされる。名字を「北条」に改めるのに合わせ、家紋も前北条氏の「三つ鱗紋」にしたという。

名字のルーツ

早雲に始まる「後北条氏」

鎌倉幕府の執権を務めた北条氏と区別するために、「後北条氏」といわれるが、「北条」を名乗ったのも、その北条氏にあやかってのこと。早雲が祖とされるが、実際に「北条」と名乗ったのは、早雲の子の氏綱の代になってからのことらしい。直系は氏康の孫の代で滅ぶが、分家は徳川政権下に河内狭山《かわちさやま》藩の藩主となって続いている。

『北条氏康画像』早雲寺蔵

他の代表紋

隅立《すみた》て折敷《おしき》に二《に》の字《じ》

江戸時代の北条氏が替紋として用いていた。

だが、近年の説では、北条と名乗るのは早雲の子の氏綱《うじつな》の代からだという。だとすれば、三つ鱗が用いられたのも、父の氏綱の代からと考えるのが自然だ。

ちなみに、北条鱗は、平べったい二等辺三角形だが、前北条氏の三つ鱗は正三角形である。ただし、当時の甲冑《かっちゅう》に描かれた紋は、ここまで極端に平べったくはないようである。

小田原北条氏の全盛期を実現

小田原北条氏は氏康のときに全盛期を迎えている。

鎌倉幕府の執権として日本を治めた前北条氏には及ばないものの、氏康の代に、敵対していた**扇谷上杉《おうぎがやつうえすぎ》氏**・**山内《やまのうち》上杉氏**と**古河《こが》公方《くぼう》足利《あしかが》晴氏《はるうじ》**の連合軍を破って関東を制覇している。

上杉謙信や武田信玄とも大がかりな抗争をもったが後れをとることなく、領土を拡大していった。

家紋の話
「三つ鱗」にまつわる北条氏の伝説

三つ鱗については、鎌倉幕府の初代執権となった北条時政《ときまさ》にからんで、次のような話が伝わっている。

時政が、江の島に参籠《さんろう》して子孫の繁栄を祈っていると、願明けの21日目の夜に一人の美女が忽然と現れ、たちまち身を翻し大蛇となって海中へ没した。あとには大きな鱗が3枚落ちていた。このことをもって時政は願いがかなったと喜び、三つ鱗を旗印にした。以来三つ鱗が北条氏の家紋になったというものである。

三《み》つ鱗《うろこ》

前北条氏の家紋とされる。三角形の文様は魔除けの形とされる。

関連の武将
北条《ほうじょう》早雲《そううん》（1432〜1519）

伊勢《いせ》新九郎《しんくろう》長氏《ながうじ》と名乗る一介の浪人だった男が実力で大名になる。実力本位の戦国時代を体現し、後北条氏の基礎を築いた早雲の出自は長い間謎とされてきたが、現在では室町幕府政所執事であった伊勢氏の一族の出とみる説が有力。

「伊勢新九郎」時代の早雲の紋は「向かい蝶」だったというが、実は伊勢氏の紋も「向かい蝶」である。伊勢氏は桓武《かんむ》平氏の流れをくむ家で、「平氏＝蝶紋」という認識もあって、蝶をモチーフにした紋をつくったのだと想像される。

北条《ほうじょう》向《む》かい蝶《ちょう》

早雲が用いた向かい蝶は明らかでない。左は北条氏分家の替紋。

ひしと貫く「甲斐の虎」の誇り

武田信玄《たけだしんげん》

【1521～1573】

武田氏伝統の「武田菱」

「甲斐の虎」と称された**武田信玄**《たけだしんげん》は甲斐武田氏《かいたけだ》の19代目の当主にあたる。代々武田氏は、家紋として、**武田菱**《たけだびし》と呼ばれる割菱《わりびし》の一種を用いてきた。原型は唐花を菱形にデザインしたものであり、信玄もそれを踏襲した。

武田氏は、河内源氏《かわちげんじ》（清和《せいわ》源氏から出て、河内を基盤にした一族）の流れをくむ**源義光**《みなもとのよしみつ》から分流して興った、**甲斐源氏**の宗家《そうけ》である。武田菱は、その義光の父・**頼義**《よりよし》に由来するものだといわれている。

頼義は、陸奥守《むつのかみ》として奥州《おうしゅう》（東北地方）に赴《おもむ》き、前九年の役をおさめたが、陸奥に向かうに

【代表紋】

武田菱《たけだびし》

菱紋は、斜方形をかたどった紋で、その形が菱の葉に似ていることからの名称。全体が菱形になるように四つの菱形を並べた（菱形を菱形でもって四等分した）ものが割菱であり、本来は武田菱と同紋だが、現在では、通常の割菱と比べて、四つの菱形の間隔が狭いものを武田菱と呼んでいる。

名字のルーツ

武田氏のルーツは茨城県にあり？

武田氏は、清和《せいわ》源氏につながる名門で、河内源氏の源義光の次男義清《よしきよ》が、常陸国那珂郡《ひたちのくになかぐん》武田郷に住んで「武田」と名乗ったことに始まるとされる。のちに義清の子の清光《きよみつ》が罪を得、父子ともども甲斐に流されてそのまま住みついたことから甲斐が拠点になる。信玄は天下統一を目指すが果たせず、武田氏は家督を継いだ勝頼《かつより》の代で断絶する。

『武田信玄像』山梨県立博物館蔵

他の代表紋

花菱《はなびし》

陰花菱《かげはなびし》

武田氏は、武田菱と花菱紋のみを用いた。

あたって摂津《せっつ》の住吉大社で戦勝を祈願した。すると、神託によって大社が所蔵していた鎧《よろい》を授けられた。その鎧には菱の文様がついていた。その鎧が義光に伝わり、子孫が割菱を家紋にしたのだという。

また、武田菱の由来に関しては諸説があって、「武田」の「田」の字をデザインしたものだという説もある。

武田菱へのこだわり

武田氏は菱形の家紋にこだわった。武田菱の原型となった**花菱**《はなびし》もたびたび用いていた。

信玄は、代々伝わる武田菱と花菱以外の家紋を使用することはなかった。白と黒を反転させた**陰花菱**《かげはなびし》の紋も信玄の肖像画にはみえるが、それも花菱紋であることに変わりはない。

格の高い家紋を求めた大名も少なくないなか、信玄は伝統ある武田菱を誇りに思っていたにちがいない。

家紋の話
甲斐源氏に多い菱紋と軍旗「風林火山」

菱紋は甲斐源氏の代表家紋とされる。武家礼式の小笠原流を生んだ小笠原氏も甲斐源氏の出で、三階菱が家紋である。下は信玄が軍旗に用いた孫子の句。「疾如風《はやきことかぜのごとく》、徐如林《しずかなることはやしのごとく》、侵掠如火《しんりゃくすることひのごとく》、不動如山《うごかざることやまのごとし》」とあり「風林火山」として知られる。

関連の武将
山本勘助《やまもとかんすけ》（?〜1561?）

武田氏の戦術・軍略を記した軍学書『甲陽軍鑑』は、信玄の軍師として大活躍したと伝える。だが、その実在には長い間疑問符がついていた。近年新発見された文書から、「山本菅助」という名の家臣がいたことは確認されている。

左《ひだり》三《み》つ巴《どもえ》

山本勘助の家紋は合戦図や史料から伝えられた。左三つ巴は軍旗の印として用いられたようだ。

洲浜《すはま》

勘助は洲浜も家紋に用いた。洲浜は曲線的な海岸線の浜辺のこと。この形をかたどった台があり、饗宴の飾りとして用いた。

三階菱《さんかいびし》

大きさの違う菱形を三つ重ね、間隔を描かないのが三階菱。間隔を描いたものを重ね三階菱という。

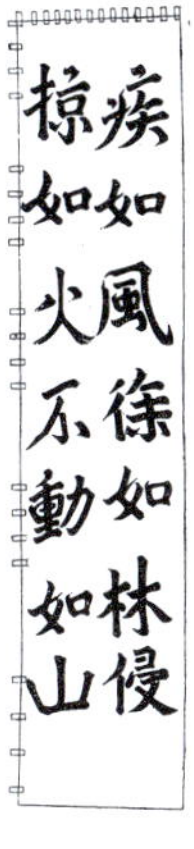

『集古十種』国立国会図書館蔵

「孫子の旗」の軍旗

武田信玄といえば、「風林火山」の文言をあしらった「孫子の旗」も有名。これは軍旗として用いられた。

「上杉」を譲られた「越後の龍」

上杉謙信《うえすぎけんしん》

【1530～1578】

長尾景虎時代は九曜巴

上杉謙信《うえすぎけんしん》は主家筋である上杉憲政《のりまさ》から「上杉」の家督を譲られたことによって、その名を得ている。

そもそも謙信は、代々上杉家に仕えていた長《なが》尾《お》氏の出身であり、それまでは**長尾景虎**《かげとら》を名乗っていた。この長尾景虎時代の紋は**九曜巴**《くようどもえ》である。

長尾氏の家紋は、もともとは九曜紋だった。だが、やがて八幡信仰（武士の守り神とされた八幡神に対する信仰）と結びつき、「巴」でもって「九曜」を表した九曜巴を家紋とした。八幡宮や八幡神社の神紋である巴紋を九曜に配

名字のルーツ　謙信から始まる新生「上杉氏」

謙信は、越後《えちご》の守護代・長尾為景《ためかげ》の子だったが、主家である上杉氏から家督を譲られ、新たな上杉氏をスタートさせた。長尾氏は桓武《かんむ》平氏の流れであり、上杉氏は藤原北家の公家勧修寺家から出ていて、両氏の系統は異なっている。謙信没後、上杉家は甥にあたる景勝《かげかつ》が継ぐ。紆余曲折の後、景勝は初代出羽《でわ》米沢藩主となり、上杉氏は続いていく。

九曜巴《くようどもえ》

十六菊《じゅうろくぎく》

長尾氏は九曜巴を使用。菊紋は天皇より授与。

『上杉謙信像』米沢市上杉博物館蔵

【代表紋】

上杉笹《うえすぎざさ》

竹に雀は関東管領として関東を治めた上杉氏代々の紋である。もともと竹に雀は、公家の勧修寺家の代表紋であり、上杉氏はその流れをくむ。だが、上杉笹と呼ばれる上杉氏の竹に雀とデザイン的には異なっている。上杉笹にも意匠上の変遷があり、上の形に落ち着くのは江戸時代中期である。

置したのである。

◆「上杉」となってからは竹に雀紋

上杉謙信になったことで、これを機に謙信は九曜巴にかえて**上杉笹**《うえすぎざさ》を用いた。上杉氏の家紋は竹に雀の一種をあしらった、上杉笹と呼ばれる家紋である。

代々**関東管領**《かんとうかんれい》として関東を治めていた上杉氏は関東の名族であり、その家紋である竹に雀紋は、関東の武士たちの憧れであったという。

謙信はまた、**十六菊**《じゅうろくぎく》と**桐**《きり》の紋も用いている。謙信は密かに上洛して天皇と拝謁する機会を得ており、来るべきときに京都を制圧して皇室を守ることを約束し、その折に十六菊と桐の紋を与えられたという。

このとき謙信が与えられた桐紋は五七桐《ごしちきり》だと考えられているが、のちに上杉家の桐紋は、桐の花の部分にアレンジを加えた**上杉桐**《うえすぎきり》に変化している。

家紋の話 上杉笹の変遷

上杉笹は、もともとは竹に雀であり、上杉笹も時代によって意匠は変化してきた。謙信の時代の上杉笹は下のような形であったとされる。

ちなみに上杉氏は天皇から授かった五七桐も意匠を変化させて上杉桐として使用している。

上杉笹〔初期〕

謙信の時代の上杉笹はこのデザインだったと考えられている。P72の形に比べると葉の枚数が多く、余白も広い。

上杉桐《うえすぎきり》

天皇から下賜された五七桐を花が咲いた図柄にアレンジし、上杉桐にした。

関連の武将 直江兼続《なおえかねつぐ》（1560〜1619）

謙信なきあと家督を継いだ景勝を支え、執政として高い行政手腕を発揮した。直江氏は代々長尾氏に仕えた家で、兼続は婿として直江家に入っている。兼続の紋とされるのは、三つ盛り亀甲に三つ葉。

三つ盛り亀甲に花菱（三《み》つ盛《も》り亀甲《きっこう》に花菱《はなびし》）

直江家の家紋とされる。兼続は「亀甲に花菱」も用いている。

三つ盛り亀甲に三つ葉（三《み》つ葉《ば》）

直江兼続の肖像画に残る。三つ盛り亀甲に四つ葉の紋も肖像画には残っており、いずれも花菱の描き間違いではないかとの見解もある。

「美濃の蝮」は自らデザイン

斎藤道三《さいとうどうさん》

【1494?〜1556】

戦いの極意を示す立波紋

「美濃の蝮《みののまむし》」と称された斎藤道三《さいとうどうさん》の紋とされているのは、撫子《なでしこ》と二頭立波《にとうたつなみ》。斎藤氏のもともとの家紋は撫子であり、二頭立波は道三自身が考案したという。潮の干満を戦の駆け引きにたとえたもので、物事には人の力ではどうにもならない潮の満ち干のような流れがあるので、その流れをよく読んで適切な作戦を立てるのが肝要だ、ということを表しているとされる。

道三は、土岐《とき》氏の内紛に乗じて美濃の支配者にまでなった。「美濃を盗んだ」などともいわれるが、流れを見きわめる目がなくては成し遂げられないことである。

【代表紋】

二頭立波《にとうたつなみ》

波をデザインした紋自体は少なくないが、「二頭立波」は、潮の干満を戦の駆け引きにたとえて、斎藤道三自らがデザインしたものだとされている。右に三つ（奇数）、左に二つ（偶数）ある飛沫は、世の中には割り切れるものと割り切れないものがあるということを示唆しているのだという。

名字のルーツ

「斎藤」を冒し、美濃を奪取するも……

道三の父は京都の油を扱う富裕な商人で、美濃斎藤氏の家臣である長井氏の跡継ぎに迎えられた。道三はその主家の斎藤氏の跡取りとなって「斎藤」を名乗り、主君であった美濃の守護の土岐頼芸《ときよりのり》を追放して美濃を手中に収める。だが道三は子の義龍《よしたつ》に殺され、義龍は早世、義龍の子の龍興《たつおき》は織田信長に滅ぼされ、美濃斎藤氏は滅亡する。

道三、国盗りの跡

主家の長井氏の名跡を簒奪

道三は美濃の守護土岐氏に仕える長井長弘に仕官。土岐家の守護職相続争いに乗じて長弘を暗殺し長井氏を継いだ。長井姓を名乗っていた際、道三はもしかしたら長井氏の家紋、一文字三つ星を使っていたかもしれない。

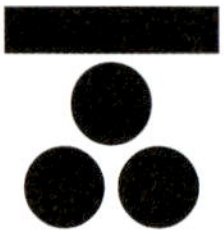

一文字三つ星《いちもんじみつぼし》

→

美濃斎藤氏の名跡を簒奪

権謀術数を用いて土岐氏の次男頼芸を美濃守護の地位に就かせた。のちに美濃守護代の斎藤利良の死去に乗じて斎藤氏を継ぎ、斎藤姓に。邪魔になった頼芸を追放し、美濃を掌握。その美濃斎藤氏の家紋が撫子である。

撫子《なでしこ》

家紋が語る足利の血統

今川義元《いまがわよしもと》

【1519～1560】

◆名門の証、引き両紋と桐紋

今川《いまがわ》氏の家紋は、足利《あしかが》氏と同じ引《ひ》き両《りょう》紋と桐紋であり、足利氏の流れをひく家であることを証明している。引き両紋は、デザインも足利氏と同じ二《ふた》つ引《ひ》きで、衣服などに用いるときは丸の内に二つ引きも使われたと思われる。

一方で、桐紋は五七花桐《ごしちはなきり》であるが、足利氏の五七花桐とデザインが異なっている。しかも、足利氏が通常の五七桐と併用していたのに対し、今川氏が通常の五七桐を使っていた形跡はない。そういう点で、今川氏の五七花桐は謎の多い紋だとされている。

【代表紋】

二《ふた》つ引《ひ》き

もともとの足利氏の家紋である二つ引きは、尊氏が室町幕府を興したことで、権威の象徴ともいえる紋となった。今川氏の家紋について記した史料の多くに「引両《ひきりょう》・桐」の順で載っていることから、今川氏では五七花桐より二つ引きのほうを重んじていたと考えられている。

◆名字のルーツ

足利一門でも別格の家柄

足利氏3代目の義氏《よしうじ》の孫・国《くに》氏《うじ》が三河国《みかわのくに》今川荘を領したのが今川氏の始まりだ。今川氏は吉《き》良《ら》氏とともに足利宗家の継承権を有しており、足利一門でも別格であった。義元のときに全盛期を迎え東海地方に広く勢力を広げるが、上洛をもくろんだ義元は桶狭間《おけはざま》の戦いで織田信長に不覚をとり敗死。後継はふるわず、子の氏真《うじざね》の代で滅亡する。

今川赤鳥《いまがわあかとり》

今川氏が代々旗印にしていたという今川赤鳥。赤鳥は「垢取り」の当て字で、櫛の歯の汚れをとる化粧道具のことだとも、馬の垢をとる馬櫛のことだともいわれる。「赤き鳥と軍を進めれば勝つ」との神託を受けたことから旗印にしたと伝わる。

足利氏の「五七花桐」（左）と今川家の「五七花桐」（右）。微妙にデザインが異なっている。

五七花桐（足利）　**五七花桐《ごしちはなきり》**（今川）

戦勝を呼びこむ毛利氏の家紋

毛利元就《もうりもとなり》

【1497～1571】

家紋から三本の矢の教えが誕生

毛利元就《もうりもとなり》がもっとも多く用いた家紋は、**長門**《ながと》**三つ星**《ぼし》と呼ばれるもの。尚武《しょうぶ》的で、武門にとって縁起のよい紋とされる。

家紋の力もあずかって勝ち運に恵まれたのか、元就は一代で中国地方の大半を制する大大名となった。

元就といえば、一本の矢と三本束ねた矢を折らせてみることで兄弟三人が力を合わせることの大切さを説いた「**三本の矢の教え**」が有名だが、この逸話は、毛利氏の家紋である長門《ながと》三つ星の「**三つの星**」をもとに創作されたものだと言われている。

【代表紋】

長《なが》門《と》三《み》つ星《ぼし》

戦勝を呼びこむ「三つ星」に、「勝つ」に通じる「一」を配した紋である。「三つ星」はオリオン座の中央に並ぶ三つの星を表し、古来中国では将軍星として武家の信仰の対象とされていた。「一」の字は、「一」が「かつ」とも読むことから「勝つ」に通じると考えられていた。

名字のルーツ

ルーツは大江氏、発祥は相模国

毛利氏の祖は、鎌倉幕府の初代別当・大江広元《おおえのひろもと》の四男季光《すえみつ》。相模国毛利荘を領して「毛利」と名乗ったことに始まる。鎌倉末期から南北朝の初期、その一族が安芸国《あきのくに》に移り、元就のときに大きく飛躍する。関ヶ原合戦で孫の輝元《てるもと》は西軍の総大将だったため、戦後に領地は縮小。だが、毛利氏は存続し、幕末まで雌伏の時を重ねることになる。

『毛利元就像』毛利博物館蔵

他の代表紋

長門沢瀉《ながとおもだか》

孫の輝元の代になると、長門三つ星より長門沢瀉を使用する例が増えたという。

ところで、真偽は明らかでないが、長門三つ星の由来については、次のような言い伝えがある。

毛利氏は、平城《へいぜい》天皇の皇子の阿保親王《あぼしんのう》の子孫で、その阿保親王が授かった皇族の最高位「一《いっ》品《ぽん》」の字面から、形を模して長門三つ星ができたというものである。

◆勝ち草にとんぼがとまり……

毛利氏の家紋には**長門沢瀉《ながとおもだか》**もあるが、これも勝利を呼ぶ家紋で、次のような経緯で家紋になったとされる。

元就は、ある合戦に臨んだ折、とんぼが沢瀉（田や池に生える多年草）にとまるのを見て勝利を確信した。それは、沢瀉は葉の形が矢尻に似ていることから「**勝ち草**」と呼ばれており、とんぼもまた縁起のよいものとされていたからである。

そして、その戦いが勝利で終わったことを記念して、沢瀉紋を家紋にしたのだという。

◆ライバルの武将
東の尼子氏、西の大内氏

元就が直面した二大勢力が尼《あま》子《ご》氏と大内《おおうち》氏だ。元就が家督を継いで安芸国（広島県）の郡山城に入ったのが1523年。当初は大内氏を助けて安芸を統治。55年に大内義隆を倒した陶晴賢《すえはるかた》を厳島《いつくしま》の戦いで撃破。66年に尼子氏を降伏させて中国地方を手中にした。

◆関連の武将
毛利を支える両川

元就は、子の元春・隆景が、有力な国人（在地の領主）だった吉川《きっかわ》氏と小早川《こばやかわ》氏を継承したことで、毛利氏と合わせた、毛利両川（吉川と小早川で「両川」）体制と呼ばれる統治体制を築き上げた。

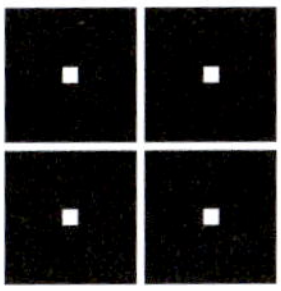

尼子経久《あまごつねひさ》（平四つ目《ひらよめ》）

策略にたけ、下剋上によって出雲の国を支配し、尼子氏全盛期を築く（1458〜1541）。

大内義隆《おおうちよしたか》（大内菱《おおうちびし》）

周防国を本拠に中国地方西部と北九州の一部を支配。重臣の陶晴賢の謀反によって自害に追い込まれた。大内氏の実権を握った陶晴賢は元就によって滅ぼされる（1507〜1551）。

吉川元春《きっかわもとはる》（三《み》つ引《ひ》き）

元就の次男。生母の実家である吉川氏に養子に入って吉川氏を継ぎ、毛利宗家をバックアップした（1530〜1586）。

小早川隆景《こばやかわたかかげ》（左《ひだり》三《み》つ巴《どもえ》）

元就の三男。養子に入り小早川氏を継ぐ。豊臣秀吉の信望が厚く、毛利氏との提携を橋渡しした（1533〜1597）。

天下布武は木瓜紋とともに

織田信長《おだのぶなが》

【1534〜1582】

◆織田瓜は朝倉氏からもらった？

織田信長《おだのぶなが》は、旗印に使ったものも含め、多くの家紋を持っていた。その中で、信長の家紋としてよく知られているのが**織田瓜《おだか》**と呼ばれる**木《もっ》瓜紋《こう》**である。

織田氏がいうには、この木瓜紋は、信長の父**信秀《のぶひで》**が、主君であった尾張《おわり》守護の**斯波《しば》氏**から与えられたものだという。

ところが、実際には三つ盛り木瓜を家紋とする越前《えちぜん》の**朝倉《あさくら》氏**から、木瓜紋をもらったようなのだ。かつて織田氏が越前にあったころ、朝倉氏と婚姻関係を結んだ折に贈られたものだというのである。

【代表紋】

織田瓜《おだか》

通常の木瓜紋は四弁で横に長いが、織田瓜は五弁なのが特徴。ふつう五つ割りされた木瓜紋は五瓜に唐花と呼ばれるが、織田瓜は花弁にあたる部分がなめらかな形状になっており、全体としては花のように見えるデザインになっている。木瓜紋より派生しているので、「織田木瓜」と呼ぶことも多い。

○名字のルーツ

家伝で平氏と伝える「織田」のルーツは越前

家伝では、織田家のルーツを平氏だとしているが、藤原氏という説もある。名字は、織田氏がかつて越前国《えちぜんのくに》織田荘の織田剣《つるぎ》神社《じんじゃ》の神職にあったことに由来している。越前から尾張に移り、その子孫から信長が出た。織田氏の嫡流は、信長の孫秀信《ひでのぶ》が関ヶ原合戦で西軍に属して敗れたことで滅んでしまったが、信長の血統は現代まで続いている。

『織田信長像』長興寺蔵

他の代表紋

揚羽蝶《あげはちょう》

平氏の出と称するのに合わせて使用し始めたとされている。信長の乳兄弟であり、親しい関係にあった池田恒興も用いている。

にもかかわらず斯波氏から与えられたものだと織田氏側が唱えたのは、信長が朝倉義景《よしかげ》と敵対関係にあったからだと考えられている。自家の家紋が、朝倉氏からもたらされたものだと認めるわけにはいかなかったのである。

◆揚羽蝶は平氏出身を主張？

信長は、平氏の代表紋だと思われていた**揚羽《あげは》蝶《ちょう》**も家紋にしているが、そこには、ある意図が働いている。

当時、源氏の武将と平氏の武将が交替で政権につく**源平交替思想**というものが流布していた。これに従えば、源氏の出身である足利氏による室町幕府の次に天下を治めるのは**平氏出身の武家**ということになる。

どうやら信長はこのことを意識して、出自を平氏に変更したようだ。天下を治める有資格者に自らを仕立て上げるため、平氏の代表紋とされていた揚羽蝶も家紋としたのである。

家紋の話
織田家に与えられた三つの名誉紋

信長は三つの名誉紋も授かった。まず五三桐と丸の内に二つ引きは足利義昭《よしあき》を奉じて上洛《じょうらく》したときに授かった。その後、桐紋は秀吉をはじめ、自分の武将にも与えている。

また十六菊も授かっている。これは天皇家から与えられたという史料が残っている。

五三桐《ごさんきり》
桐紋は信長から秀吉に授けられ、そこから多くの武将に広まる。

丸《まる》の内《うち》に二《ふた》つ引《ひ》き
このとき足利義昭は信長のことを「御父」とまで呼んで感謝している。

永楽銭《えいらくせん》
名誉紋ではないが信長が旗紋として使用したもの。

十六菊《じゅうろくきく》
天皇家から授けられた。これも名誉紋としては価値を持つもの。

関連の武将
信長に仕えた武将たち

信長は、家臣の家柄や出自にとらわれず、能力のある者をどんどん抜擢し、失敗を挽回する功績を立てた者は許した。その反面、働きが思わしくない者は容赦なく処罰された。

丹羽長秀《にわながひで》
（丹羽筋違）
幼少時から信長に仕えた勇将（1535〜1585）。

佐々成政《さっさなりまさ》
（七つ割り隅立て四つ目）
信長の親衛隊「黒母衣衆」の筆頭。（1536？〜1588）。

森蘭丸《もりらんまる》（森鶴の丸）
主君に殉じた寵愛の小姓（1565〜1582）。

三つ盛木瓜、因縁の織田瓜に敗れる

朝倉義景《あさくらよしかげ》

【1533～1573】

源頼朝の命で三つ盛り木瓜に

5代100年にわたって越前《えちぜん》を支配した**朝倉《あさくら》氏**の家紋は**三《み》つ盛《も》り木瓜《もっこう》**だが、「三つ盛り」になったのは、**源頼朝《みなもとのよりとも》**の命によるとされている。

伝わる話では、朝倉氏の家紋は、当初はふつうの木瓜紋だった。それが手柄を立てた朝倉高清《たかきよ》に頼朝が、木瓜が一つでは寂しいから、あと二つ加えるようにと命じたのだという。

その朝倉氏の木瓜紋は、織田氏の**織田瓜《おだか》の原型**でもある。信長の祖が越前にいたころ、織田氏に与えられているのだ。当然このときは、朝倉氏が信長によって滅ぼされる運命など知るよしもない。

【代表紋】

三《み》つ盛《も》り木瓜《もっこう》

木瓜は、地上にある鳥の巣をかたどった文様で、御簾《みす》の上部につく「帽額《もこう》」と呼ばれる絹布につけられていたが、それが家紋としても使われるようになった。四弁で横に長いデザインがもっぱらで、朝倉家の「三つ盛り木瓜」は、その標準的な木瓜三つをピラミッド状に重ねたものである。

名字のルーツ

古代豪族の日下部氏より出づる

朝倉氏は、但馬《たじま》の古代豪族である日下部《くさかべ》氏が、平安末期、但馬国出石《いずし》郡朝倉に住んで「朝倉」と称したのに始まる。その子孫が越前に移って地歩を築き、孝景《たかかげ》のときに主家の内紛に乗じて越前一国を領する戦国大名となった。義景は孝景から数えて5代目にあたる朝倉家の当主だが、信長と戦って敗れ、この義景をもって朝倉氏は滅亡する。

『姉川合戦図屏風（一部）』福井県立歴史博物館蔵

朝倉家との同盟に殉じる

浅井長政《あざいながまさ》

【1545〜1573】

「三つ盛り」でつながれた運命

北近江《きたおうみ》を支配していた**浅井氏**《あざい》は、**朝倉氏**と古くから**強固な同盟関係**を築いていた。そんななか**長政**《ながまさ》は、織田信長の妹・市をめとって織田氏とも関係を結んだ。だが、朝倉氏が信長と対立すると、長政は朝倉氏を選んで信長に刃を向け、朝倉氏ともども滅ぼされる。

浅井氏の家紋は**三**《み》**つ盛**《も》**り亀甲**《きっこう》**に剣花菱**《けんはなびし》。その意匠は同盟関係にあった朝倉氏の家紋、三つ盛り木瓜と同じく「三つ盛り」である。この符合に、朝倉氏と運命をともにせざるを得なかった浅井氏の立場を読み取る向きも少なくない。

名字のルーツ

公家の落胤説もあるが……

浅井氏の祖・重政《しげまさ》は、公家の正親町三条《おおぎまちさんじょう》公綱が近江《おうみ》の浅井郡に蟄居《ちっきょ》中にもうけた子だとされるが、裏づけとなる史料は残っていない。長政の祖父・亮政《すけまさ》のときに朝倉の後押しを受けた浅井は北近江を制し、朝倉との同盟関係を強めるが、その結果、朝倉とともに信長と戦うことになり、ともに滅ぼされてしまう。

【代表紋】

三《み》**つ盛**《も》**り亀甲**《きっこう》**に剣花菱**《けんはなびし》

「亀甲」は、亀の甲羅にかたどった正六角形の連続文様から紋章に転化したもの。通常、広狭《こうきょう》二重の外辺となる。この紋のように、中に他の紋を組み入れることが多く、やはりこの紋のように三つの組み合わせにする場合も多い。この紋で中に組み込まれている「剣花菱」は、花菱に剣を付加したもの。

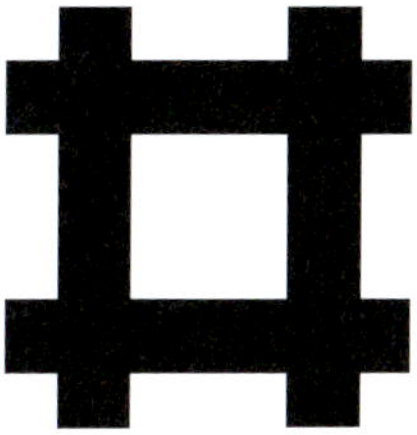

井桁《いげた》

長政の父や祖父の像に見られる井桁紋。「浅井」の「井」の図案化と考えられる。父の時代はこちらの紋がメインだったとする考えもある。

COLUMN

娘三人のすごい嫁ぎ先

浅井長政と妻の市《いち》の間には三人の娘がおり、長女茶々《ちゃちゃ》(淀君)は豊臣秀吉の側室、次女の初《はつ》は京極《きょうごく》高次《たかつぐ》の正室、三女の江《ごう》は徳川秀忠《ひでただ》の後妻となっている。

本能寺に翻った水色桔梗

明智光秀《あけちみつひで》

【1528?～1582】

桔梗紋は裏切りの代名詞

明智光秀《あけちみつひで》の紋である**水色桔梗**《みずいろききょう》は、その名のとおり水色で描かれる。特定の色で彩色することが定められたユニークな紋である。

天正10（1582）年、光秀はその水色桔梗の旗を立てて本能寺に信長を襲い、自害に追い込んだ。そして、十日余りではあるが、天下を手にしたのである。

だが、謀反によって手にした天下である。光秀には「**裏切り者**」の烙印《らくいん》が押され、桔梗紋にも**裏切り者の家紋**というイメージができてしまった。そのため、桔梗紋だった武士のなかには、別の紋に変えたものもいた。

【代表紋】

水色桔梗《みずいろききょう》

桔梗紋は秋の七草の一つに数えられる桔梗をかたどった紋で、５枚の花弁をもってシンプルに描かれたものがほとんど。美濃源氏の土岐一族の代表紋として知られ、一族が結集した戦は「桔梗一揆」と称し、水色の旗を掲げたという。光秀の家紋が水色桔梗なのは、その土岐氏の末裔を称したゆえのことだとされる。

名字のルーツ

清和源氏流の美濃源氏がルーツ?

明智氏は、美濃《みの》源氏の土岐《とき》頼《より》貞《さだ》の支流が美濃の明智荘に住んで「明智」を称したのが始まりとされるが、光秀の出現によって知られるようになったのが実情。正確なところは明らかでない。織田信長に仕えて功を上げた光秀は官位などを得、惟任《これとう》日《ひゅう》向守《がのかみ》と称する。信長を討って一時的に天下をとるも、秀吉に敗れ、敗走中に農民に殺される。

陰桔梗《かげききょう》

水色の染料が使えないときのために用意されたと考えられる。

丸に橘《まるにたちばな》

明智氏の替紋と伝わる丸に橘。

関連の武将

斎藤利三《さいとうとしみつ》（?～1582）

明智光秀の重臣。山崎の戦いでは、豊臣方相手に奮戦するも最後は敗れる。娘のお福が、のちに徳川家光の乳母となり、江戸城大奥の礎《いしずえ》を築く春日局《かすがのつぼね》である。家紋は、日の丸紋と伝えられる。

日の丸《ひのまる》

日輪、すなわち太陽をかたどった紋で、斎藤氏の紋は雲が添えられている。

織田家に殉じた「二つ雁金」

柴田勝家《しばたかついえ》

【1522?～1583】

越前の民に愛された勝家の家紋

柴田勝家《しばたかついえ》の家紋、二《ふた》つ雁金《かりがね》は、領国の越前《えちぜん》の民には勝家と妻・市《いち》の姿と重ねて記憶されている。

賤《しず》ケ《が》岳《たけ》合戦で敗れて敦賀《つるが》の金ヶ崎の岬に逃れた勝家が、折しも空を渡る雁《かり》の群れに矢を放った。一つ矢に二羽の雌雄《しゆう》の雁が射抜かれて落ちてきたが、上の雁は口を開け、下の雁は口を閉じていた。これを見て勝家は、その姿を描いた家紋を作ったという話が伝わっているのだ。

勝家は市とともに自決する。この伝承の二つ雁金はまるで遺書で、それほどまでに家紋の雁に二人の姿が重なって映ったのである。

【代表紋】

二《ふた》つ雁金《かりがね》

雁金紋は、雁の飛ぶ姿をデザインしたもの。雁が写実的な形状のものもあるが、この紋のように大胆にデフォルメした、ちょっとひょうきんに見える姿のものが多い。勝家の二つ雁金は、その雁を二羽、上下に並べたもので、上の一羽が口を開け、下の一羽は口を閉じている。

名字のルーツ

斯波氏の支流とされているが……

足利氏の一門である斯波《しば》氏の支流で、越後の柴田城を居城とした一族が「柴田」を称したことが柴田氏の始まりとされるが、詳細は不明。勝家が登場するまでは無名に近い家であった。織田氏の猛将として鳴らした勝家は、信長の後継を狙った秀吉と対立、賤ヶ岳合戦で敗れ、妻の市とともに果てた。

増山雁金《ますやまかりがね》

ヒセ瓜《か》

丸《まる》に二《ふた》つ雁金《かりがね》

勝家が用いたのは二つ雁金と想像されるが、江戸時代の記録では、柴田氏の紋は丸に二つ雁金（右）とされ、ヒセ瓜（真ん中）が替紋となっている。瓜の紋が下賜されたのか、子孫が加えたのかは明らかではないが、織田氏とのつながりを感じさせる紋である。左の紋は柴田氏の紋と間違われやすい増山雁金。

太閤秀吉は桐紋がお気に入り

豊臣秀吉《とよとみひでよし》

【1537～1598】

◆権威の象徴の桐紋を手に入れて…

豊臣氏の家紋は**桐紋**である。桐紋は、足利尊《あしかがたか》氏《うじ》が後醍醐《ごだいご》天皇から下賜されて以来、武家にとっての名誉紋と位置づけられてきたが、秀吉は桐紋を手に入れて以来、それを自家の紋としたのである。

そんな秀吉であるが、実は桐紋を二度もらっている。最初は主君であった**織田信長**《おだのぶなが》からで、名を**木下藤吉郎**《きのしたとうきちろう》から**羽柴**《はしば》**秀吉**に改めたころのことである。この桐紋は**五三桐**《ごさんきり》だとされる。次いで天下人となった折、**後陽成**《ごようぜい》**天皇**からも（菊紋とともに）**桐紋**を与えられている。このときは**五七桐**《ごしちきり》だったという。

【代表紋】

太閤桐《たいこうきり》

桐紋は、桐の葉と花を図案化したもの。通常、三枚の葉の上に三本の花序が描かれ、その花の数によって呼び名が変わる。「太閤桐」は、桐紋として決まった形があるわけではなく、秀吉の遺品などに確認される桐紋のうち、秀吉独自のアレンジが加えられたと認められるものの総称である。

名字のルーツ

秀吉から始まった「豊臣氏」はあえなく消滅

秀吉は、尾張国《おわりのくに》愛知郡中村に生まれている。父は、農民だったとも足軽だったとも言われる。初め木下藤吉郎を名乗り、のちに名字を「羽柴」に改め、羽柴筑前守《ちくぜんのかみ》秀吉となる。関白になる際、近衛《このえ》家の養子になって「藤原氏」を称する。太政《だじょう》大臣になるにあたり「豊臣朝臣」の氏姓を賜って「豊臣氏」が誕生するも、実子秀頼《ひでより》の代で滅亡する。

『豊臣秀吉像』高台寺所蔵

他の代表紋

福島沢瀉《ふくしまおもだか》

桐紋を家紋とする前の秀吉の家紋だったと考えられている。秀吉が沢瀉紋を与えた部下のうち、最後まで使っていたのが福島正則だったので「福島沢瀉」の名がついた。

このようにして自家の家紋となった桐紋を秀吉はことのほか愛用し、具足《ぐそく》や衣服、調度品などにあしらった。それにとどまらず、大坂城の外装としても用いたという。

さらに秀吉は、独自のアレンジを加えた桐紋をいろいろと作った。秀吉の作った桐紋は太閤《たいこう》桐《きり》と呼ばれている。

◆「人たらし」秀吉の家紋の使い方

秀吉はまた、有力な大名たちに大盤振る舞いといってよいほど、惜しげもなく桐紋を与えた。

これは「**豊臣朝臣《あそん》**」の氏姓とともに与えられており、同じ家紋をもち、同じ豊臣氏とすることで同族意識を持たせようとしたのである。「人たらし」と呼ばれた、秀吉流の**人心掌握術**であった。

だが、桐紋が広まりすぎてしまい、かえってありがたみが薄れるという皮肉な結果ももたらしている。

家紋の話
五七桐と太閤桐のデザイン比較

太閤桐が現れてくるのは、秀吉が天下人となったころから。右下の太閤桐は秀吉の軍配団扇に使われたもので、左下の太閤桐は旗に描かれて伝わったもの。天皇から賜った五七桐（上）と比べると、かなりのアレンジが施されていることがわかる。

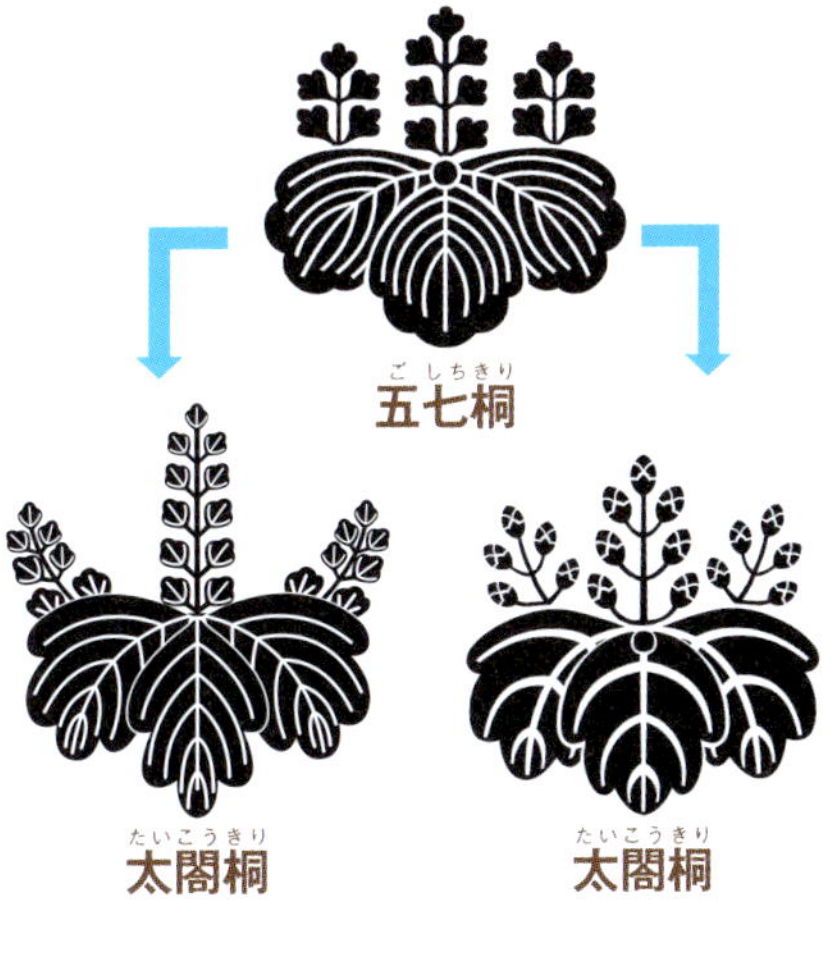

関連の武将
秀吉に仕えた武将たち

相応の武家に生まれついたわけではない秀吉には、譜代《ふだい》の家臣と呼べるものがいなかった。そこで、縁戚関係のあるものを家臣に加えたり、これはと思う人物を見つけては家臣に招きいれたりするなどして、自前の家臣団を形成していった。

竹中重治《たけなかしげはる》（九枚笹《くまいざさ》）
またの名を竹中半兵衛。軍略冴えわたった名軍師（1544？～1579）。

黒田孝高《くろだよしたか》（黒田藤巴《くろだふじどもえ》）
またの名を黒田官兵衛。秀吉も密かに警戒した切れ者（1546～1604）。

蜂須賀正勝《はちすかまさかつ》（丸《まる》に左卍《ひだりまんじ》）
秀吉を藤吉郎時代から参謀として補佐（1526～1586）。

加賀百万石を彩った梅鉢紋

前田利家《まえだとしいえ》

【1538～1599】

梅鉢をめぐる奇縁

前田《まえだ》氏の家紋は、**菅原道真《すがわらのみちざね》**にちなんでできた**梅鉢《うめばち》紋**。そのせいか前田氏も**菅原《すがわら》氏の子孫**を称しているが、実際は不明である。

一説に、**美濃《みの》の斎藤《さいとう》氏の庶流**といわれるのは、**利家《としいえ》**の先祖が美濃出身と考えられることと、斎藤の一族に梅鉢《うめばち》を家紋とする家が多いことによる。

この斎藤氏は加賀《かが》から移ってきた一族で、梅紋を用いるようになったのは、加賀国にあったとき、**敷地《しきち》天神**を氏神として崇めたことによるという。もし前田氏が斎藤の一族に連なるのであれば、梅鉢をもって加賀国を領することになるのも何かの因縁といいえなくもない。

名字のルーツ

菅原氏の子孫と称した前田氏

菅原道真の末裔と伝えているが、実際のところ、その出自は明らかでなく、利家の父より以前のことはよくわかっていない。信長の小姓としてスタートし、ついには豊臣政権下で五大老の一人にまでなった利家の活躍によって前田氏は大きく発展。織豊《しょくほう》から徳川へと変わる時代もうまく処し、江戸時代には百万石をこえる日本一の大名になった。

【代表紋】

梅鉢《うめばち》

梅紋は、梅の花をモチーフにした紋で、梅の花をそのまま描いた「梅花紋」と、花弁を五つの円で示す、簡略化されたデザインの「梅鉢紋」とに大きく分かれる。梅鉢は上に示したデザインが一般的で、前田家も利家のときはこれを用いたと考えられている。

加賀前田梅鉢《かがまえだうめばち》

江戸時代、自家の独占紋として前田宗家が用いた。中心のデザインが右の梅鉢と異なっている。

五七桐《ごしちきり》

十六菊《じゅうろくきく》

利家は桐紋と菊紋も持っていた。個人的にも親しかった秀吉から下賜されたためだ。

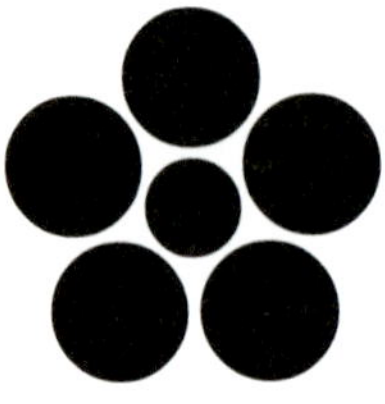

星梅鉢《ほしうめばち》

利家の時代に用いていたのはこの星梅鉢だったという説もある。

蛇の目紋にこめた勇将の気概

加藤清正《かとうきよまさ》

【1562～1611】

藤原利仁流に多い蛇の目を使用

清正《きよまさ》の家紋である蛇の目《じゃのめ》は、武家藤原《ふじわら》氏の流れである藤原利仁《としひと》流から出た氏族が比較的多く用いた紋である。ちなみに「加藤」という名字は、藤原利仁から7代目にあたる景道《かげみち》が「加賀《かが》介《すけ》」になったことに始まる。だが、藤原道長の流れをくむとしている清正の出自は、本当のところ不明である。名字が「加藤」だといっても、藤原氏ゆかりの「加藤」ではない。

そこで清正は利仁流に多い蛇の目を家紋に用いたのではないか。「加藤」を藤原氏と結びつけつつ、武士として世に出ようとしたのである。

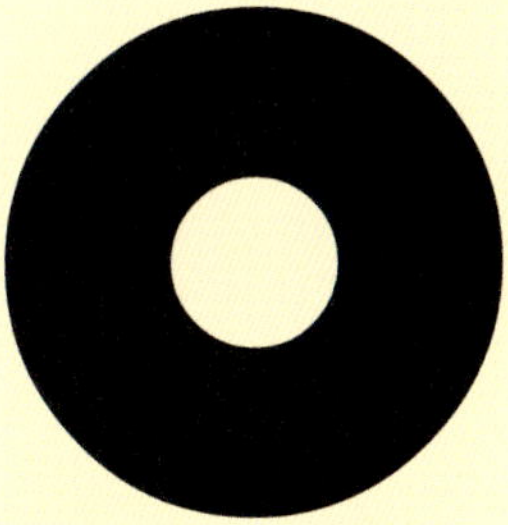

【代表紋】

蛇《じゃ》の目《め》

蛇の目という名称は、その形状が蛇の目に似ていることによる。だが、もともとは、合戦に赴く武士が弓の弦の予備を巻きつけておく弦巻という道具を図案化したものである。武具がもとになったデザインということもあり、尚武的な意義で家紋となったと考えられている。

他の代表紋

桔梗《ききょう》

秀吉から肥後半国を与えられた清正は、肥後の名門尾藤家から桔梗紋を譲り受け、自家の紋に加えている。

名字のルーツ　秀吉とは血縁関係にあった?

清正は、尾張国《おわりのくに》愛知郡中村に住した加藤清忠《きよただ》の子で、藤原道長の流れをくむとはしているが、その真偽は不明。清正の母が秀吉の生母の叔母にあたる縁で幼少より秀吉に仕え、秀吉子飼いの武将として活躍した。関ヶ原合戦では徳川方に属し、肥後《ひご》54万石を得るが、子の代で加藤氏は肥後熊本藩主の座を追われる。

関連の武将　福島正則《ふくしままさのり》（1561～1624）

秀吉の子飼いの武将として、清正と並ぶ活躍をした武将。福島沢瀉《おもだか》と呼ばれる福島家の家紋である沢瀉紋は秀吉から与えられたもの。さらには五七桐や島津牡丹《ぼたん》も秀吉から与えられたという。

福島沢瀉《ふくしまおもだか》

沢瀉紋は秀吉の親族に多い。

丸に七つ片喰、四国を統一

長宗我部元親《ちょうそかべもとちか》

【1539～1599】

◇片喰は舞い降り、土佐へと旅立つ

元親《もとちか》の代に土佐を平定し、さらには四国統一を成し遂げた**長宗我部氏**《ちょうそかべ》の家紋は、**片喰**《かたばみ》と**丸**《まる》**に七**《なな》**つ片喰**である。また、**帆掛船**《ほかけぶね》も用いたとも伝わる。

丸に七つ片喰は長宗我部氏の独占紋で、室町中期成立の『**見聞諸家紋**《けんもんしょかもん》』にも記載があるが、長宗我部氏の片喰紋については、家祖の**秦能俊**《はたのよしとし》にちなんで次のような話が伝わっている。

能俊が土佐に下向するにあたって参内したところ、天皇より酒をいただいた。このとき風に吹かれた片喰の葉が盃に舞い降りた。そこで、片喰を家紋にしたのだという。

【代表紋】

丸《まる》**に七**《なな》**つ片喰**《かたばみ》

片喰は日本全国で見られる多年草だが、その繁殖力が旺盛なことから、片喰紋は武運長久、子孫繁栄を願う武家に好んで用いられた。ハート形の葉を、三片一組で用いるのが基本形。デザインも豊富である。丸に七つ片喰は長宗我部氏の独占紋とされる。酢漿草《かたばみ》とも書く。

名字のルーツ

秦の始皇帝の末裔ともいう秦氏が家祖

長宗我部氏は、渡来系の古代豪族である秦《はた》氏の流れをひくとされる。鎌倉初期、土佐国《とさのくに》長岡郡宗部郷《そかべ》に移ってきた秦能俊が家祖で、長岡郡の宗部郷ということから「長宗我部」と名乗ったという。元親は一代で四国を統一するも、長宗我部氏は子の盛親《もりちか》の代で暗転、関ヶ原合戦で西軍、大坂の陣では大坂方に加わった盛親の死でもって滅ぶこととなった。

他の代表紋

片喰《かたばみ》

帆掛船《ほかけぶね》

関連の武将

山内一豊《やまうちかつとよ》（1546?～1605）

長宗我部氏が滅んだあと、長宗我部の本拠地だった土佐を領国としたのは山内一豊である。山内氏の家紋は、丸に三つ柏の柏の葉が細くなった、土佐柏と呼ばれるもの。

土佐柏《とさかしわ》

通常の三つ柏より葉が細い。

キリシタン大名は代々使用の家紋に愛着

大友宗麟《おおともそうりん》

【1530～1587】

名誉と羨望の抱き杏葉

九州の名族大友《おおとも》氏の宗家は、大友抱《だ》き杏葉《ぎょうよう》と呼ばれる杏葉紋を用いてきた。一門の者は、そこに花を加えた大友抱き花杏葉を使ったが、これは手柄のあった諸将にも与えられ、「同紋衆」と呼んで優遇したという。そのため、大友氏の勢力が拡大するにつれ、その家紋は九州各地の武士の羨望《せんぼう》の的となった。

宗麟《そうりん》は代々の家紋である大友抱き杏葉に強い愛着をもっていた。宗麟はキリシタン大名として知られるが、宗教を変えても紋は変えず、豊臣秀吉から拝領した桐紋もほとんど使わなかった。

【代表紋】

大友《おおとも》抱《だ》き杏葉《ぎょうよう》

杏葉は唐の時代に流行した馬の鞍などの装飾で、杏葉紋は、これを図案化した中国伝来の文様から生じたもの。単独ではおさまりが悪いためか、大友抱き杏葉のように、「抱き」の形で紋となることが多い。大友抱き杏葉は、ここに示したもの以外にも何種類か存在している。

名字のルーツ

「大友」のルーツは相模国大友郷

頼朝《よりとも》の有力な御家人で、相模《さがみ》国《くに》大友郷を領して「大友」と称していた大友能直《よしなお》が祖だが、能直の系譜については異説が多い。能直以降、代々鎮西《ちんぜい》奉行を世襲したとも言われ、室町期に豊《ぶ》前《ぜん》・筑前《ちくぜん》の守護大名に成長する。宗麟のときに全盛期を迎えるも、秀吉の庇護を求める事態となり、文禄の役のときに改易となる。

他の代表紋

大友《おおとも》抱《だ》き花杏葉《はなぎょうよう》

「抱き杏葉」に「花」の図を加えたもの。本家以外の一門や、特にその働きを認めた家臣などに与えられた。

関連の武将

鍋島直茂《なべしまなおしげ》（1538～1618）

龍造寺《りゅうぞうじ》氏の重臣だった直茂は、大友勢を破ったとき、戦勝の記念として杏葉紋が描かれた陣幕を持ち帰り、デザインに手を加えて家紋を作った。

鍋島杏葉《なべしまぎょうよう》

それまでに剣花菱に変わって鍋島氏の家紋となった。

島津義弘《しまづよしひろ》

島津氏の歴史を刻んだ十文字紋

【1535～1619】

◆十の字から丸に十の字へ

島津氏《しまづ》の家紋である、**丸《まる》に十《じゅう》の字《じ》**は有名だ。だが、もともとは外郭の丸はなく、ただの**十の字**だけであり、筆文字の「十」を家紋として用いていた。

その十の字の由来については、厄を除き福を招く呪符《じゅふ》からきたとするなど、さまざまな説があるが、島津氏初代の**忠久《ただひさ》**が着用した甲冑《かっちゅう》に十の字紋が確認されている。また室町時代の『見聞諸家紋』にも島津家の紋として十の字紋があり、歴史は古い。まさに島津氏の歴史とともに歩んできたといえる。

十の字に円がつき、丸に十の字が使用される

名字のルーツ

700年間薩摩を治めた島津氏

島津氏は、鎌倉初期に発生して以来、700年もの間、薩摩を本拠地として栄えた名家。初代忠久《ただひさ》には、源頼朝《みなもとのよりとも》から厚遇を受けたせいか頼朝の落胤《らくいん》説があったらしいが、実際は、近衛《このえ》家領の島津荘の下司《げし》をつとめた惟《これ》宗広言《むねのひろこと》の子だと推定されている。

島津氏の九州平定に軍事面を司って大活躍した義弘は、猛将として畏怖される存在であった。

【代表紋】

丸《まる》に十《じゅう》の字《じ》

十の文字を丸で囲んで意匠化した紋で、「丸十」とも呼ばれる。轡十字とは異なる紋で、現存する最古の十の字紋は鎌倉時代初期の島津忠久着用の甲冑にあったもの。以来、島津氏では一族の繁栄とともに家紋の種類が増え、十の字紋は70種にも及ぶとされる。

他の代表紋

十《じゅう》の字《じ》

筆文字による十の字紋。丸で囲んだ家紋も存在する。

『島津義弘画像』尚古集成館蔵

ようになったのは江戸時代といわれる。この時代、羽織や袴など礼装用衣服に家紋を入れる習慣が生まれ、対照の形や丸で囲った家紋が増えた。島津家の十の字もその流れにのって、丸が付き、定着したようだ。

◆猛将の武勇は十の字とともに

そんな島津氏の歴史が刻みこまれた家紋をかかげ、戦場にその名を轟《とどろ》かせたのが**島津義弘《よしひろ》**である。

兄の島津義久《よしひさ》の代のとき、島津氏は九州の大半を平定するが、義弘はその実働部隊として軍事面を担当し、猛将の名をほしいままにした。豊臣政権下でも、朝鮮出兵の際に見事な活躍ぶりを見せている。

関ヶ原合戦では西軍についたが、味方が総崩れになるなか、わずかな手勢で10万を超える敵陣を強行突破、**死地を脱して薩摩に帰り着き**、その武者振りで日本中を驚嘆させた。

家紋の話

家紋が原因で抗争に

島津氏と、大隅国《おおすみのくに》の有力な武士であった肝付《きもつき》氏とは何代にもわたって対立していた。いったん和解が成立するも、ある宴席で島津氏側の人間が肝付氏の家紋（鶴の丸）を侮辱したともとれる言葉を発したことで抗争が勃発してしまう。

肝付氏側の抗議に発言の主が激昂し、宴会場の幔幕《まんまく》に描かれていた鶴紋の首を斬り落としたことで、肝付氏側が兵を挙げたのである。

鶴《つる》の丸《まる》

長寿を象徴する鶴にあやかった紋。翼を広げた鶴が丸を描く。

ライバルの武将

龍造寺隆信《りゅうぞうじたかのぶ》（1529〜1584）

一代で九州西北部を制圧した龍造寺隆信の家紋は変わり十二日足である。中央が太陽を表し、そのまわりに光条と呼ばれる12本の光の筋がついている。この日《ひ》足《あし》紋に次のような伝説が伝わっている。

あるとき、龍造寺の始祖が、体が太陽の美しい光に照らされる夢を見、目覚めると東の空に太陽が輝いていた。そこで太陽をかたどった家紋と旗指物《はたさしもの》を用いると、龍造寺家に運が開けてきたというものである。

変《か》わり十二《じゅうに》日《ひ》足《あし》

12本の光条の間隔が均等でなく、2本ずつ寄せて描かれる。

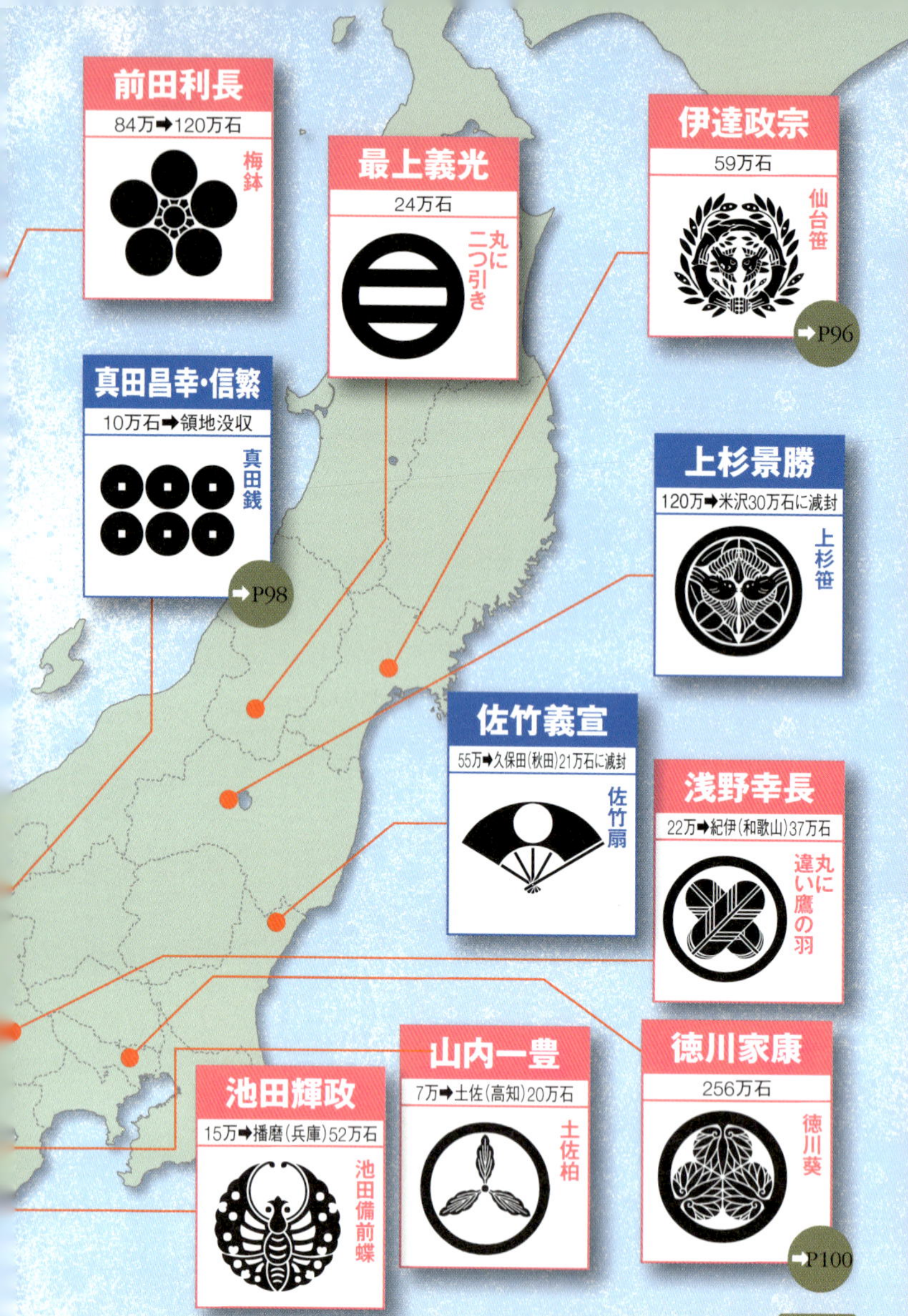

天下分け目 関ヶ原の戦い

秀吉没後、強大な徳川家康の専横に対抗するため、家康に非を鳴らす石田三成を中心とする西軍と、家康率いる東軍とで、天下分け目の戦いが行われた。

主なできごと

- 1590 豊臣秀吉、小田原攻め 北条氏滅亡
- 1592 朝鮮出兵（文禄の役）
- 1597 朝鮮出兵（慶長の役）
- 1598 秀吉没
- 1600 関ヶ原の戦い
- 1603 徳川家康、征夷大将軍に 江戸に幕府を開く
- 1614 大坂冬の陣
- 1615 大坂夏の陣で 豊臣氏滅亡
- 1616 家康没

東軍の主な大名
西軍の主な大名
東軍へ寝返った大名・内通した大名
毛利輝元
120万➡31万石に
長門三つ星
細川忠興
18万石➡小倉40万石
九曜
➡P99
福島正則
24万➡安芸・備後50万石
福島沢瀉
小早川秀秋
36万石
左三つ巴
黒田長政
18万石
黒田藤巴
吉川広家
14万石➡毛利家保全に奔走で3万石
三つ引き
大谷吉継
5万石➡戦死
向かい蝶
鍋島直茂
31万石
鍋島杏葉
加藤清正
25万➡肥後（熊本）54万石
蛇の目
➡P87
宇喜多秀家
57万石➡領地没収
剣片喰
長宗我部盛親
22万石➡領地没収
丸に七つ片喰
石田三成
19万石➡処刑
大一大万大吉
小西行長
20万石➡領地没収
中結い祇園守
島津義弘
56万石
丸に十の字
➡P90
安国寺恵瓊
6万石➡領地没収
武田菱
長束正家
12万石➡自刃
花菱

石田三成《いしだみつなり》

三成の理想が家紋に結晶

【1560～1600】

一人が万民のため、万民が一人のため

石田三成《いしだみつなり》の家紋は、「**大一大万大吉**《だいいちだいまんだいきち》」の六字を組み合わせたものだ。

三成は、自ら武勇を誇るタイプではなく、事務処理能力に優れた能吏《のうり》で、軍事よりも民政面に手腕を発揮した人物だ。

豊臣政権下では五奉行の一人として内政を担当したが、この大一大万大吉は、そんな三成の政治に対する次のような考えを示したものだといわれている。

「**一人が万民のために、万民が一人のために尽くせば、天下は大吉、すなわち太平となる**」

三成は万民のための政治を目指していたこと

【代表紋】

大一大万大吉《だいいちだいまんだいきち》

「かつ」とも読むことから「勝つ」につながる「一」、「すべて」を表す「万」、めでたさを表す「吉」。それぞれに加えられる「大」。大一大万大吉は瑞祥的な意味のある文字を組み合わせた紋で、「大吉大一大万」と書かれたものもある。珍しい紋であり、三成の独占紋のように見えるが、他家でも用いられている。

名字のルーツ

三成のベースは近江にあり

三成は近江国《おうみのくに》坂田郡石田の出身といわれ、石田氏は、古くからある程度の勢力をもった近江の豪族だったようである。幼少より秀吉の近侍《きんじ》をつとめた三成は秀吉の全国制覇に従い、豊臣政権下では五奉行の筆頭として政務にあたった。秀吉没後は、天下を狙い始めた徳川家康と対立、西国大名を動員して関ヶ原合戦に挑むも、敗れて斬首。

大吉大一大万《だいきちだいいちだいまん》

字の配置が違う家紋もある。

『石田三成像』長浜城歴史博物館蔵

右は三成と伝えられる頭がい骨を元に描かれたもの。身長の推測も行われ、156cmと試算された。

がわかる言葉である。

◆大いなる天下を治める

もっとも、この家紋を別の意味に解釈するむきもある。

大吉大一大万《だいきちだいいちだいまん》と称される家紋を見るとわかりやすいが、「大」の下の「一大」を「天」ととり、「万」を「下」の変化形ととらえるのである。

そうすると、この紋には「大天下・大吉」という言葉が隠れていることになる。そこで、三成の通称が「佐吉《さきち》」だったこととからめて、**「大いなる天下を治めるは大いなる佐吉」**という意味がこめられているとする解釈である。

三成が**関ヶ原合戦**に挑むことになったのは、秀吉亡きあとの豊臣家を守るためだったとされる。当然、西軍の三成の陣営には大一大万大吉の旗が翻っていたはずだ。

はたしてそこに天下取りの野望は潜んでいたのだろうか。

家紋の話
三成の使ったその他の家紋

関ヶ原合戦で敗れた三成に関する記録はほとんど残されておらず、謎の多い人物となっている。合戦屏風絵や肖像画などに以下のような紋が確認されるのみだ。

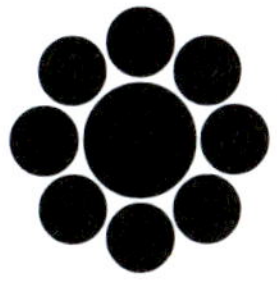

九曜《くよう》

三成の肖像画に確認できる九曜紋。

丸《まる》に三《み》つ星《ぼし》

『関ヶ原合戦図屏風』の軍旗で確認できる。

下《さ》がり藤《ふじ》の丸《まる》に石《いし》の字《じ》

『関ヶ原合戦図屏風』の軍旗で確認できる。

関連の武将
関ヶ原合戦のとき、三成に味方した武将

秀吉の死後、三成は徳川家康の勢いを止めるために、毛利輝元《もうりてるもと》を総大将にいただいて宇喜多秀家《うきたひでいえ》らとともに家康に対抗し、関ヶ原合戦を戦った。知的でクールなイメージでとらえられがちな三成だが、大谷吉継《おおたによしつぐ》のような友情から参戦を決断した武将もいた。

大谷吉継《おおたによしつぐ》(向《む》かい蝶《ちょう》)

秀吉に才を認められ越前敦賀城主に。三成とは親友の間柄で、友情により関ヶ原に参戦(1559〜1600)。

島清興《しまきよおき》(三《み》つ柏《かしわ》)

「三成に過ぎたるもの」とまでいわれた武将で、三成の参謀。関ヶ原合戦では先鋒として奮闘。島左近とも呼ばれる(?〜1600)。

立花宗茂《たちばなむねしげ》(柳川守《やながわまもり》)

大友家の重臣であったが、秀吉に忠義と武勇が評価され筑後柳河城主に(1567〜1642)。

伊達《だ て》政宗《まさ むね》

由緒ある紋に宿る独眼竜の矜持

【1567～1636】

さまざまな伊達家の家紋

独眼竜《どくがんりゅう》として知られる初代仙台藩主**伊達政宗《だてまさむね》**は、多くの家紋を使った。

政宗当時に使われていた家紋としては、**三引両《みつひきりょう》**、**竹《たけ》に雀《すずめ》**、**菊紋《きく》**、**桐紋《きり》**、**九曜《くよう》**、**雪輪《ゆきわ》に芒《すすき》**の6種類が考えられている（江戸中期には牡丹《ぼたん》、蟹《かに》牡丹《ぼたん》が加わり、8つに増えている）。

そのなかで、竹に雀は関東管領家の名門上杉氏からもらったもの。政宗の曽祖父である稙宗《たねむね》の三男実元《さねもと》が上杉家に養子に行く話が起こり、上杉氏から贈られたのである。

養子の話自体は寸前で破談になってしまうが、竹に雀はそのまま伊達氏のものとなった。

名字のルーツ

出自は藤原北家の魚名にあり

平安末期、源頼朝の奥州攻めに加わって軍功をあげた藤原氏の一族が、その恩賞として陸奥国《むつのくに》伊達郡を与えられたことから「伊達」を名乗るようになったとされる。以後、この地に根を下ろして勢力を保持、17代目の当主が政宗である。

徳川政権下では政宗が初代仙台藩主となり、伊達氏は仙台の地で生き続けることになる。

『御家之御紋譜』より
仙台市博物館蔵

【代表紋】

竹《たけ》に雀《すずめ》
（仙台笹）

伊達氏の家紋の竹に雀（仙台笹とも呼ばれる）は、もとは上杉氏からもらったものである。葉の数や形態に細かい変化が見られ、変遷はかなり複雑である。基本の形状としては、葉は52枚で、露《つゆ》16、阿吽《あうん》の雀に根笹である。時代が下がるにつれ雀が太る傾向にある。

『伊達政宗画像』仙台市博物館蔵

仙台藩では先祖をまつる堂を建てて、ここに政宗らの肖像画をかける慣例ができた。肖像画は延宝4（1676）年に制作されたと考えられている。政宗の遺言で両眼が描かれている。

江戸時代、伊達氏が仙台藩主になると、竹に雀はデザイン的にも独自性を高めたものに変わっていき、次第に仙台笹《せんだいざさ》とも呼ばれるようになる。

◆引き両紋は伊達家の誕生とともに

伊達氏の家紋の中でもっとも古い由緒を持つとされるのが**三引両**である。初代朝宗《ともむね》が奥州合戦の際に源頼朝《みなもとのよりとも》から拝領したものといわれている。ラインが横線の二つ引きであったのをはばかって、縦線に直したという。

以来、竹に雀を得るまでは、伊達氏の代表紋であった。

政宗は、己の力を恃《たの》みながらも、天下の趨勢《すうせい》から豊臣秀吉に臣従する道を選ばざるを得なかった。その秀吉からは、格の高い**菊紋**と**桐紋**を拝領している。

はたして政宗はどんな気持ちでそれを受け取ったのだろうか。

伊達家の家紋（抜粋）

菊紋《きくもん》

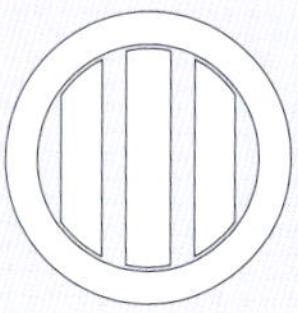

三引両
（丸に立て三つ引き）

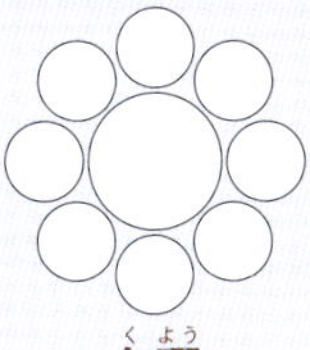

九曜《くよう》

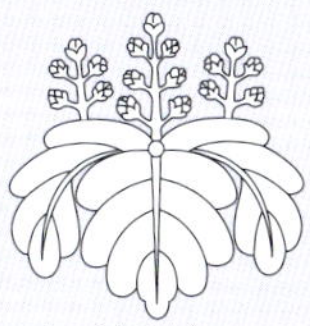

桐紋《きりもん》

雪輪《ゆきわ》に芒《すすき》

これらの家紋は仙台藩が1846年に提出した『御家之御紋譜』より描き起こした家紋である。竹に雀、菊紋、桐紋はかなりアレンジされている。

『御家之御紋譜』より
仙台市博物館蔵

◆関連の武将

片倉景綱《かたくらかげつな》（1557〜1615）

政宗の軍師として知られる。政宗が幼いときから近侍《きんじ》として仕え、病に冒された政宗の右目をえぐりとったのはこの景綱だという説もある。ばら藤に井桁、九曜、三引両が家紋として伝わるが、あとの2つは政宗の紋でもあり、両者の緊密な関係をうかがわせる。

ばら藤《ふじ》に井桁《いげた》

片倉氏の菩提寺に、片倉氏の紋と伝わっている藤の意匠の紋。片倉氏は藤原氏の流れをひくともいわれる。

六連銭は三途の川の渡し賃

真田信繁《さなだのぶしげ》（幸村《ゆきむら》）

【1567～1615】

家紋に込めた死の覚悟

「真田幸村《さなだゆきむら》」の名でも知られる真田信繁《のぶしげ》は、敗れたとはいえ、大坂の陣での鮮烈な戦いぶりから「日本一《ひのもといち》の兵《つわもの》」と評された。その真田氏の家紋**真田銭《さなだせん》**は、**六連銭《りくれんせん》**とも呼ばれ、広く認知されている。

　この真田銭は、死後に必要とされるという六《ろく》道銭《どうせん》を意味している。いわば**三途《さんず》の川の渡し賃**であり、納棺《のうかん》の際に棺に入れられるものである。

　その真田銭を掲げて真田信繁は戦場に立った。それは自らの渡し賃として死の覚悟を示すものであると同時に、向かい来る敵へ向けられた死へのパスポートでもあった。

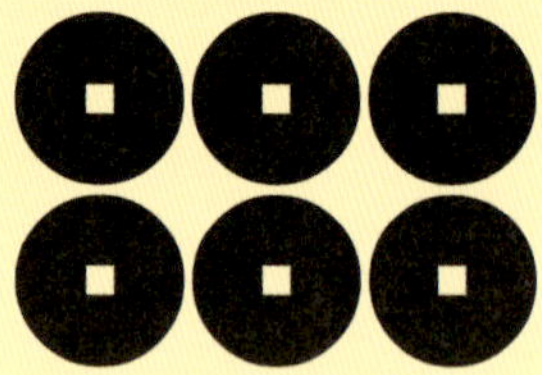

【代表紋】

真田銭《さなだせん》

真田銭（六連銭）は、無文《むもん》（文字がない）で四角い穴があいただけの銭を三枚ずつ上下二列に並べた形をとる。死後に必要とされるという六道銭（地獄・餓鬼・畜生・修羅・人間・天上の六つの道にいる地蔵にわたすとされ、その意味合いから、三途の川の渡し賃とも認識されている）という仏説に基づいた信仰的な意義をもつ紋である。

名字のルーツ

真田銭のルーツは信濃の古代豪族

　信濃《しなの》に勢力をもった古代豪族の滋野《しげの》一族から出た海野《うんの》氏の支流が、信濃国小県郡《ちいさがたぐん》真田に住して「真田」を名乗ったのが始まりとされる。武名が高まるのは信繁の父・昌幸《まさゆき》が当主のときで、徳川の攻めを二度も退けている。豊臣秀頼《ひでより》に荷担した信繁は大坂夏の陣で戦死するが、兄の信之《のぶゆき》が徳川方に属したので、真田氏は存続することができた。

関連の武将

真田信之《さなだのぶゆき》（1566～1658）

　信繁の兄・信之は、苦渋の決断をもって父・昌幸、弟・信繁とはなれて徳川方についた。裏切り者と非難するむきもあるが、この兄がいたおかげで真田氏は存続し、弟がその名を高めた真田銭も、真田氏の定紋として後世に伝えることができた。江戸時代、真田氏の替紋とされたのが州浜《すはま》と結《む》び雁金《かりがね》で、これは昌幸や信繁も使っていた紋である。

洲浜《すはま》

結《むす》び雁金《かりがね》

真田銭も洲浜、結び雁金も真田氏の本流の滋野氏、海野氏の使用紋だったという。

細川忠興《ほそかわただおき》

家紋に映る文人武将の美意識

【1563～1645】

既存の考えより自分の発想を優先

細川《ほそかわ》氏の家紋がはっきりと**九曜《くよう》**になるのは**忠《ただ》興《おき》**の代からだという。その忠興は、当時有数の教養人として知られていた父・**藤孝《ふじたか》**（**幽斎《ゆうさい》**）の血を引き、文人武将として名高い。

そういう文化人気質の故か、忠興は替紋として**細川桜《ほそかわさくら》**を用いている。潔く散る桜は、武士にとっては不吉なイメージがあり、桜紋は忌避《きひ》するのが普通だった。だが、忠興は桜の花の美しさにひかれ、それを家紋にしたのである。

また忠興は足利将軍家から下賜された五三桐《ごさんきり》にも手を加え、**五三鬼桐《ごさんおにきり》**にしたといわれる。

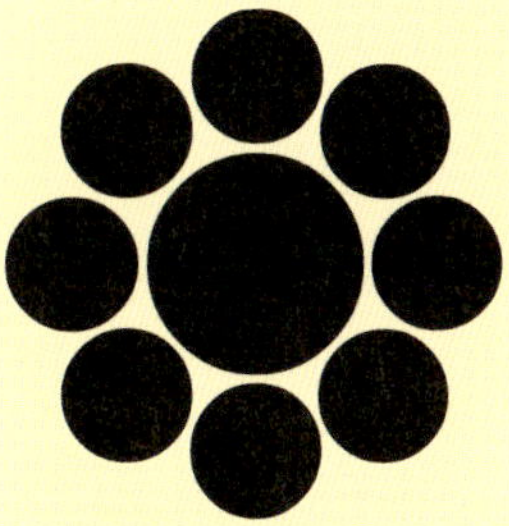

【代表紋】

九曜《くよう》

九曜は、中心に比較的大きい一つの円状の星を置き、その周りに八つの円形の星を配したデザイン。古代インドで卜占《ぼくせん》に用いられた、羅睺《らご》・土曜・水曜・金曜・日曜・火曜・計都《けいと》・月曜・木曜の九星を表している。九曜は、平安期には文様としても多用され、特に車紋として多く描かれた。

名字のルーツ

傍流が「細川」の名を再びメジャーに

細川氏は足利氏の支流として三河国《みかわのくに》額田郡《ぬかたぐん》細川郷に発祥。一族は各地で守護をつとめ、いくつもの支流に分かれた。戦国時代に嫡流が滅亡するなか、支流の和泉《いずみ》守護家の細川元常《もとつね》の養子となった藤孝が家を再興、子の忠興も豊臣から徳川へと変わる時代を生き抜き、その子の忠利《ただとし》の代から肥後《ひご》熊本藩主となった。

五三鬼桐《ごさんおにきり》

松毬菱《まつまりひし》

細川桜《ほそかわさくら》

父・藤孝の時代までは、松毬菱（右上）が使われていたと考えられる。細川桜（右下）と五三鬼桐（上）は忠興の代に加わった家紋で、武将が桜紋を使うのは非常にめずらしい。

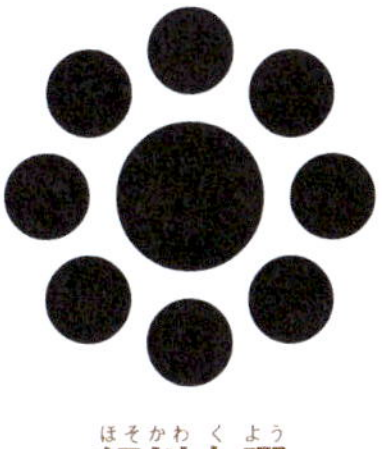

細川九曜《ほそかわくよう》

江戸時代にこのデザインに変更された。九曜紋と九曜巴紋が似ていたことから、ときの細川氏の当主宗孝が、板倉勝清と間違えて斬られたためである。

頂点を極めた三つ葵

徳川《とくがわ》家康《いえやす》

【1542～1616】

◆徳川家といえば三つ葵の紋所

徳川《とくがわ》将軍家の家紋が**三《み》つ葵《あおい》**であることはあまりにも有名だが、デザイン的な変遷があることをご存知だろうか。

時代劇でよく見かけるデザインのものは江戸時代の中期以降に用いられたもので、家康《いえやす》の時代のものは、葉の描写がもっと細かく写実的で（⬇下左図）、葉の模様の数は後期になるほど減少していく。さらに時代によって微妙な変化もしており、印象ほど一様ではない。

そんな三つ葵だが、徳川将軍家が葵紋を用いるようになった経緯については、諸説ある。

一説には家臣の**本多《ほんだ》氏**と交換したといわれ、

【代表紋】

徳川葵《とくがわあおい》

葵紋のモチーフとなったのはフタバアオイ。フタバアオイはその名のとおり葉は2枚しかないが、徳川将軍家の三つ葵は、その実際に縛られず、3枚の葉によるデザインとなっている。徳川将軍家の三つ葵は徳川葵とも呼ばれるが、時代劇でなじみの、上のようなデザインになるのは江戸中期以降である。

名字のルーツ

将軍になるため系図を細工？

家康のもともとの姓は「松平」。三河国《みかわのくに》松平郷に発祥。清和《せいわ》源氏の新田氏の支流である得川義季《とくがわよしすえ》の子孫と称するが、実際は不詳。将軍職は源氏のみ、という不文律があったことから、源氏の末《まつ》裔《えい》を称したともいわれる。「得川」をもって「徳川」と改めた。徳川宗家は、家康が幕府を開いて以来、265年間、15代の将軍職を世襲した。

『徳川家康像』堺市博物館蔵

三《み》つ葵《あおい》

家康の時代には、このデザインの「三つ葵」が正式なものだったとされる。時には、葉の中の一部を彩色したものも用いられた。

一説にはやはり家臣の**酒井氏**から譲り受けたという。また、家康自身が葵紋を考案したという説もある。

ともあれ、家康が征夷大将軍の地位についたことで、三つ葵は将軍家の家紋となり、**権威を象徴**する家紋となったのである。

◆葵紋を神聖化する

それだけに家康は、三つ葵の家紋に強くこだわった。

将軍になった家康には、天皇家から菊紋と桐紋を下賜する話があったが、丁重に断り、辞退したとされる。権威の象徴としての家紋は三つ葵のみでよく、それ以外の紋は欲しなかったのである。

家康はまた、徳川・松平以外の者がむやみに**葵紋を使うのを禁止**した。稀少性をもたせることで**葵紋を神聖化**し、その権威をより高いものにしようとしたのである。

家紋の話
三つ葵まではどんな家紋を使った？

三つ葵になる前の松平氏では、剣《けん》三《み》つ銀杏《いちょう》が用いられたようだ。その後、三つ葵が家紋となるが、その原形とされているのが、賀茂《かも》神社の神紋である賀茂葵である。賀茂神社の神職や氏子が葵紋を用いていることから、徳川家も賀茂神社と関係があったと推測される。

剣《けん》三《み》つ銀杏《いちょう》

家康が建立した、岡崎市にある父・広忠の菩提寺（松応寺）にある。

賀茂葵《かもあおい》

フタバアオイを写実的に表したもので、２枚の葉で描かれている。

関連の武将
徳川四天王と呼ばれた武将

家康の近くに仕え、江戸幕府の創設に功のあった4人の武将を、徳川四天王と呼んでいる。

酒井忠次《さかいただつぐ》（丸《まる》に片喰《かたばみ》）

家康の父から仕えた忠臣。先祖は葵紋を使ったとも（1527～1596）。

本多忠勝《ほんだただかつ》（本多《ほんだ》立《た》ち葵《あおい》）

武闘派として家康を支える。葵紋を使用できた（1548～1610）。

榊原康政《さかきばらやすまさ》（榊原車《さかきばらくるま》）

小姓として幼少期から家康に仕えた武将（1548～1606）。

井伊直政《いいなおまさ》（彦根《ひこね》橘《たちばな》）

「赤備え」の精鋭部隊を率いる。井桁紋も用いた（1561～1602）。

将軍家の剣術師範

柳生宗矩《やぎゅうむねのり》

【1571～1646】

柳生笠《やぎゅうがさ》

柳生《やぎゅう》氏の家紋は、**柳生笠《やぎゅうがさ》**、**吾木香《われもこう》に雀《すずめ》**、**二階笠《にかいがさ》**と伝わる。なかでも柳生笠は、**宗矩《むねのり》**が友人の**坂崎出羽守《さかざきでわのかみ》**から譲り受けた二階笠がもとになったものだとされる。

ある事情から出羽守は**千姫《せんひめ》**（**家康の孫娘**）略奪計画を立てていた。事前に察知した**秀忠《ひでただ》**の命を受けた宗矩は、道理を説いて断念させ、死を選ばせた。その友の労に対して出羽守が坂崎氏の二階笠を贈ったのだという。

テレビや映画では何かと暗躍する怪しい一族に描かれがちな柳生氏であるが、それは将軍家の剣術師範役という創作欲を刺激する立場にあったからだろう。

他の代表紋

吾木香《われもこう》に雀《すずめ》

吾木香はバラ科の多年草。この紋は柳生氏の独占紋である。

二階笠《にかいがさ》

柳生笠は、この家紋が原型だったという。

諸国漫遊の『水戸黄門』

徳川光圀《とくがわみつくに》

【1628～1700】

水戸三《みとみ》つ葵《あおい》

ドラマの『**水戸黄門《みとこうもん》**』のクライマックスは、**三《み》つ葵《あおい》**の入った印籠《いんろう》を突きつけられた悪人どもが、かしこまってひれ伏すシーンだが、本来、水戸徳川家の**水戸《みと》三《み》つ葵《あおい》**と徳川将軍家の**徳川葵**は同じではない。

厳密には守られていなかったといわれるが、徳川将軍家と御三家の三つ葵は、違えなければならず、徳川将軍家が表葉3枚なのに対して、水戸徳川家は裏葉3枚の三つ葵にしなければならなかったとされる。

ちなみに、光圀《みつくに》は中納言《ちゅうなごん》に任じられており、「黄門」というのは、中納言の別称（中国での名称）である。

他の代表紋

水戸《みと》六《む》つ葵《あおい》

徳川葵《とくがわあおい》

水戸徳川家では、水戸徳川家用の水戸三つ葵のほかに、水戸六つ葵という家紋も使用している。

『忠臣蔵』の「大石内蔵助」
大石良雄《おおいしよしお》
【1659～1703】

右二《みぎふた》つ巴《どもえ》

『忠臣蔵《ちゅうしんぐら》』で有名な四十七士の討ち入りで陣頭指揮をとったのが、播磨赤穂《はりまあこう》藩の家老だった**大石良雄《おおいしよしお》**、通称**大石内蔵助《くらのすけ》**である。

兵学を山鹿素行《やまがそこう》に、儒学を伊藤仁斎《いとうじんさい》に学んだ大石は文武に優れ、リーダーにふさわしい人物であった。その大石の家紋は、二《ふた》つ巴《どもえ》を家紋とした藤原秀郷《ひでさと》流の小山氏の流れをくむ家系ということもあり、**右二《みぎふた》つ巴《どもえ》**であった。討ち入りの日、吉良邸で鳴り響いた陣太鼓には、その右二つ巴が入っていたそうだ。

関連の人物

浅野長矩《あさのながのり》（浅野《あさの》鷹《たか》の羽《は》）

播磨赤穂藩主浅野内匠頭長矩の家紋。

吉良上野介《きらこうずのすけ》
（丸《まる》の内二《うちふた》つ引《ひ》き）

吉良氏は足利氏につながる家系のため引き両紋を用いる。

名奉行『大岡越前』
大岡忠相《おおおかただすけ》
【1677～1751】

大岡七宝《おおおかしっぽう》

『大岡越前《おおおかえちぜん》』で知られる**大岡忠相《ただすけ》**は、8代将軍**徳川吉宗《よしむね》**に江戸町奉行にとりたてられて越前守と称した。物価の安定、公正な裁判、町火消《まちびけし》の創設、小石川養生所の設立等、享保《きょうほう》の改革の市政面で力を発揮し、**名奉行**とうたわれている。

大岡家は、藤原北家《ほっけ》につながる家筋で、家紋は**大岡七宝《おおおかしっぽう》**。七宝紋は、七宝輪違いと呼ばれた連続文様を取り出して家紋としたものである。

また、神殿の周囲の垣を紋章化した**大岡玉垣《おおおかたまがき》**を替紋として用いていた。

他の代表紋

大岡玉垣《おおおかたまがき》

七宝《しっぽう》

七宝は、もとは「七宝輪違い」といった。輪が四方に広がるという意味の「四方」が「七宝」になったとされている。

新撰組を束ねた局長

近藤勇《こんどういさみ》

【1834～1868】

丸《まる》に三《み》つ引《ひ》き

京都守護職にあった松平容保《まつだいらかたもり》の下、京都の治安維持につとめ、尊王攘夷《そんのうじょうい》派の志士たちを弾圧、幕末の京都を血の色に染めた新撰組《しんせんぐみ》。その局長である近藤勇《こんどういさみ》の家紋はいくつかあるが、会津天寧寺《てんねいじ》にある土方歳三《ひじかたとしぞう》が建てた近藤勇の墓には丸《まる》に三《み》つ引《ひ》きが使われている。

「鬼の副長」として隊を引き締め、近藤を補佐した土方歳三の家紋は左三《ひだりみ》つ巴《どもえ》、一番隊組長として天才的な剣技をふるったとされる沖田総司《おきたそうじ》の家紋は丸《まる》に木瓜《もっこう》である。ちなみに、新撰組を統括した松平容保の家紋は、松平家らしく会津《あいづ》三《み》つ葵《あおい》だ。

関連の人物

土方歳三《ひじかたとしぞう》（左《ひだり》三《み》つ巴《どもえ》）

新撰組の実権を握った「鬼の副長」。

沖田総司《おきたそうじ》（丸《まる》に木瓜《もっこう》）

新撰組一番隊組長。近藤の養父のもとで天然理心流を学んだ。

明治維新を指導

西郷隆盛《さいごうたかもり》

【1828～1877】

抱《だ》き菊《きく》の葉《は》に菊《きく》

明治維新の最高の指導者として大きな功績を残した西郷《さいごう》隆盛《たかもり》は、まさにその功績によって明治天皇から家紋を下賜されている。

その家紋は、「抱き」の形に配した葉の中央に菊花を置いた抱《だ》き菊《きく》の葉《は》に菊《きく》で、中央の「菊」が天皇を表し、「抱き菊の葉」には、左右から補佐せよとの意味が込められていると伝わっている。

西郷の盟友で倒幕運動をリードした、大久保利通《おおくぼとしみち》の家紋は左三《ひだりみ》つ藤巴《ふじどもえ》。薩長同盟に尽力した小松清廉《こまつきよかど》（帯刀《たてわき》）の家紋は抱《だ》き鬼菊《おにきく》の葉《は》である。

関連の人物

大久保利通《おおくぼとしみち》（三《み》つ藤巴《ふじどもえ》）

隆盛とともに倒幕運動の中心に。明治新政府の実権を握った。

小松清廉《こまつきよかど》（抱《だ》き鬼菊《おにきく》の葉《は》）

通称帯刀。薩長同盟や大政奉還に尽力。

薩長同盟の立役者

坂本龍馬《さかもとりょうま》

【1836～1867】

薩長《さっちょう》同盟を仲介し、大政奉還《たいせいほうかん》への道筋をつけるも新しい時代を見ることなく暗殺の刃に倒れた**坂本龍馬**《さかもとりょうま》。その龍馬の家紋は**組**《く》**み合**《あ》**わせ角**《かく》**に桔梗**《ききょう》である。

一説には、坂本家は、土佐に落ちてきた**明智秀満**《あけちひでみつ》（明智光秀《みつひで》の娘婿）の庶子の子孫だというが、詳細は定かでない。ただ、家紋を研究・愛好する人たちの間ではこの明智光秀につながる系譜にロマンを感じる人もいる。明智光秀の家紋が**桔梗紋**だったからで、桔梗紋に悲劇の匂いを感じてしまうのだろう。

組《く》み合《あ》わせ角《かく》に桔梗《ききょう》

関連の人物

陸奥宗光《むつむねみつ》（仙台牡丹《せんだいぼたん》）

龍馬とともに行動。維新後は外務大臣に。

中岡慎太郎《なかおかしんたろう》
（丸《まる》に綿《わた》の花《はな》）

土佐藩を脱藩後、龍馬とともに薩長同盟の実現に向けて奔走した。

長州の誇る英傑

木戸孝允《きどたかよし》

【1833～1877】

西郷隆盛、大久保利通と並んで維新の三傑といわれる**木**《き》**戸**《ど》**孝允**《たかよし》の家紋は**葉菊菱**《はぎくびし》である。菊紋は皇室の紋であるが、かえってその類似を避けたせいか、菊をモチーフとした紋は形状や種類が多くなっている。

木戸が**桂小五郎**《かつらこごろう》時代に教えも受けた友人の**吉田松陰**《よしだしょういん》の家紋は**五瓜**《ごか》**に卍**《まんじ》。松陰はこの家紋をもとにした「**瓜中萬二**《かのうちまんじ》」という変名を名乗ったことがある。

その松陰が開いた松下村塾《しょうかそんじゅく》で俊英といわれた**高杉晋作**《たかすぎしんさく》の家紋は**丸**《まる》**に割菱**《わりびし》である。

葉菊菱《はぎくびし》

関連の人物

吉田松陰（五瓜《ごか》に卍《まんじ》）

松下村塾を開き、幕末の長州をけん引した門下生を育てた。

高杉晋作（丸《まる》に割菱《わりびし》）

奇兵隊の組織など、長州藩倒幕派をまとめた。

ラフカディオ・ハーンの家紋

『怪談』や『知られぬ日本の面影』などの著作で知られる**ラフカディオ・ハーン**、すなわち**小泉《こいずみ》八《や》雲《くも》**には、羽織袴《はおりはかま》姿の肖像写真や肖像画も残されている。それらをみると羽織に家紋がついていることが確認できるが、それは、ハーン自身がつくった**オリジナルな家紋**である。

1890年、新聞記者として来日したハーンは、日本が気に入り、日本人女性の小泉セツと結婚、1896年には日本に帰化して「小泉八雲」と名乗ることになるのだが、日本の伝統文化や日本人の精神に関心をもったハーンは、来日したその年に自分の家紋をつくっているのだ。

それは飛ぶ鷺《さぎ》が羽を下げた形のもので、祖先のサー・ヒュー・ド・ヘロンの旗の印であり、「**ヘロン＝鷺**」であることから鷺をモチーフにデザインしたのだという。

ところで、ハーンは夫人の家の名字「小泉」を名乗ったが、サッカー選手の三都主《さんとす》アレサンドロのように、帰化して日本人となった場合、もとのファーストネームを漢字表記にして名字とすることも多いようである。

もしハーンが「ハーン」を漢字表記にするとしたら、いったいどのような漢字をあてたのだろうか。

小泉八雲
(1850～1904)
ギリシアに生まれ、渡米後新聞記者に。日本帰化後は作家活動のほか、東京帝国大学などで教鞭をとった。

3章

家紋と名字の社会学

家紋は現代ではどのように使われているのか。
名字はどのような形で発祥し、
現代ではどの名字が多く使われているのか。
そんな家紋と名字の〝現在〟を紹介する。

家紋

現在の家紋の使用例

家紋を使う機会は減少

現在の日本では、家紋を使う機会はほとんどなくなってしまったといっていい。日常生活を送るなかで、家紋がなくて困るという場面はまず見られないだろう。

ただし、家紋という存在が現代日本から消え去ったわけではない。いまでもいろんな場所で、家紋や家紋を原型としたマークを見ることができる。

まずは**公的機関の印**だ。日本のパスポートの表紙には**菊紋**が飾られている。明治政府の印章《いんしょう》であった菊紋が由来であり、これが習慣的に現在でも使われている。もちろん印章は**天皇の紋章**に由来する（➡P34）。

桐紋は**総理大臣**あるいは**法務省**などが紋章として使用している。貨幣《かへい》に印刷されることが多く、現在でも500円硬貨の裏側には桐が飾られている。

家紋は冠婚葬祭にはつきもの

神社や**寺院**では屋根瓦や提灯《ちょうちん》などに、その寺社の**神紋**《しんもん》や**寺紋**《じもん》を確認できる。さらに寺院の墓所には、ほとんどの墓石に家紋が付いている。ただし、沖縄にはそのような風習はないようだ。

着物には家紋はつきものである。**結婚式**や**葬式**には正装として、黒の**紋付**《もんつき》を着てくる人も少なくない。紋付とは「家紋付きの着物や羽織」のこと。ただし正式な家紋を知らない人も多く、自由に好きな家紋を付ける人も少なくない。

商標や**ブランドマーク**として、家紋をアレンジしたものを使っている会社もある。屋号《やごう》や店名を図案化した紋章を店の印として使っていたり、創業者の家紋をアレンジして、社章やブランドマークにしている企業もある。伝統ある企業ほどその傾向は高いようだ。

伝統芸能の世界では、家紋は過去に近い使われ方をしている。伝統を重んじる**歌舞伎**《かぶき》の世界では、大名跡《だいみょうせき》の襲名において、名跡とともに家紋も受け継がれていく。お気に入りの役者の家紋のついたグッズは、今も江戸時代も変わらぬ人気を集める。

家紋は現代でもしっかり活かされている。

家紋の現在の使われ方

パスポート

菊紋は日本政府と皇室の紋章として現在も広く見ることができる。ちなみにパスポートで用いられているのは十六菊で一重。皇室は同じ十六菊でも八重であり、若干形状が異なる（➡P34）。ちなみに、国会議員のバッジも菊の図案である。

公的機関の印

桐紋は、菊紋とともに日本政府の紋章として使われている。法務省では五三桐を省庁の印として用いる。内閣、政府は五七桐（または五七花桐）を使用し、官邸の備品や総理大臣などの記者会見で使うスピーチ台で確認できる。

神紋・墓石

神社と寺院も紋を持っており、それぞれ神紋と寺紋という（➡P124）。またほとんどの墓石に家紋が付けられている。墓石の家紋は古い風習ではなく、江戸時代初期にはほとんど見られなかったようだ。それが徐々に増えて今に至っている。

紋付

紋付とは家紋付きの着物や羽織のこと。冠婚葬祭での礼装として現在でも用いられる。江戸時代の武家の礼装が庶民に広まって、現在に至る。家紋の数によって格が異なり、最高の礼装は家紋を五つ付けたものになる（➡P122）。

社章

江戸時代の商人は図案化した印をのれんや提灯に入れていた。その印は屋号と呼ばれ、現代でも社章やブランドマークなどに形を変えて、企業が活用している。創業者の家紋をアレンジしたマークを使用している企業も多い（➡P128）。

三菱グループの社章である寄せ三つ菱

島津製作所の社章である丸に十の字

伝統芸能

代々芸を受け継ぐ歌舞伎は、市川團十郎などの名跡とともに家紋も受け継いできた。その紋は役者の象徴であり、江戸時代には芸能紋を使ったグッズが大流行したという。芸能紋は能狂言、茶華道、舞踊、落語でも見られる（➡P130）。

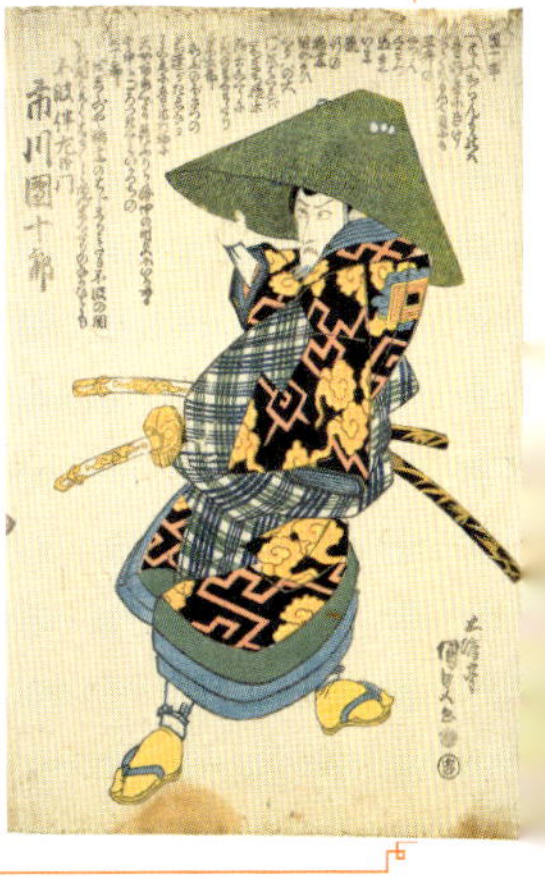

『不破伴左衛門　市川團十郎』
国立国会図書館蔵

家紋

家紋の種類と分類

◆家紋はどんどん増えていく

家紋の数は、室町時代には**400〜500**を数える程度であったが、現在では**25000種**以上の家紋が確認されている。現代でも新しい家紋は作られており、上限はだれにもわからない。

家紋の図柄はあらゆるものに求められるので、種類だけでもきわめて広範囲にわたり、似たものを分類するだけでも非常に難しい。

◆家紋の分類は一つのものさし

とはいえ、家紋の分類はいくつか存在する。最初は美しさや目立つなどの見た目で選ばれた家紋だが、種類の増加に従って、家紋に意味を持たせたものが登場する。その家紋の使用意義という観点からは、次のように分けられる。

- **尚美《しょうび》的意義**…形状が優美なために用いられたもの
- **指事《しじ》的意義**…名字にちなんだもの
- **瑞祥《ずいしょう》的意義**…縁起のよいことに意味づけたもの
- **記念的意義**…一族や先祖の名誉を記念したもの
- **尚武《しょうぶ》的意義**…武具など、武勇的な意味をこめたもの
- **信仰的意義**…信仰の念をこめたもの

家紋の分類の中で一般的なのが〝自然科学的分類〟だ。わが国の本格的な家紋研究の先駆けである『日本紋章学』では、「**天文・地文**」「**植物**」「**動物**」「**器材**」「**営造《えいぞう》物**」「**文様**」「**文字**」「**図符《ずふ》**」の8つに分類している。

研究者によっては、「営造物」を「建築物」という名にしたり、「天文・地文」を「天然」や「自然」としたり、「植物」を「花」と「植物」に分けたり、「器材」と「営造物」を「器物」とまとめたり、「文様」「文字」「図符」を「文様・図案」としたりしている。

家紋の分類はあくまでも目安であり、同じ紋を器材紋に分類しているものもあれば、文様紋としているものもある。実際に分類に苦しむものも少なくない。

本書の四章「よくわかる家紋図鑑」も〝自然科学的分類〟を採用し、「**植物紋**」「**動物紋**」「**天然紋**」「**器物紋**」「**文様紋**」の5つに分けて収録している。

家紋の使用意義による分類

種類	解説	主な家紋の例			
尚美的意義 **文様紋**	形状が優美であるために用いられる家紋。特に公家が好み、見た目が雅やかなものがこれにあたる。	 下《さ》がり藤《ふじ》	 笹龍胆《ささりんどう》	 揚羽蝶《あげはちょう》	 木瓜《もっこう》
指事的意義 **名字紋**	名字をそのまま流用した家紋のこと。頭文字をそのまま使ったものや、鳥居氏の用いた鳥居紋などがある。	 丸《まる》に上《うえ》の字《じ》	 丸《まる》に大《だい》の字《じ》	 井桁《いげた》	 鳥居《とりい》
瑞祥的意義 **瑞祥紋**	縁起のよいめでたい意味をもたせた家紋。桐と菊と鶴はめでたいものとされた。大一大万大吉は縁起のよい字を集めた家紋である。	 鶴《つる》の丸《まる》	 五三桐《ごさんきり》	 大一大万大吉《だいいちだいまんだいきち》	 十六菊《じゅうろくぎく》
記念的意義 **記念紋**	名誉や武功などを記念してつけたもの。梶の葉は肥前国梶谷《ひぜんのくにかじや》を治めた記念に松浦氏がもったもの。	 梶《かじ》の葉《は》	 浮線蝶《ふせんちょう》	 佐竹扇《さたけおうぎ》	 梅《うめ》の花《はな》
尚武的意義 **尚武紋**	戦勝を祈念し、鎧や刀などの武具をモチーフとした家紋。	 並《なら》び矢《や》	 違《ちが》い鷹《たか》の羽《は》	 真向《まむ》き兜《かぶと》	 鍬形《くわがた》
信仰的意義 **信仰紋**	神仏に対する信仰を表した家紋。杉も瓶子も神社に関連するため、これにあたる。	 一本杉《いっぽんすぎ》	 祇園守《ぎおんもり》	 十字久留子《じゅうじくるす》	 瓶子《へいし》

家紋研究の書籍

家紋は『古事類苑』ではじめて分類されたといわれる。右の図版の『古事類苑』は明治時代の政府が編纂した百科資料辞典。ここでは文字、動物、植物、器物、雑形の５種類に分類された。その他、家紋の解説書としては沼田頼輔著の『日本紋章学』が有名で、この本からさまざまな家紋と名字の研究が始まったといってよい。

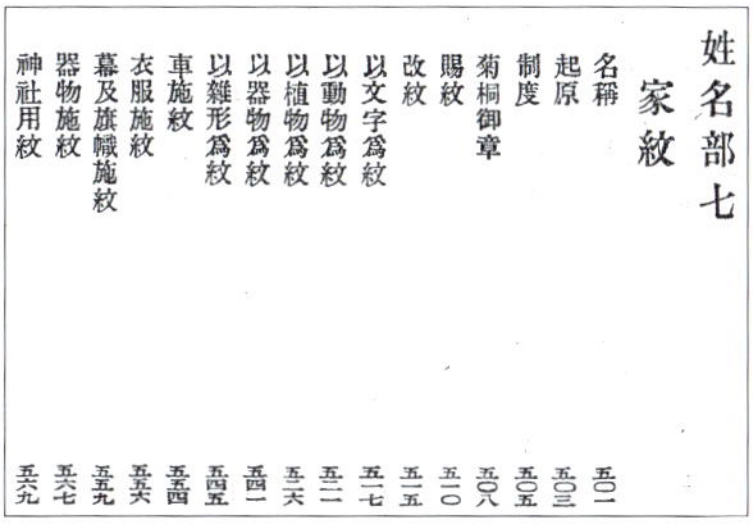
姓名部七
家紋
名稱 五〇一
起原 五〇三
制度 五〇五
菊桐御章 五〇八
賜紋 五一〇
改紋 五一五
以文字爲紋 五一七
以動物爲紋 五二一
以植物爲紋 五二六
以器物爲紋 五四一
以雜形爲紋 五四五
車施紋 五五四
衣服施紋 五五六
幕及旗幟施紋 五五九
器物施紋 五六七
神社用紋 五六九

『古事類苑』（一部）国立国会図書館蔵

3章 家紋と名字の社会学

家紋

定紋と替紋、家紋と女紋

◇定紋と替紋

家紋はその家に一つと思われがちだが、そうではない。織田信長に六つの紋があったように、複数の家紋をもつことは珍しいことではなかった。

だが、江戸時代になって参勤交代の制度が整い、諸大名の江戸への往来や登城といった折には、その服装には、**必ず家紋を用いる**ことになった。徳川幕府は、各大名、旗本に対して**代表紋**を届け出させ、公に用いる紋を一つに決めさせた。名字と一体となった家紋で相手の身分を判断したのだ。

こうして公式な紋となった家紋が**定紋《じょうもん》**（**表紋《おもてもん》**、**本紋《ほんもん》**）である。複数の紋を持つ場合には、定紋以外の紋はすべて非公式なものとなったが、こちらのほうは定紋に対して**替紋《かえもん》**（**裏紋《うらもん》**、**副紋《ふくもん》**などとも）と呼ばれた。

武士の定紋や替紋などは『武鑑《ぶかん》』という本で判別でき、参勤交代や登城の際に重宝したという。

替紋の使用は、お忍びでの外出のときなど、もっぱら私的な場面に限られた。

◇女紋の役割

非公式な家紋として、**女紋《おんなもん》**という家紋がある。関西を中心とした西日本にみられ、父系で継承されるその家の家紋とは別に、**女性のみが使う紋**をもつのだ。

注意すべき点は、女紋は習慣であって、どの家紋を指すのかは決まっていない。たとえば、母から娘、娘から孫娘へと受け継がれる**母譲りの紋**がそのように呼ばれた。その家の替紋が女性専用の紋として代々伝わっていることもある。**嫁**の実家の紋を女紋とすることもある。

女性のみが使うという性格上、女紋には優美な図柄が多い。実家の紋に剣がついていたり、無骨なデザインである場合は、女性らしく変更を加えて女紋として使用したという。

女紋への変形のパターンとしては、剣を外して無骨なデザインを女性向きにしたり、太輪を細輪にしたり、**陰紋《かげもん》**（➡P118）にしたり、**覗《のぞ》き紋《もん》**（➡P119）にするなど、さまざまである。

『武鑑』の定紋と替紋

『武鑑』とは… 江戸時代に刊行された、大名、旗本、幕府役人の名鑑。氏名、系図、居城、官位、石高、邸宅、家紋、旗指物などを記した。民間の版元が制作し、毎年改訂された。武家社会の情報を知りたい庶民や江戸勤めの武士が故郷への土産として購入した。下の『官許列藩武鑑』は明治2年（1869）に刊行された、おそらく廃藩置県前の最後の武鑑。

『宮許列藩図版』
国立国会図書館蔵

細川家の場合（『官許列藩武鑑』より）

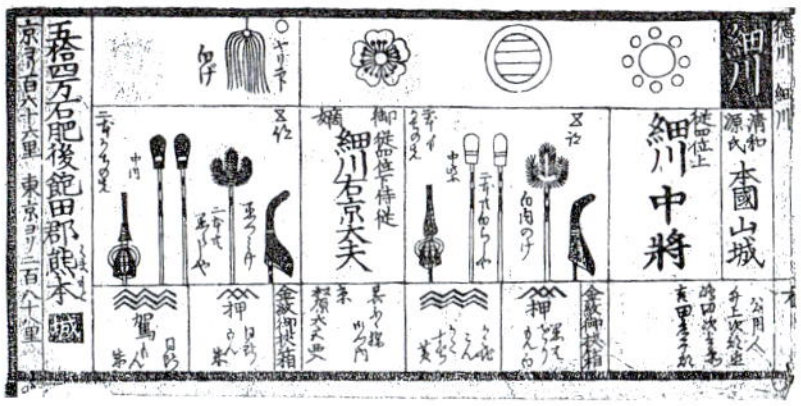

丸《まる》の内《うち》に二《ふた》つ引《ひ》き

細川桜《ほそかわさくら》

定紋

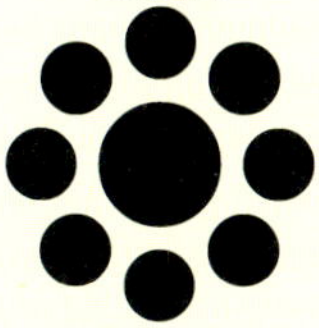

細川《ほそかわ》九曜《くよう》

細川家は九曜との混同を避けるために細川九曜が定紋。替紋の丸の内に二つ引きは細川家が足利一門という出自を示すもの。

浅野家の場合（『官許列藩武鑑』より）

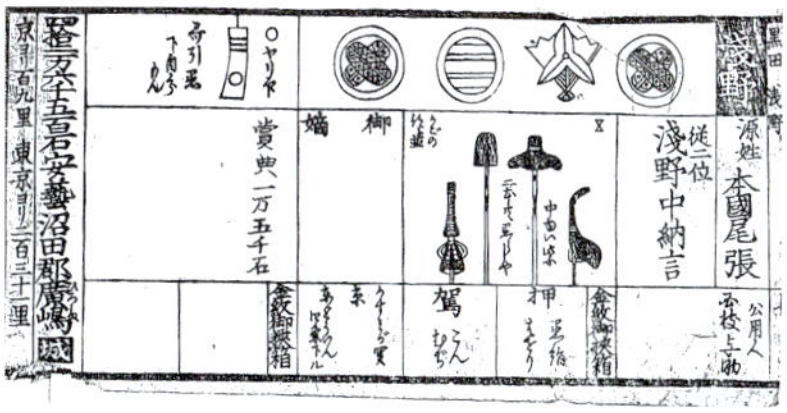

定紋

浅野《あさの》鷹《たか》の羽《は》

丸《まる》の内《うち》に三《み》つ引《ひ》き

浅野《あさの》扇《おうぎ》

浅野家の定紋は浅野鷹の羽。当初は違い鷹の羽だったが、大名となり他家との差別化をはかるため、変更を加えた。

女紋への変更

もとの形

鬼蔦《おにつた》

違《ちが》い鷹《たか》の羽《は》

剣梅鉢《けんうめばち》

女紋

蔦枝《つたえだ》の丸《まる》

違《ちが》い扇《おうぎ》

梅鉢《うめばち》

女紋の始まりは、武家の娘を嫁がせる際に生家の家紋を持たせたこととといわれる。もし生家の家紋が女性に不向きな家紋であった場合、原型に変更を加えた。変形の仕方はさまざまで、剣を取ったり（右）、女性に不向きな図柄を置き換えたり（中央）、鬼蔦を普通の蔦に変えて「枝丸」にしたり（左）するなどした。

家紋

バリエーション豊かな家紋の意匠変化

◆変形のパターンには法則性がある

継承の過程で変形を繰り返し、今では25000種を超えるとされる家紋だが、その変形の仕方にはある種の法則性が見られる。もとの紋に対し、何かを付加したり、少し形を変えたりと、いくつかの**加工のパターン**が存在するのだ。

変形したものの中には、それが新たな原型となるものもある。

もちろん、最初からそのような法則に則って変形させていたわけではなく、いろいろと変形を繰り返すうちに、パターンらしきものが生まれたのだろう。

そのうちに逆転現象が生じ、今度はそのパターンにしたがって変形させるようになったのだ。

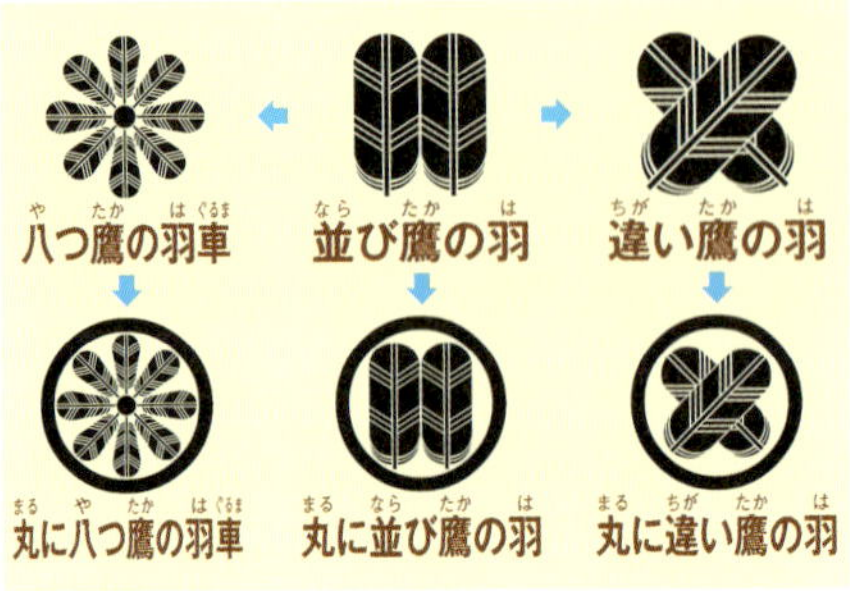

◆輪で囲む

もとの家紋を輪で囲む変形パターン。輪は太さや種類によって、**太輪《ふとわ》・丸輪《まるわ》・中輪《ちゅうわ》・細輪《ほそわ》・糸輪《いとわ》・雪輪《ゆきわ》・竹輪《たけわ》など**と分かれる。「丸に○○」という言い方をする丸輪が一般的で、太輪と中輪の中間の太さである。

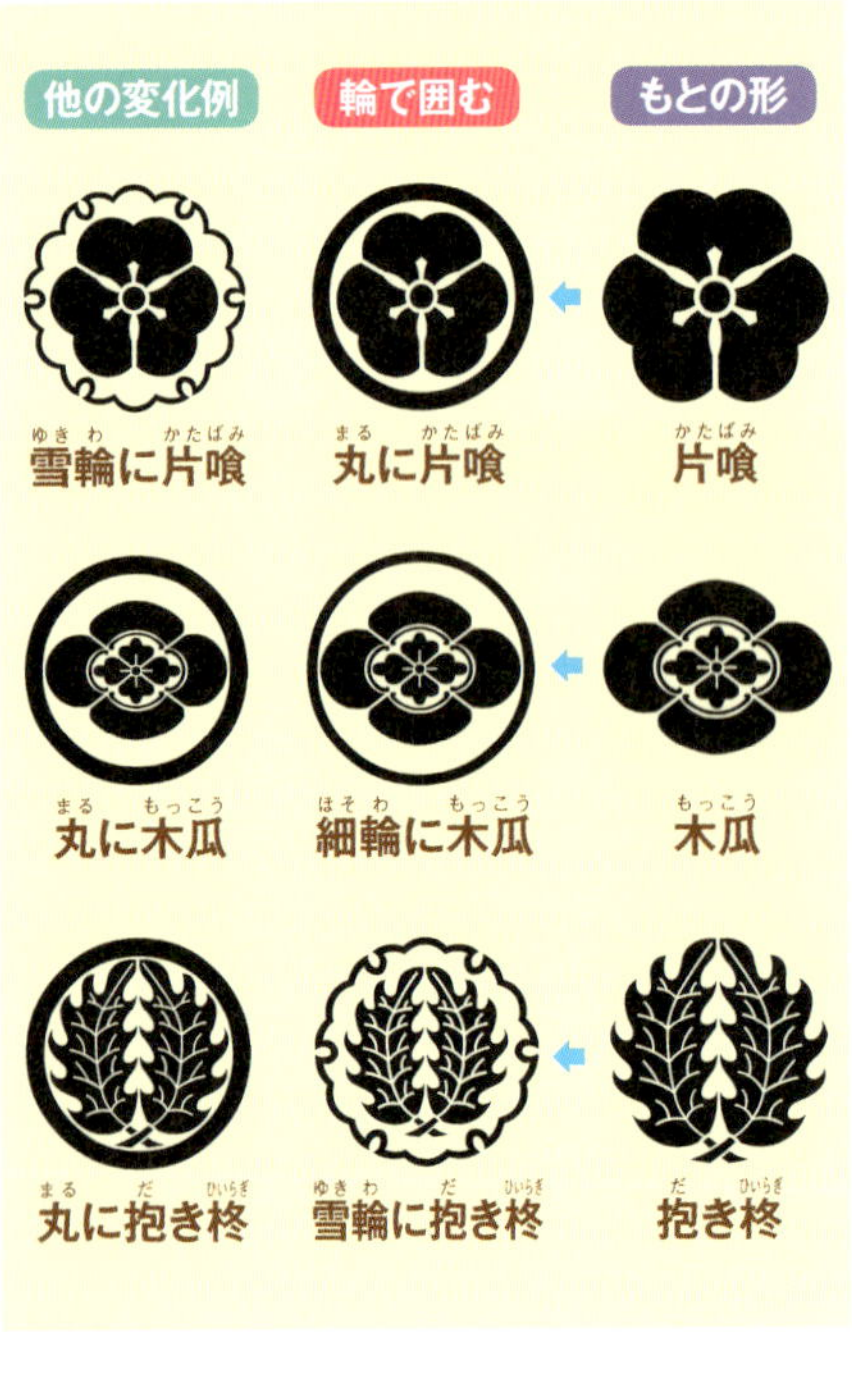

◇角で囲む

「角《かく》」とは方形《ほうけい》のことで、もとの家紋を正方形で囲む変形パターン。

正方形を45度傾けた隅立《すみた》て角《かく》、その四隅がカットされた隅切《すみき》り角《かく》（この場合、形状は八角形となる）、外部から内側に落ちこんだ隅入《すみい》り角《かく》などで囲まれたものも多い。

◇文様を付加する

もとの家紋に、ほかの文様を付加する変形パターン。花弁の間に「剣《けん》」や「蔓《つる》」を付加したものが知られる。

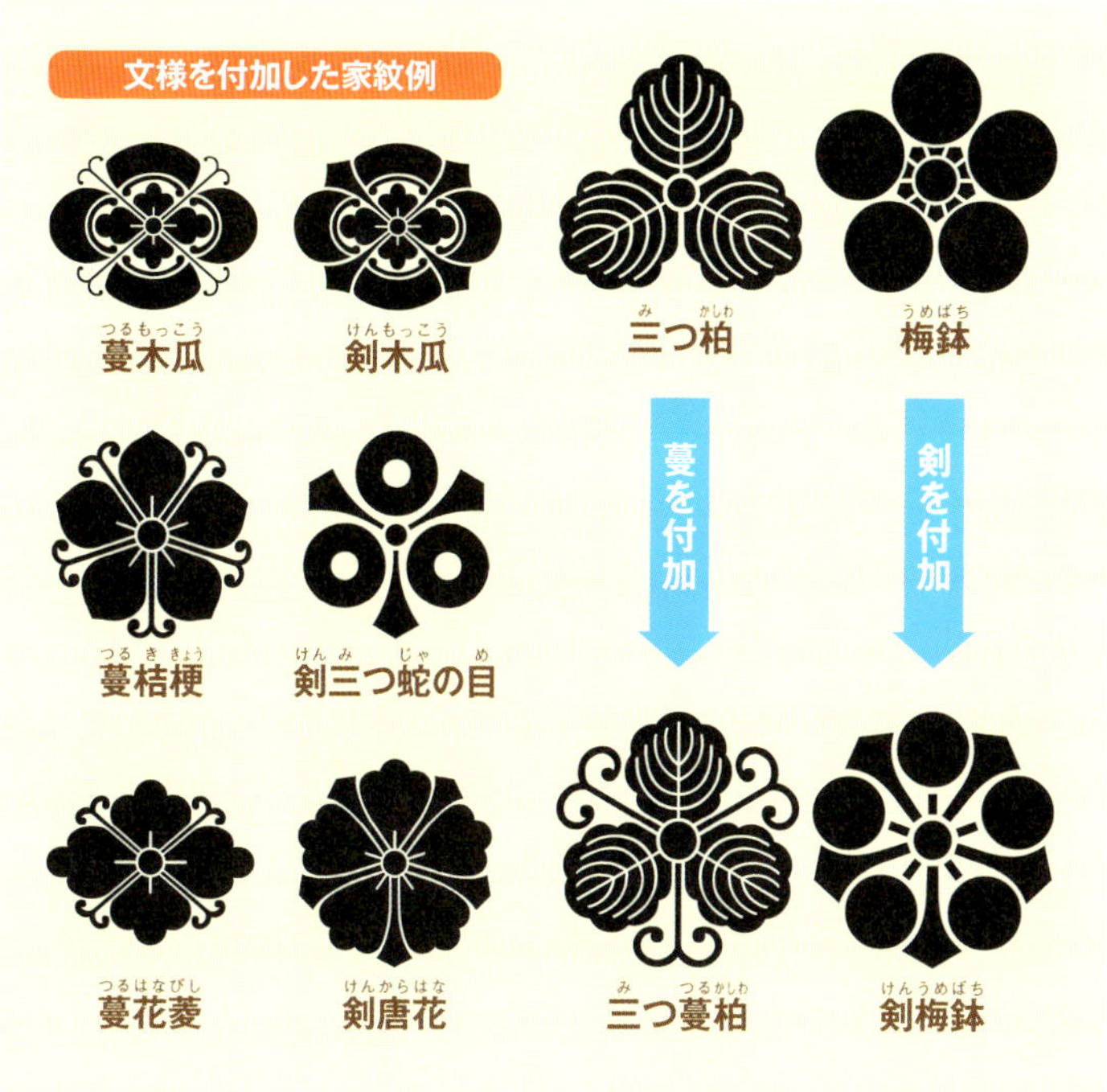

◆増やす

紋の形は変えずに、同一の紋の数を増やしていくパターンである。さまざまな配列がある。

配列のパターンとして「向かい」「抱き」「並び」「違い」「盛り」「重ね」「寄せ」「追い」「持ち合い」「繋ぎ」「頭合わせ」「尻合わせ」などがある。

〈向《む》かい〉同じ紋を二つ**向かい合わせ**たもの。片方がくちばしを開け、もう一方が閉じて「**阿吽**《あうん》*」を表すものもある。

〈抱《だ》き〉同じ紋を二つ、**抱き合って**見えるような形に配したもの。下方で交差していたり、つながっていたりする。

〈並《なら》び〉同じ紋を二つ以上**並べた**もの。二つ並べた場合は「並び○○」と呼び、また、紋が三つ以上であれば、「三つ並び○○」「六つ並び○○」というふうに呼ぶ。

〈違《ちが》い〉二つの同じ紋をそれぞれ斜めにして**交差させた**もの。交差の組み合わせ方によって違いがあり、右手前のものと左手前のものがある。左手前で交差するパターンが多いようだ。

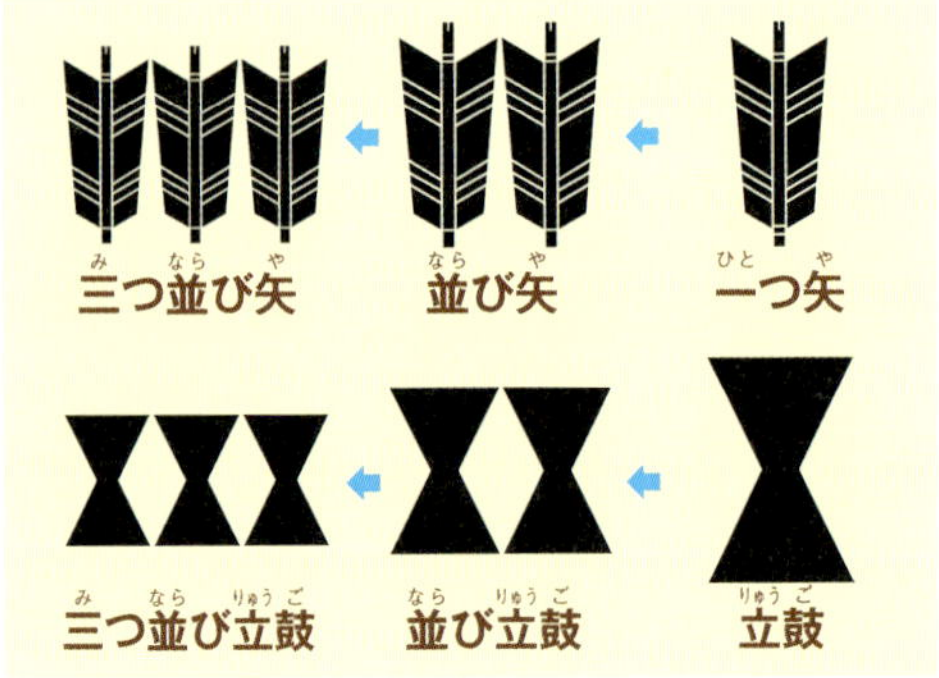

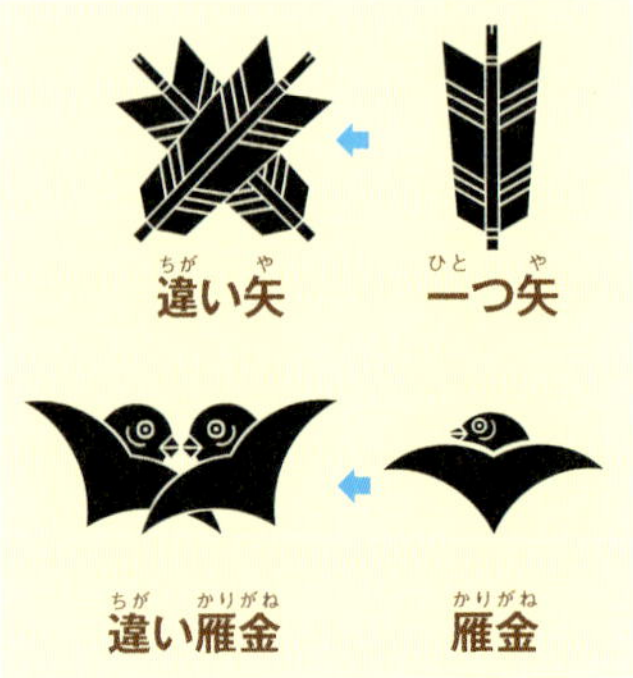

＊「阿」は口を開いて発音する音で字音のはじめ。「吽」は口を閉じて発音する音で字音の終わり。転じて万物のはじめと終わりを象徴する仏教用語。

〈盛《も》り〉三つの同じ紋を、**山形**に配したもの。「三つ盛り○○」というふうに呼ぶ。

〈重《かさ》ね〉同じ紋を、左右や上下で一部**重ねた**もの。「重ね○○」というふうに呼ぶ。

〈寄《よ》せ〉三つ以上の同じ紋を**中心に向けて**配したもの。「三つ寄せ○○」というふうに呼ぶ。反対に、中心から離れるように配したものが〈離れ〉で、「離れ○○」と呼ぶ。

雁金《かりがね》

三《み》つ盛《も》り雁金《かりがね》

撫子《なでしこ》

三《み》つ盛《も》り撫子《なでしこ》

井桁《いげた》

重《かさ》ね井桁《いげた》

枡《ます》

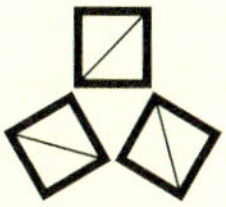
三《み》つ寄《よ》せ枡《ます》

右三《みぎみ》つ巴《どもえ》

離《はな》れ右三《みぎみ》つ巴《どもえ》

〈追《お》い〉二つ以上の同じ紋を、**追いかけっこ**をしているように配したもの。「三つ追い○○」などと呼ぶ。

〈持《も》ち合《あ》い〉一部分が重なり、**互いに利用**する形にしたもの。「持ち合い○○」というふうに呼ぶ。

そのほか、同じ紋を三つ以上連結して新たな紋を生む〈繋《つな》ぎ〉、二つ以上の同じ紋で、頭に当たる部分を合わせた〈頭合《かしらあ》わせ〉、その逆の〈尻合《しりあ》わせ〉もある。

五本骨雁木扇《ごほんほねがんぎおうぎ》

三《み》つ追《お》い雁木扇《がんぎおうぎ》

梶《かじ》の葉《は》

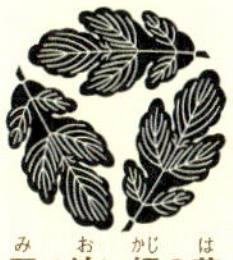
三《み》つ追《お》い梶《かじ》の葉《は》

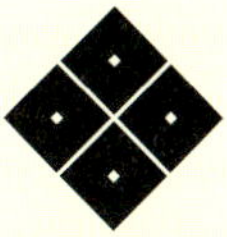
角立《かくた》て四《よ》つ目《め》

持《も》ち合《あ》い四《よ》つ目《め》

繋《つな》ぎ四《よ》つ目《め》

頭合《かしらあ》わせ三《み》つ雁金《かりがね》

尻合《しりあ》わせ三《み》つ雁金《かりがね》

◇描き方を変える

付加（⇒P115）とは異なり、もとの家紋とは違う描き方をすることで、新たな紋を生み出すパターンである。紋の原型は生かして、大胆にアレンジしたものが多い。

〈陰《かげ》〉紋の形を**線で描いたもの**で、「**陰紋**」と呼ばれる。「太中陰○○」「陰○○」などと称する。

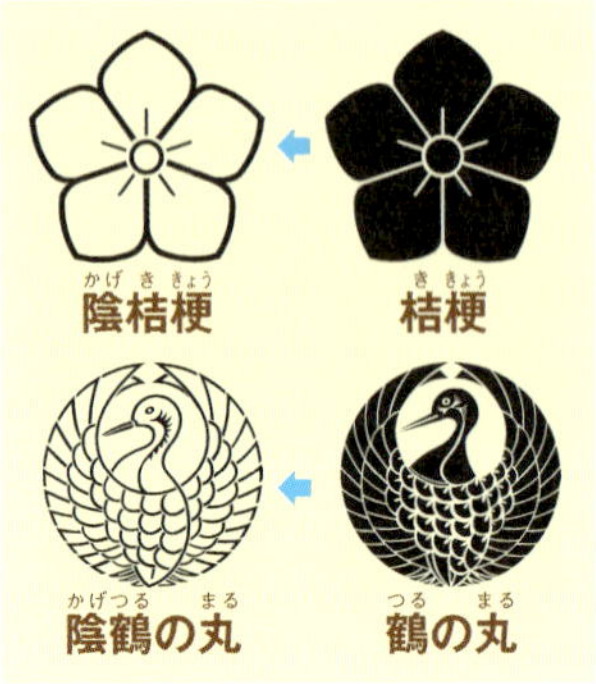

〈裏《うら》〉通常、花弁などをもとにした紋は表面が描かれるが、それを**裏から描いた**もの。茎が描かれる。「裏○○」というふうに呼ぶ。

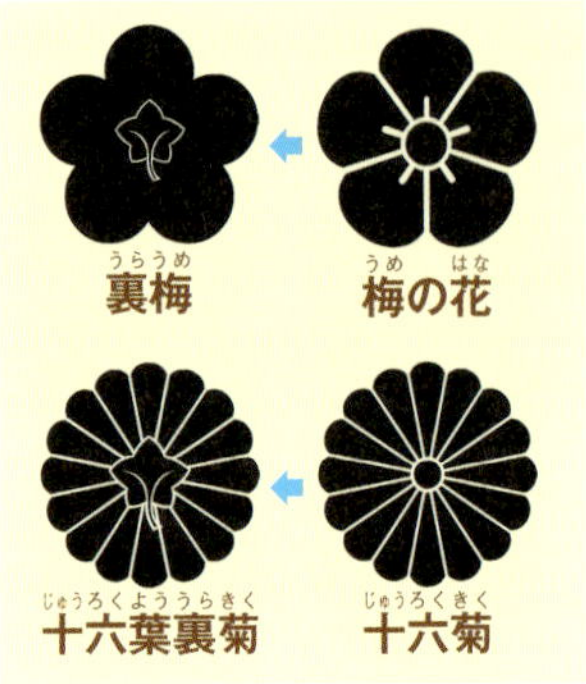

〈八重《やえ》〉**花弁を重複**させたもの。「八重○○」と呼ぶが、花弁が八枚あるというわけではない。

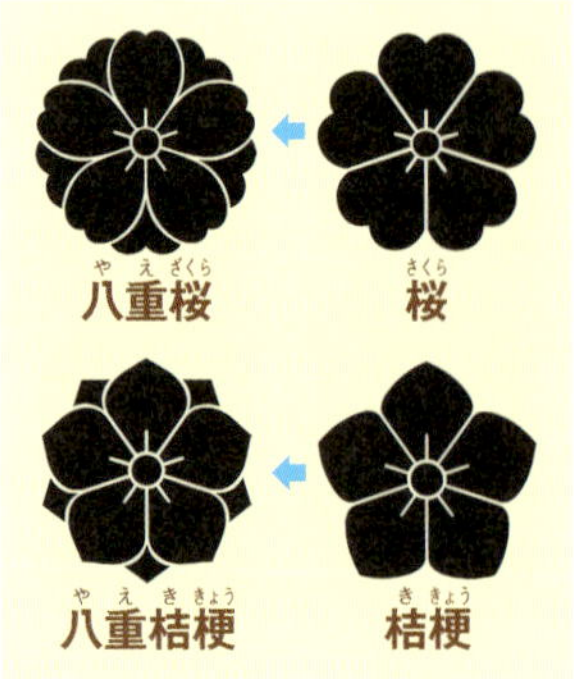

〈鬼《おに》〉植物紋などで、葉の縁の**ぎざぎざを鋭くする**デフォルメを施したもの。「鬼○○」と呼ぶ。

〈光琳《こうりん》〉**尾形光琳《おがたこうりん》**の画風をまねして描いたもの。「光琳○○」と呼ぶ。ただし光琳が描いたり、使用していたわけではない。

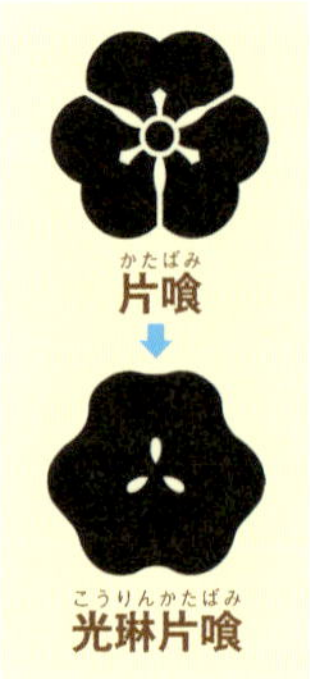

◇見方を変える

対象物に対する見方を変えることで、新たな形を生み出すパターンである。特に植物紋でよく見られる変化で、そのパターンはさまざまだ。

〈横見《よこみ》〉**側面から見た**もの。花紋の場合、茎やガクが描かれることも多い。「横見○○」と呼ぶ。

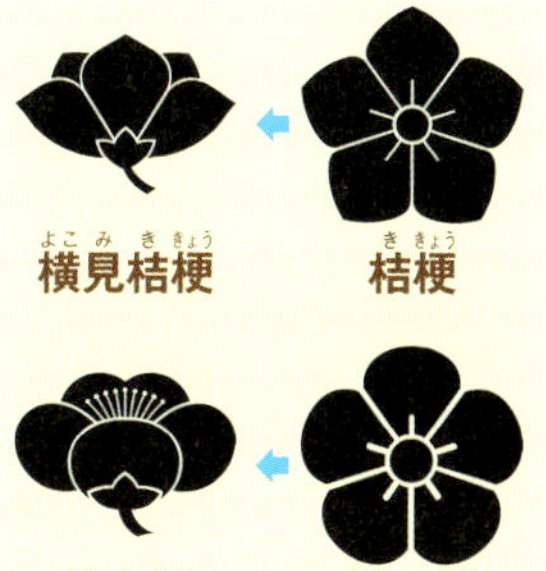

桔梗《ききょう》 → 横見《よこみ》桔梗《ききょう》

梅《うめ》の花《はな》 → 横見《よこみ》梅《うめ》

〈覗《のぞ》き〉丸や菱などの下方から**紋の一部が覗く**ようにしたもの。「糸輪に覗き○○」というふうに呼ぶ。

花菱《はなびし》 → 糸輪《いとわ》に覗《のぞ》き花菱《はなびし》

桔梗《ききょう》 → 菱《ひし》に覗《のぞ》き桔梗《ききょう》

〈向《む》こう〉**正面から見下ろした**もの。「向こう○○」と呼ぶ。

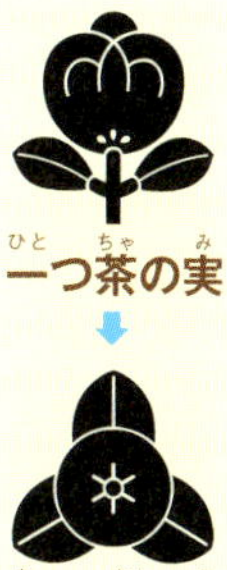

一《ひと》つ茶《ちゃ》の実《み》 → 向《む》こう茶《ちゃ》の実《み》

〈豆《まめ》〉もとの形を、**極端に小さく**したもの。輪で囲むパターンが多く見られる。

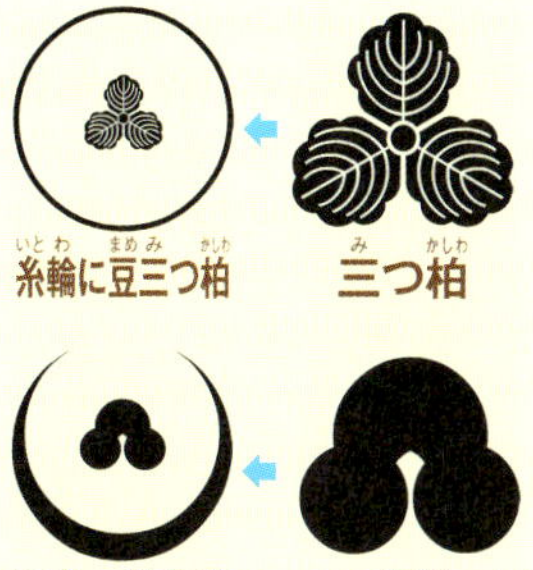

三《み》つ柏《かしわ》 → 糸輪《いとわ》に豆《まめ》三《み》つ柏《かしわ》

洲浜《すはま》 → 月輪《つきわ》に豆《まめ》洲浜《すはま》

◇向きを変える

もともとあった紋の向きを変えることで新たな紋とするパターンである。

〈上下〉**上下の位置を入れかえ**て、逆にしたもの。「**下がり藤**」と「**上がり藤**」が有名。

下《さ》がり藤《ふじ》 → 上《あ》がり藤《ふ》

◇形状を変える

もともとの紋に何らかの加工を施して、新たな紋を生むパターンである。もとの形状をある程度維持したもの、形だけをまねて、大胆に形状を変えたものなど、変形パターンは多い。

〈折《お》れ〉 葉や花弁、羽などを**斜めに折って**、あるいは**折りたたんで**描いたもの。「折れ○○」などというふうに呼ぶ。

〈捻《ね》じ〉 花弁のような均等分割されたデザインのものを、プロペラのような形状に**ねじった**もの。「捻じ○○」というふうに呼ぶ。

釘抜《くぎぬ》き

折《お》れ釘抜《くぎぬ》き

矢筈《やはず》

折《お》れ矢筈《やはず》

撫子《なでしこ》

捻《ね》じ撫子《なでしこ》

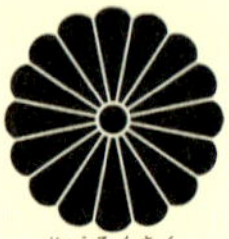
十六菊《じゅうろくきく》

捻《ね》じ菊《きく》

〈結《むす》び〉 一筆書きふうに、**ひもの結ばれたような形**に描いたもの。「結び○○」というふうに呼ぶ。

〈擬態《ぎたい》〉 人気があったり有名だったりした、ほかの家紋に**似せて作りかえた**もの。「桐」「揚羽蝶」「鶴」「菱」「巴」などがまねられた。

蔦《つた》

結《むす》び蔦《つた》

雁金《かりがね》

結《むす》び雁金《かりがね》

団扇桐《うちわきり》

五三桐《ごさんきり》

稲妻桐《いなずまきり》

桐揚羽蝶《きりあげはちょう》

揚羽蝶《あげはちょう》

揚羽扇蝶《あげはおうぎちょう》

蟹の擬態紋

蟹桔梗《かにききょう》

仙台牡丹《せんだいぼたん》

蟹蔦《かにつた》

◇合成する

異なる紋どうしを組み合わせるパターンである。その構成はさまざまだが、**一つの紋をもう一方の紋で包み込む**ものが多くみられる。合成紋の一種で**比翼紋**《ひよくもん》と呼ばれるものは、男女のそれぞれの家紋を、あるいは同じ家紋の**陰陽**《いんよう》を並べ重ねたものをいう。

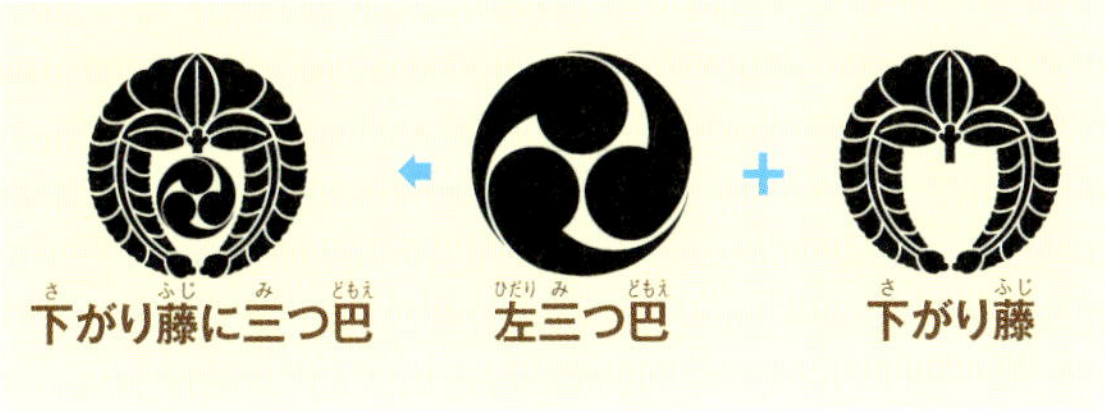

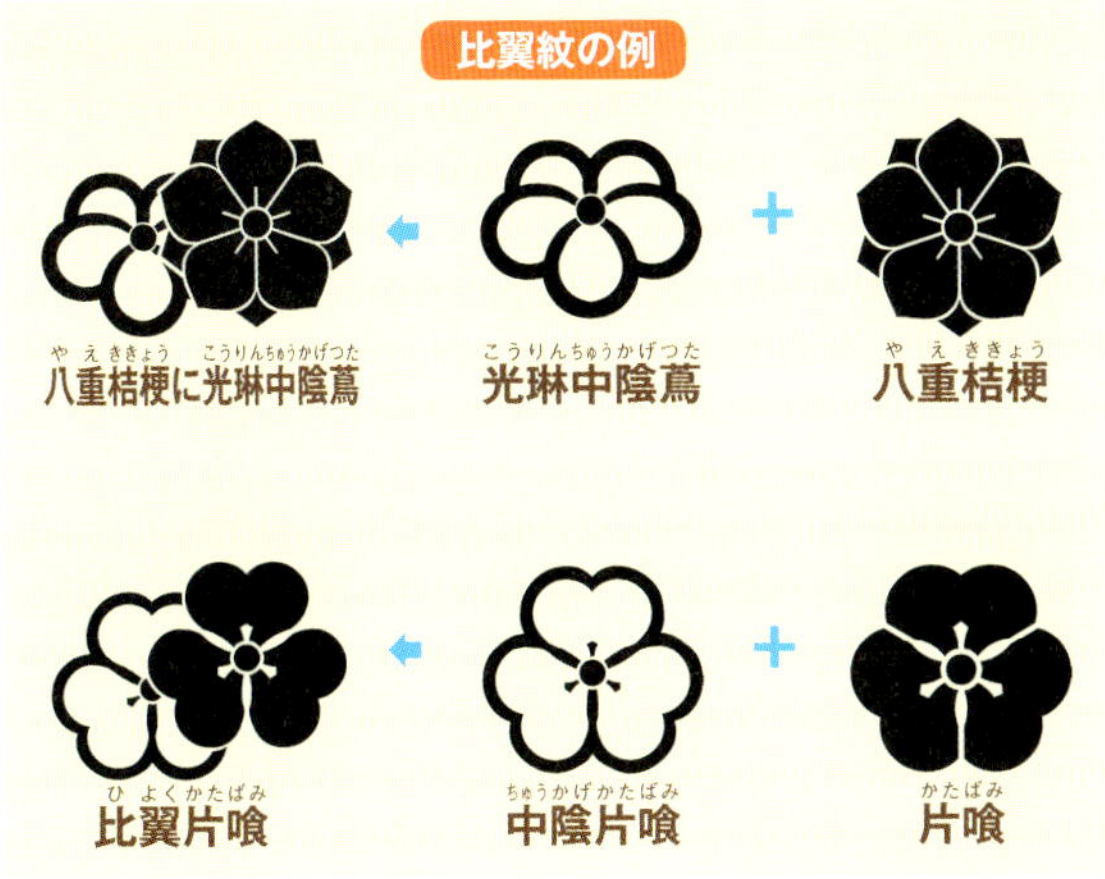

◇分割する

一つの紋を**分割して、**新たな紋とするパターンである。再構成のやり方はさまざまで、分割した一つを独立させる場合もあれば、円におさめて新たに組み直す場合もある。

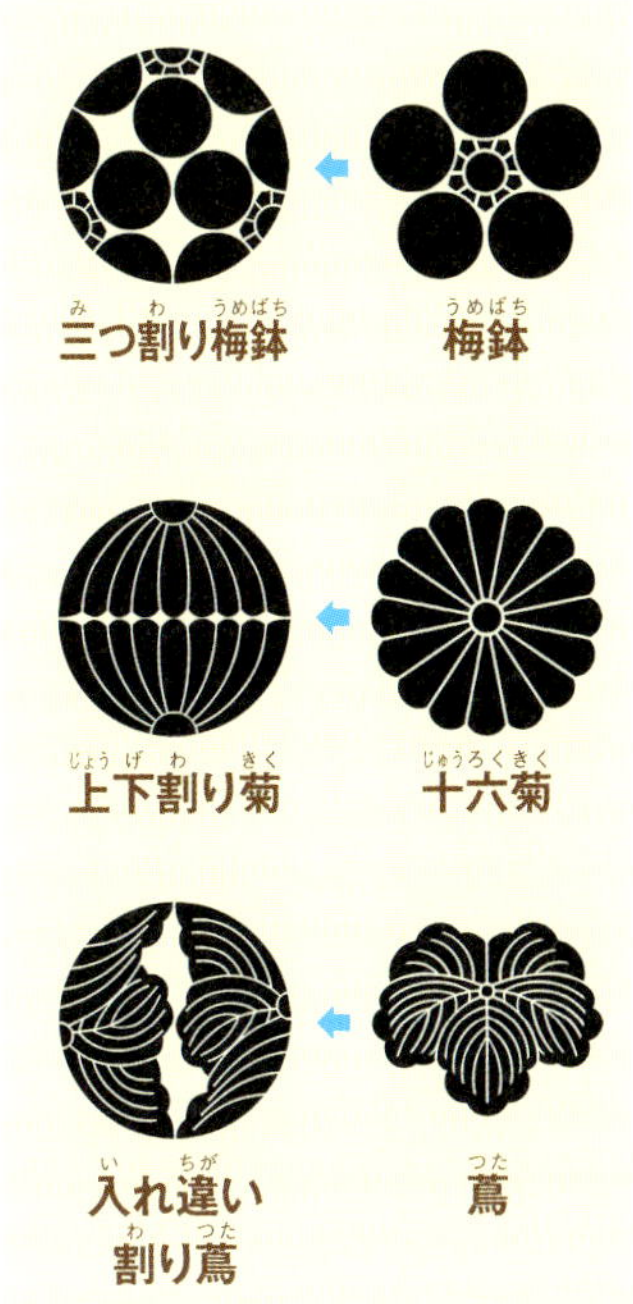

◇省略する

もとの紋の**一部を省略**するパターン。桐や蔦などの葉脈を省略したものなどがある。

家紋

礼装のときこそ家紋の出番

◆家紋の出番は冠婚葬祭

私たちにもっともなじみのある家紋といえば、おそらく**紋付**《もんつき》に付いた紋であろう。とはいえ、紋付姿を目にする機会といえば、結婚式や葬式ぐらいかもしれない。実は**家紋の有無**が礼装か否かの違いなのだ。着物に一つでも家紋が入っていれば、礼装として冠婚葬祭に着用できる正式な服になる。

家紋の数で礼装もランクが異なる。紋付は、紋の入る数によって、**五つ紋**、**三つ紋**、**一つ紋**に分けられる。

五つ紋は背中に一つ、左右の袖の背中側に一つずつ、左右の胸に一つずつ紋が入る。三つ紋は背中に一つ、左右の袖の背中側に一つずつ。一つ紋は背中に一つ。

第一礼装と呼ばれる礼装は、男性なら**黒羽二重**《くろはぶたえ》**染抜**《そめぬき》**五つ紋付**の羽織《はおり》と長着《ながぎ》（足首まである丈の長い着物）に、仙台《せんだい》平《ひら》の馬乗袴《うまのりばかま》。女性なら**染抜五つ紋付**である。既婚者は、縮緬《ちりめん》仕立ての黒留袖《くろとめそで》で裾模様付き。未婚者は、振袖《ふりそで》を着用する。

第一礼装は結婚式の新郎や両親、仲人、公式行事など格式高い式に出席する際の装いで、最高ランクのものだ。以上は慶事の場合で、弔事《ちょうじ》の場合は羽織紐《ひも》を変えたり、留袖を黒無地に変えたりと装いは異なる。

◆家紋が減れば略礼装

略礼装は他所に訪問する際の装い。結婚式や披露宴、入学式、卒業式、茶会など儀式ばらない礼装である。

男性は羽織や長着の生地に黒羽二重や御召《おめし》、紬《つむぎ》といったものを使い、**家紋を一～三つ**付けたもの。袴は必ずつけて着流しにはしない。女性の場合は未婚・既婚の区別はなく、色留袖《いろとめそで》、訪問着などの種類がある。色留袖は黒地でなく裾模様がついた着物。**紋は一～三つ**。訪問着は肩や背中、袖にも柄が入ったおしゃれな着物。**家紋は一つ**、もしくは付けなくてもよい。

以上は慶事の場合で、第一礼装と同様に弔事の場合は装いが異なる。ちなみに同伴者があるときは、男女の服装は同格のものを着用する。

第一礼装とは？

礼装の種類

第一礼装	公的行事の式典に出席する際に着用。また式の主催者が着る。	男性	羽織と長着の生地は黒羽二重、紋は染抜五つ紋、袴は仙台平の馬乗袴。
		女性	生地は黒縮緬で裾模様つき、紋は染抜五つ紋。未婚の女性は振袖を着る（色柄でもOK）。
略礼装	冠婚葬祭などの式に招かれた人が着る、あまり儀式ばらない礼装。	男性	羽織と長着の生地は黒以外の羽二重、御召、紬。この順で格式が高くなる。紋は一～三つに。
		女性	色留袖や訪問着など多くの種類がある。色留袖は裾だけに模様がある着物で、紋は一～三つ。訪問着は肩、背中、袖に柄の入った鮮やかな着物で家紋はなくてもよい。

家紋

寺社紋と家紋の関係

◆寺社紋は鎌倉時代に定着

神社の紋を**神紋**《しんもん》といい、寺院の紋を**寺紋**《じもん》という。いずれも、家紋が武士の間に広まった鎌倉時代に定着したとされる。

神紋は、ご神体にかかわりのあるもの、伝説にもとづいて図案化したものなどが多く、たとえば、天満宮《てんまんぐう》の神紋が**梅**《うめ》**（梅鉢**《うめばち》**）紋**であるのは、祀《まつ》られている**菅原道真**《すがわらのみちざね》が、生前梅を愛し、京を去るときに「東風吹《こちふ》かば匂《にほ》ひをこせよ　梅の花　主《あるじ》なしとて春な忘れそ」と詠んだことにちなんでいる。

寺紋は神紋にならってつくられたようで、出家する前の家の紋を寺紋にするなど**開祖**にちなんだものが多い。そのほか、教義にもとづいたものや、宗派に関係なく「卍」を寺紋としている寺院もある。

◆「葵の御紋」の秘密

家紋が庶民の間にも広まっていったのは、**神社信仰の影響**だともいわれる。神紋を目にした庶民が、自分の家にも紋が欲しいと思い立ち、神紋を拝借したり、神紋を参考に新しく作ったのだ。

ところで、いわゆる「**葵**《あおい》**の御紋**《ごもん》」で知られる徳川家の三つ葵は、賀茂別雷《かもわけいかづち》神社の神紋である**賀茂葵**《かもあおい》に由来するという説がある。賀茂別雷神社が賀茂葵を神紋としたのは、葵の葉を神事に使用してきたという経緯によるが、徳川家の先祖が賀茂別雷神社の氏子《うじこ》だったことから、徳川家康が葵を家紋にしたというのだ。

◆戦国武将の家紋が寺社紋に

その徳川家の三つ葵は、実は徳川家の菩提《ぼだい》寺である**増上寺**《ぞうじょうじ》**の寺紋**でもある。家紋に由来する寺紋というわけだ。

また家紋が神紋になることもある。上杉謙信《うえすぎけんしん》を祀る**上杉神社**は上杉家の家紋である**上杉笹**で、武田信玄を祀る**武田神社**は武田家の家紋の**武田菱**を神紋としている。このように祀られている人物が使っていた家紋を神紋とする例は少なくないようである。

主な神紋

石清水八幡宮《いわしみずはちまんぐう》

【京都】応神天皇と神功皇后を祀る。

八坂《やさか》神社

【京都】全国の祇園神社はこの瓜紋を使う。

北野天満宮

【京都】星梅鉢のほかに松紋も神紋に用いる。

賀茂別雷《がもわけいかづち》神社

【京都】徳川家の三つ葵の由来といわれる。

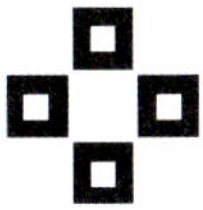

乃木《のぎ》神社

【全国】明治の軍人、乃木希典を祀る。

住吉《すみよし》大社

【大阪】海の神、住吉三神、神功皇后を祀る。

上杉神社

【山形】上杉謙信を祀る。神紋は上杉笹。

戸隠《とがくし》神社

【長野】鎌卍という4本の鎌を卍型に配置。

三嶋大社

【静岡】頼朝が源氏再興を祈願した神社。

出雲《いずも》大社

【島根】この地方は神紋の影響で亀甲紋が多い。

太宰府《だざいふ》天満宮

【福岡】各地の天満宮は梅(梅鉢)紋を使う。

阿蘇《あそ》神社

【熊本】違い鷹の羽。阿蘇十二明神を祀る。

主な寺紋

成田山新勝寺《しんしょうじ》

【千葉】寺紋は変わり輪宝。輪宝は仏語。

増上寺

【東京】徳川家の菩提寺で浄土宗の大本山。

建長寺《けんちょうじ》

【神奈川】北条時頼が創建。寺紋は北条鱗。

善光寺《ぜんこうじ》

【長野】寺紋は立葵。本田善光が祖。

池上本門寺

【東京】寺紋は日蓮宗の寺院に共通。

比叡山延暦寺

【滋賀】菊花の芯に輪宝。最澄が開山。

西本願寺

【京都】寺紋は下がり藤の一種。

高野山金剛峯寺《こんごうぶじ》

【和歌山】寺紋は桐紋のほか左三つ巴も。

家紋

現代の紋章1 県章・市章・校章

現代流・家紋の活かし方

現代になって家紋の出番は少なくなったものの、家紋は**紋章**――**シンボルマーク**に形を変えて、いろいろなところで使われている。私たちがよく目にする紋章は県章、市章、校章、社章（➡P127）だろう。

家紋が家を象徴する印であるように、それらも都道府県、市町村、学校、会社を象徴する印として機能する。そのデザインも家紋の影響を濃く受けている。

都道府県や市町村のシンボルマークは、役所に行けばいたるところで見られる。ホームページやマンホールのふたなど、意外に多く目にできる。

県章は県名やその県の特徴を図案化したものが目立つ。愛知県の県章は太平洋に面した地理を表す**波頭**《はとう》と「あいち」の文字を図案化したもの。埼玉県のものはユニークで、埼玉県の県名の由来になった**幸魂**《さきみたま》（幸福を与える神霊魂）の「魂」を**まが玉**に見立て、それを16個並べたものを県章にしている。

市章には、かつてその土地を治めた武将や大名の家紋をアレンジして用いる例が多い。仙台市の紋章は**伊達氏**の家紋である**丸に立て三つ引き**をうまく取り入れたものになっている。ほかにも鎌倉市と源頼朝《みなもとのよりとも》、甲府市と武田氏、鹿児島市と島津氏は、それぞれゆかりの武将の家紋をモチーフとしている。

校章のデザインはさまざま

校章は学校内に入れば、先の県章や市章よりも多く目にできるはずだ。

まず文字通り「大学」の文字をアレンジした校章。**法政大学**の校章のように、旧字体の「**學**」を使ったものが目立つ。家紋の意匠をもとにした校章もあり、**筑波大学**の校章は五三桐《ごさんきり》をちょっと変えた独自紋である。

節目に校章を新しくする学校もある。**大阪大学**と**東北大学**はそれぞれゆかりのある**銀杏**《いちょう》と**萩**の意匠をふまえつつ、現代人の印象に残りやすい形に変えている。

時代とともに家紋の図柄は進化してきた。紋章も同様に進化を続けているのだ。

県章・市章の例

仙台市紋章
丸に立て三つ引きと仙台市の「仙」の字を図案化したもの。

静岡県県章
県民から公募。富士山と静岡県の地形を曲線で表現している。

埼玉県県章
県名の由来でもある幸魂を16個を並べたもの。

愛知県県章
旭日波頭という文様と「あいち」を図案化したもの。

犬山市市章
犬山藩藩主の成瀬氏の家紋、丸に一の字をそのまま使用している。

鹿児島市紋章
島津氏の丸に十の字と「市」を図案化。矢印は四方八方の発展を象徴。

甲府市市章
割菱は武田氏の家紋から、亀甲は甲府の「甲」の象形文字を表す。

鎌倉市市章
源頼朝ゆかりの地であり、源氏の家紋といわれる笹龍胆をデザイン。

校章の例

東北大学の校章
創立100年を期にデザイン。宮城野や仙台を象徴する植物「萩」をモチーフにしている。

大阪大学の校章
創立60周年を期にデザイン。もともと銀杏の校章で、三つの円弧の組み合わせで構成。

筑波大学の校章
1903年の東京高等師範学校時代より校章に。花の部分のみ「陰」で表される独特なもの。

法政大学の校章
創立以来何度か変更されたが、現在のものは1930年に制定。大学の2字を図案化したもの。

九州大学の校章
1949年に学生公募し、松の葉をモチーフにしたものを採用。当時は付近に松原が広がっていた。

同志社大学の徽章
1893年に制定。正三角形を3つ寄せたもので、国や土を意味するアッシリア文字「ムツウ」を図案化したもの。

東京女子大学の校章
初代学長の新渡戸稲造が制定。犠牲(Sacrifice)と奉仕(Service)というキリストの精神を示す2つのSで構成。

慶應義塾大学のペンマーク
1887年頃、塾生が考案。一説には教科書にあった「ペンには剣に勝る力あり」の語にヒントを得たものといわれる。

家紋

現代の紋章2 社章・ブランドマーク

◆社章として生きる家紋

江戸時代の商家は、商品や暖簾《のれん》に独自の印を付けていた。商家の印は「**屋《や》号《ごう》**（**店章《てんしょう》**）」と呼ばれる。その後、店が大きくなって会社組織となると、その屋号は社章やブランドマークに形を変えて、現在もあちらこちらで見ることができる。

屋号は家紋の影響を受けており、現在、企業が使用している社章やブランドマークにも、その面影を見ることができる。特に伝統のある企業は、創業者の家紋に由来する印を用いてデザイン化したりしているようだ。

◆島津製作所の「丸に十の字」

島津製作所《しまづせいさくしょ》の**丸《まる》に十《じゅう》の字《じ》**の社章は、創業者である**島津源蔵《しまづげんぞう》**が、島津家の家紋を商標として定めたことに由来しているが、それは源蔵の祖先が薩摩《さつま》の武将、島津義弘《よしひろ》（➡P90）から贈られたものだとされる。

豊臣秀吉《とよとみひでよし》の治世、義弘は京都伏見《ふしみ》からの帰途、秀吉から新たに拝領した播《ばん》州姫路《しゅうひめじ》の領地に立ち寄った。

このとき、播州に住んでいた源蔵の祖先が義弘一行を世話したことから、感謝の印として「島津」の名字と「**丸に十の字**」の家紋を贈られたという。

◆スリーダイヤの由来

三菱グループのマークとして有名な**スリーダイヤ**も家紋由来のデザインだ。

創業者の**岩崎弥太郎《いわさきやたろう》**は土佐《とさ》の下級武士だったが、先祖は甲斐《かい》の小笠原《おがさわら》氏で、その家紋が**三階菱《さんかいびし》**。そこで起業するにあたり、その三階菱と土佐藩主の山内《やまうち》家の**三《み》つ柏《かしわ》**（**土佐柏**）を組み合わせたマークをつくり、社章としたのだ。

ちなみに、**三菱鉛筆**もスリーダイヤを使っているが、三菱グループとは関係がない。ただし、こちらも家紋由来で、創業者である**眞崎仁六《まさきにろく》**が、家紋の**三鱗《みつうろこ》**と3種の鉛筆を合わせて図案化したものである。

これからも新たな企業の登場とともに、家紋をモチーフとした新たなデザインが生み出されていくに違いない。

屋号と社章とブランドマーク

右の絵は駿河町の呉服店越後屋の様子。1673年に三井高利が江戸本町で開店した越後屋は、1683年に駿河町に移転し、両替店を併設した。暖簾に丸に井桁三の屋号が染め抜かれている。この越後屋は現在の三越で、両替屋は現在の三井住友銀行の前身である。

歌川広重
『東都名所　駿河町之図』
国立国会図書館蔵

キッコーマン

キッコーマンのトレードマーク。漢字では亀甲萬。香取神社の亀甲紋と鶴は千年、亀は萬年の「萬」を取り合わせた。

島津製作所

1875年に島津源蔵が創業し、理化学器械製造を開始。社章は均整な美しさとなるよう数値を割り出して作られた。

三越

1673年に呉服店越後屋として開業。現在の店章は1872年に丸に井桁三より改めた際に生まれたもの。

二つの「三つ菱」

三菱鉛筆

三鱗 & 鉛筆 →

三菱鉛筆のマークは鉛筆が逓信省（現総務省、日本郵便ほか）に採用された記念に図案化したもの。創業者の眞崎仁六の家紋である三鱗と採用された3種の濃さの鉛筆を合わせて三菱のマークを作り上げた。

三菱グループ

三階菱 + 三つ柏 →

1870年に土佐藩の岩崎弥太郎が始めた海運業、九十九商会が始まり。73年に三菱商会を創業するにあたり、岩崎氏の先祖、小笠原氏の三階菱をばらして、土佐藩の三つ柏に組み込んで三菱のマークを作り上げた。

家紋

歌舞伎役者の紋

◆庶民に広がった役者の紋

江戸時代、**歌舞伎**は庶民にもっとも人気のある娯楽だった。当時の流行をリードしていて、人気の役者が舞台で用いた紋が町人の間で大流行し、その紋の入った品を多くの人が身につける、といった現象がおきている。その結果、家紋は庶民にとって**身近なもの**となっていった。

　庶民に家紋が広がるきっかけともなった歌舞伎役者の紋であるが、着々と歴史を重ね、現在ではその紋は家と、さらには家に伝わる芸の伝統を象徴するものとなっている。

◆市川團十郎の「三枡」

たとえば、成田屋《なりたや》**市川團十郎**《いちかわだんじゅうろう》の**三枡**《みます》は、初代の團十郎が初舞台の時に贔屓《ひいき》の客から三つの枡を贈られたことに由来するといわれる。

　この三枡は、「**見ます見せます**」の縁起をかついだものだとも、「二升五合《にしょうごごう》（二升〔ますます〕と五合〔半升〕）で、ますますはんじょう＝益々繁盛と判じ読む）」の上をいく意味がこめられているともいわれる。この三枡の入った衣装を着て團十郎は、「暫《しばらく》」などの演目を演じた。

　現代においても、「暫」を始めとする、成田屋のお家芸である歌舞伎十八番の衣裳には、三枡を見ることができるだろう。

◆伝統が息づく歌舞伎役者の紋

音羽屋《おとわや》の**尾上菊五郎**《おのえきくごろう》の紋は**重**《かさ》**ね扇**《おうぎ》**に抱**《だ》**き柏**《かしわ》である。これは初代の菊五郎が贔屓の筋から柏餅をいただいたときに、扇に載せて賜ったことに由来するデザインだという。

　そのほか、岩井半四郎《いわいはんしろう》の丸《まる》に三《み》つ扇《おうぎ》、市川猿之助《いちかわえんのすけ》の立《た》ち沢瀉《おもだか》、中村吉右《なかむらきちえ》衛門《もん》の揚羽蝶《あげはちょう》、坂東三津五郎《ばんどうみつごろう》の三《み》つ大《だい》の字《じ》など、歌舞伎役者の紋はそれぞれに歴史と伝統をもっている。

　現代では家紋は日常的なものではなくなってしまったが、歌舞伎の世界では今なおしっかりと息づいているのである。

歌舞伎役者の主な紋

『役者錦絵帖　岩井半四郎・市川團十郎・市川福猿改市川新七郎・中村仲蔵』 国立国会図書館蔵

歌舞伎役者の浮世絵は、美人画とならんでその数は膨大だ。現代のブロマイド的なものとして、また公演のチラシとして庶民に好まれた。

源氏香《げんじこう》

中村仲蔵《なかむらなかぞう》

初代は新演出を試み名をなした。舞踊の名人で舞踊劇を大成。

三枡《みます》に新《しん》の字《じ》

市川新七郎《いちかわしんしちろう》

役者は本家から分家する際、デザインにアレンジを加えた。

三枡《みます》

市川團十郎《いちかわだんじゅうろう》

屋号は成田屋。初代は荒事芸の開祖で現代まで続く大名跡。

丸《まる》に三《み》つ扇《おうぎ》

岩井半四郎《いわいはんしろう》

屋号は大和屋。4代目より女形の役者として名を馳せる。

三《み》つ大《だい》の字《じ》

坂東三津五郎《ばんどうみつごろう》

屋号は大和屋。7代目は舞踊の名手で坂東流舞踊の家元。

重《かさ》ね扇《おうぎ》に抱《だ》き柏《かしわ》

尾上菊五郎《おのえきくごろう》

屋号は音羽屋。6代目は初代吉右衛門と歌舞伎に新風を入れた。

揚羽蝶《あげはちょう》

中村吉右衛門《なかむらきちえもん》

屋号は播磨屋。初代は6代目尾上菊五郎と菊吉時代を築いた。

立《た》ち沢瀉《おもだか》

市川猿之助《いちかわえんのすけ》

屋号は沢瀉屋。3代目はスーパー歌舞伎を立ち上げた。

3章 家紋と名字の社会学

名字

日本の名字ランキング

◇日本初の名字ランキング

日本人の名字は、約10万種とも30万種ともいわれている。そんななかで、ある時期まで日本でいちばん多い名字は「**鈴木**」といわれていた。しかし最近では「**佐藤**」を第1位とするものが多い。これは名字ランキングの世代交代が影響している。

名字ランキングもさまざまなものが存在し、その中でもっとも古いのが「**佐久間ランキング**」である。1972年に発表されたもので、名字研究家の佐久間英氏が、家族とともに7年がかりで作成したという。

ここで1位になったのが鈴木で、日本初の全国規模の調査だったこともあり、以来これが名字ランキングの定番として扱われ、「**『鈴木』が日本一**」という認識が広まった。

◇後続の名字ランキングたち

佐久間ランキングに続く成果といえるのが、1987年に発表された「**第一生命ランキング**」。第一生命が、約1000万人の自社の契約者を対象に調査したもので、ここでは佐藤が1位になった。

コンピューターを駆使した初めての名字ランキングで、非常に画期的なものだったが、当時はカナ表記で処理することしかできず、たとえば、「阿部」「安部」などが同じものとされている。

そして2001年には3000万人のサンプルを分析した「**村山ランキング**」が発表された。『日本の苗字ベスト30000』（新人物往来社）で村山忠重氏が調査を行ったもの。全国の電話帳をベースに分析・作成したものだ。次いで2008年に**明治安田生命保険**が**全国同姓調査**を実施。これは加入者約600万人を対象に調査を行い、全国別、都道府県別に調査結果を発表している。

左にもっとも古い佐久間ランキングと最新の明治安田生命保険のランキングを並べた。比べるとトップ10はほとんど入れ替わっていない。ちなみに、だいたい100位までの名字で**全人口の2割**を占めている。

佐久間ランキング			
1	鈴木	51	前田
2	佐藤	52	藤井
3	田中	53	原
4	山本	54	三浦
5	渡辺	55	石井
6	高橋	56	小野
7	小林	57	片山
8	中村	58	吉村
9	伊藤	59	上野
10	斎藤	60	宮本
11	加藤	61	横田
12	山田	62	西川
13	吉田	63	武田
14	佐々木	64	中川
15	井上	65	北村
16	木村	66	大野
17	松本	67	竹内
18	清水	68	原田
19	林	69	松岡
20	山口	70	矢野
21	長谷川	71	村上
22	小川	72	安藤
23	中島	73	西村
24	山崎	74	関
25	橋本	75	菊池
26	森	76	森田
27	池田	77	上田
28	石川	78	野村
29	内田	79	田辺
30	岡田	80	石田
31	青木	81	中山
32	金子	82	松田
33	近藤	83	丸山
34	阿部	84	広瀬
35	和田	85	山下
36	太田	86	久保
37	小島	87	松村
38	島田	88	新井
39	遠藤	89	川上
40	田村	90	大島
41	高木	91	野口
42	中野	92	福島
43	小山	93	黒田
44	野田	94	増田
45	福田	95	今井
46	大塚	96	桜井
47	岡本	97	石原
48	辻	98	服部
49	横山	99	藤原
50	後藤	100	市川

佐久間英『日本人の姓』(六芸書房・1972 年発表)より

明治安田生命保険全国同姓調査			
1	佐藤	51	松田
2	鈴木	52	原田
3	高橋	53	中野
4	田中	54	小野
5	渡辺	55	田村
6	伊藤	56	藤原
7	中村	57	中山
8	小林	58	石田
9	山本	59	小島
10	加藤	60	和田
11	吉田	61	森田
12	山田	62	内田
13	佐々木	63	柴田
14	山口	64	酒井
15	松本	65	原
16	井上	66	高木
17	木村	67	横山
18	清水	68	安藤
19	林	69	宮崎
20	斉藤	70	上田
21	斎藤	71	島田
22	山崎	72	工藤
23	中島	73	大野
24	森	74	宮本
25	阿部	75	杉山
26	池田	76	今井
27	橋本	77	丸山
28	石川	78	増田
29	山下	79	高田
30	小川	80	村田
31	石井	81	平野
32	長谷川	82	大塚
33	後藤	83	菅原
34	岡田	84	武田
35	近藤	85	新井
36	前田	86	小山
37	藤田	87	野口
38	遠藤	88	桜井
39	青木	89	千葉
40	坂本	90	岩崎
41	村上	91	佐野
42	太田	92	谷口
43	金子	93	上野
44	藤井	94	松井
45	福田	95	河野
46	西村	96	市川
47	三浦	97	渡部
48	竹内	98	野村
49	中川	99	菊地
50	岡本	100	木下

明治安田生命保険調べ（2008年8月調査）

名字

名字の都道府県別ランキング【東日本】

◇東日本は「鈴木」が多い

約10万種とも30万種ともいわれる日本人の名字であるが、人口の**約1割**が名字ランキングの**トップ10**で占められ、**約2割**が**100位**までに、その残りがさまざまな名字を用いている。たとえばトップ10に入る名字を除くと、自分と同じ名字の人に出会う確率はかなり低いといえよう。また、地域によっても名字の分布はかなり異なっている。

まずは東日本。武家由来の名字が多く、「藤」の付く名字も多い。関東では鈴木が多いのも特徴的である。

鈴木は熊野信仰から生まれ、信者に広く名字を与えたことが由来。中世には熊野から東海、関東、東北地方に多くの人々が移住し、熊野信仰の布教とともに鈴木姓が普及したようだ。

◇各地域の特徴

北海道は明治時代に東北地方や北陸地方から入植した人が多く、名字ランクの傾向が似ている。東北地方は佐藤と鈴木、そして佐々木が上位に目立っている。

佐藤は武家の名字で、鎌倉時代に武家が領地の農民に名字を与えていったことから広まった。秋田と山形では県民の7パーセントが佐藤であるようだ。

関東地方は鈴木が多いが、首都圏は人の出入りが激しく、それ以上の特徴はあきらかではない。

北陸地方は新潟が東北地方に、ほかの3県は西日本の影響を受け、近畿地方に似た名字分布となっている。

甲信地方は**小林**姓が目立つ。小林は信濃国《しなののくに》（長野）伊那郡《いなぐん》が大きな発祥地のためだ。長野3位の**丸山**は甲斐《かい》を治めた武田氏の分家。山梨3位の**望月**は信濃国佐久郡《さくぐん》望月から出た武家、望月氏が発祥で、山梨や静岡に移り住んだ人々がその末裔《まつえい》である。

東海地方は関東地方同様、古来より人の出入りが激しく名字の傾向は少ない。ただし天下人《てんかびと》である**織田信長**、**豊臣秀吉**、**徳川家康**はすべて愛知の出身で、その家臣の名字は全国に広がっていった。静岡4位の**杉山**は、家康の家臣にその名が残っている。

名字の特徴―東日本編

北海道	名字の傾向は東北と北陸地方に似ている。
東北地方	佐藤と鈴木が多い。佐々木も多い。
関東地方	鈴木が多いほかは、人の出入りが多く特徴なし。
北陸地方	新潟は東北の分布に、他三県は近畿の分布に似る。
甲信地方	長野発祥の小林姓と武田氏の分家の姓が目立つ。
東海地方	愛知出身の武将の名字が全国に広まる。

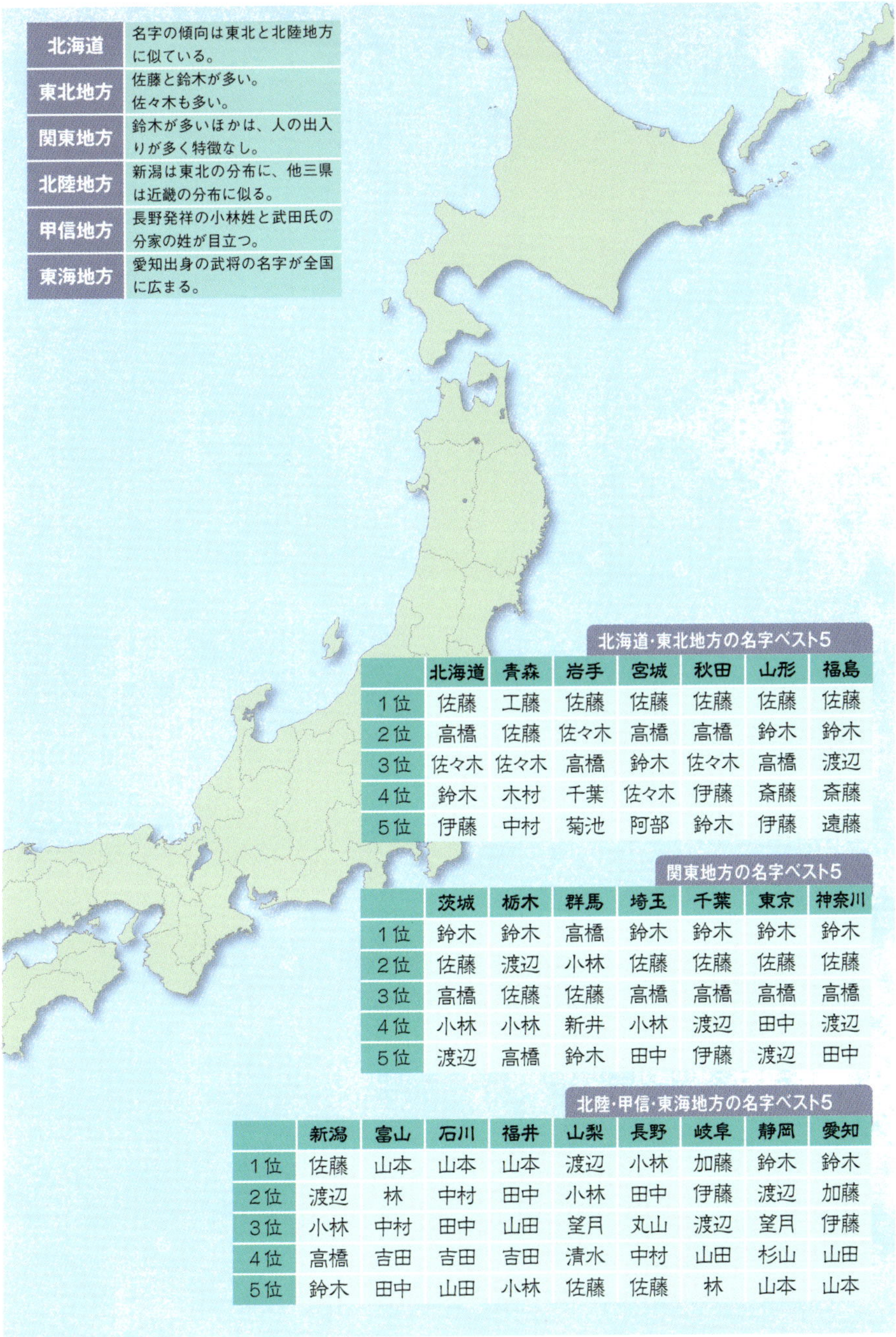

北海道・東北地方の名字ベスト5

	北海道	青森	岩手	宮城	秋田	山形	福島
1位	佐藤	工藤	佐藤	佐藤	佐藤	佐藤	佐藤
2位	高橋	佐藤	佐々木	高橋	高橋	鈴木	鈴木
3位	佐々木	佐々木	高橋	鈴木	佐々木	高橋	渡辺
4位	鈴木	木村	千葉	佐々木	伊藤	斎藤	斎藤
5位	伊藤	中村	菊池	阿部	鈴木	伊藤	遠藤

関東地方の名字ベスト5

	茨城	栃木	群馬	埼玉	千葉	東京	神奈川
1位	鈴木	鈴木	高橋	鈴木	鈴木	鈴木	鈴木
2位	佐藤	渡辺	小林	佐藤	佐藤	佐藤	佐藤
3位	高橋	佐藤	佐藤	高橋	高橋	高橋	高橋
4位	小林	小林	新井	小林	渡辺	田中	渡辺
5位	渡辺	高橋	鈴木	田中	伊藤	渡辺	田中

北陸・甲信・東海地方の名字ベスト5

	新潟	富山	石川	福井	山梨	長野	岐阜	静岡	愛知
1位	佐藤	山本	山本	山本	渡辺	小林	加藤	鈴木	鈴木
2位	渡辺	林	中村	田中	小林	田中	伊藤	渡辺	加藤
3位	小林	中村	田中	山田	望月	丸山	渡辺	望月	伊藤
4位	高橋	吉田	吉田	吉田	清水	中村	山田	杉山	山田
5位	鈴木	田中	山田	小林	佐藤	佐藤	林	山本	山本

明治安田生命保険 全国同姓調査より

名字

名字の都道府県別ランキング【西日本】

◆田中と山本が多い理由

西日本の名字の傾向としては、**田中**と**山本**が多く、東日本と比べて各地方別ベスト5に入る名字の種類が豊富で、鈴木が少ない。鈴木が少ないのは、熊野信仰は東日本を中心に普及したためといわれる。

田中も**山本**も地形姓のため出自が多彩で、どこにでも見られる姓だが、両姓が西日本に多い理由はさまざまだ。**田中**は稲作の伝播が西日本から始まっていったことを理由にする説もある。神主に山本姓が多いので山本は山岳信仰の布教に関連があるかもしれない。

◆西日本の名字の特徴

近畿地方は田中、山本、中村が多く、**「藤」を含む名字が少ない**。他の地方では、藤原の出自を誇るために「藤」の字を名字に入れたが、中央の藤原氏は、近衛家や一条家など邸宅のあった地名などから名字をつけた。そのため「藤」を含む名字が少ないのである。

中国地方も田中、山本が上位を占める。そして**藤井**が目立つ。藤井は「藤居」とも書き、藤原の出自を示す名字だ。

四国地方は他国との交流が少なかったため、**特有の名字**が多い。香川3位の**大西**は阿波国《あわのくに》（徳島）の大西氏が由来といわれる。また、愛媛は村上水軍を由来とする**村上**が4位にランクインしている。

九州地方は関西圏と異なった名字分布になる。

九州北部では**古賀**《こが》が目立つ。これは地名由来の名字で、長崎、佐賀、熊本には古賀という地名が多いことによる。古賀の由来はさまざまで、空き地をあらわす古語の「空閑《くが》」という説もある。

九州南部は特有の名字が多い。全国のトップ10に入る名字がほとんど外れ、特に宮崎には１００位圏外の名字が4つも入っている。宮崎1位の**黒木**は地形姓のようだ。針葉樹は別名で黒木ともいい、宮崎には針葉樹林が多く、黒木と呼ばれる地も多かったのだろう。

沖縄は地名由来の名前が多く、**比嘉**《ひが》、**金城**《きんじょう》、**宮城**《みやぎ》などはそのまま沖縄の地名にあるものだ。

名字の特徴—西日本編

近畿地方	田中、山本、中村が多く、藤を含む名字が少ない。
中国地方	田中、山本が多く、藤井が目立つ。
四国地方	他国との交流が少なかったためか、四国特有の名字が多い。
九州・沖縄地方	九州北部と南部で特徴が異なる。 沖縄は地名姓が多い。

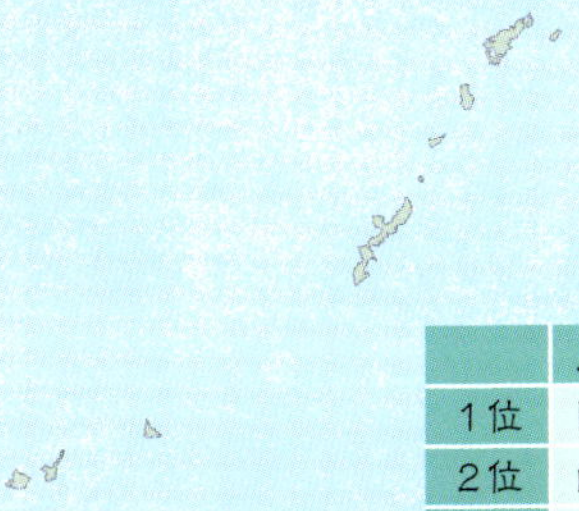

近畿地方の名字ベスト5

	三重	滋賀	京都	大阪	兵庫	奈良	和歌山
1位	伊藤	田中	田中	田中	田中	山本	山本
2位	中村	山本	山本	山本	山本	田中	田中
3位	田中	中村	中村	中村	井上	吉田	中村
4位	山本	西村	井上	吉田	松本	中村	松本
5位	加藤	山田	山田	松本	中村	松本	岡本

中国・四国地方の名字ベスト5

	鳥取	島根	岡山	広島	山口	徳島	香川	愛媛	高知
1位	田中	田中	山本	山本	山本	佐藤	田中	山本	山本
2位	山本	藤原	三宅	田中	田中	吉田	山本	高橋	山崎
3位	山根	山本	藤原	藤井	中村	林	大西	渡部	小松
4位	松本	佐々木	田中	高橋	藤井	田中	山下	村上	浜田
5位	前田	原	佐藤	佐藤	原田	近藤	中村	井上	高橋

九州・沖縄地方の名字ベスト5

	福岡	佐賀	長崎	熊本	大分	宮崎	鹿児島	沖縄
1位	田中	田中	山口	田中	佐藤	黒木	山下	比嘉
2位	中村	山口	田中	中村	後藤	日高	中村	金城
3位	井上	古賀	松尾	松本	河野	甲斐	田中	宮城
4位	古賀	中島	中村	村上	小野	河野	浜田	大城
5位	山本	中村	松本	山本	渡辺	長友	山口	玉城

明治安田生命保険 全国同姓調査より

名字

氏と姓と名字のなりたち

◇「氏」と「姓」

現代の日本では、日本人の名を〝**名字＋名前**〟で表している。「名字」が家の名を表し、「名前」が個人の名を表すという構造である。

この〝名字＋名前〟を「**姓名**《せいめい》」といったりもするが、もともと「**姓**《せい》」と「**名字**」は別物だった。

「姓《せい》」は5世紀末ごろ、天皇が自身に従う豪族に対し、「姓《かばね》」を与えたことに始まる。姓は豪族の地位を表すもので、豪族や貴族たちは「**臣**《おみ》」や「**連**《むらじ》」といった呼び名をもった。

ところが、同じ格付けのものはすべて「連」と呼ばれるため、区別がつかなくなる。そこで、姓の頭に「**氏**《うじ》」（親族や血筋を表す名称）」を付けて呼ぶようになった。「物部連《もののべのむらじ》」「平朝臣《たいらのあそん》」と呼ぶことで、個々の区別をつけたのである。

氏姓《しせい》は最初は天皇に従う者が名乗り、どんどんと広まっていった。7世紀末には庶民にも氏姓が与えられるようになった。

◇「名字」の登場

一方、「**名字**《みょうじ》」は、14世紀ごろに、「**家**」を継承する名称として定着したものである。

平安時代も末になると、出自を同じくするものが各地に増え、氏を区別する必要が生じてきた。そこで、在地領主が居住地や官職に由来する名称を、個人を特定するものとして名乗りだした。それが次第に広がり、やがて、家を表す名称となる。

家とは親子など直系血族の集団を表す言葉で、氏よりは小さい集団だ。

そして、フルネームとして、「**家**」を表す名字と「**出自**」を表す氏と姓の両方を使って表す方式ができた。たとえば、「織田《おだ》上総介《かずさのすけ》平朝臣《たいらのあそん》信長《のぶなが》」というふうに表すのである。この場合、「織田」が名字、「平」が氏、「朝臣」が姓である（「上総介」は官名）。

このように、もともと名字と姓は違うものだったのだが、現代の用法としては、ともに家を表す名字を意味する言葉として用いられている。

氏と姓と名字

氏《うじ》…親族集団、血筋を表す名称

氏は居住地名と朝廷における職業名に由来するものが多い。皇族の身分を失う際に与える場合もある。

地名から由来…蘇我《そが》、出雲《いずも》など
職業から由来…物部《もののべ》、犬養《いぬかい》など
天皇から賜る…藤原、源《みなもと》、平《たいら》、橘《たちばな》など

姓《かばね》…「氏」の地位を示す称号

姓は朝廷における世襲の職業、政治的地位、家柄を表すもので約30種類が存在する。

世襲の職業に……連《むらじ》、造《みやつこ》など
有力豪族に……臣《おみ》、君《きみ》など
官名が姓に……国造《くにのみやつこ》、薬師《くすし》、宿禰《すくね》など

名前は氏＋姓に

平安時代以降、朝臣はもっとも高い地位を表す姓として、多くの豪族が名乗った。

蘇我《そがの》臣《おみ》（氏：蘇我　姓：臣）
大伴《おおともの》連《むらじ》（氏：大伴　姓：連）
藤原《ふじわらの》朝臣《あそん》（氏：藤原　姓：朝臣）
平《たいらの》朝臣《あそん》（氏：平　姓：朝臣）

朝臣を名乗るものばかりで、同じ氏＋姓ばかりに。

名前は名字（家）＋氏＋姓に

氏＋姓では区別がつかず、「家」の名を加えて個々を区別した。

足利《あしかが》左馬頭《さまのかみ》源《みなもとの》朝臣《あそん》（名字：足利　官名：左馬頭　氏：源　姓：朝臣）
織田《おだ》上総介《かずさのすけ》平《たいらの》朝臣《あそん》（名字：織田　官名：上総介　氏：平　姓：朝臣）

家…直系の血族で構成される集団

家は家長の夫婦一世代では終わらずに、何世代も世襲されていくのが特徴。この家名が名字になった。

COLUMN

大化の改新が名字を促進？

645年に中大兄皇子、中臣（藤原）鎌足ら豪族がおこなった大化の改新。権力を握っていた蘇我氏を打倒し、さまざまな内政改革を実施した。税制や土地制度の管理のほかに、豪族の氏姓を登録させ、戸籍を作成した。

戸籍調査は庶民に対しても行われ、その際に庶民にも氏姓が与えられた。ただし、支配階級との区別がつくように、庶民用の氏姓が付けられたという。庶民には氏姓を好まず、使わない人も多かったようだ。

名字

地名・地形に由来する名字

◇地名に由来するケース

その由来から名字をみた場合、**地名姓**と**地形姓**でかなりの部分を占めるが、なかでももっとも多いのが、**地名**にもとづいたものだ。

「**名字**」という言葉の起こりが、中世の武士が自分の領地の地名を名乗ったことに始まっており、当然のようにも思えるが、地名を名乗ることで自他を区別しようという発想は、古来よりのものである。

古代日本の氏族の「**氏**《うじ》」も地名に由来するものは多い。たとえば**蘇我氏**《そが》・**葛城氏**《かつらぎ》・**飛鳥氏**《あすか》といった豪族の氏名《うじな》は、本拠地としていた大和国《やまとのくに》の地名に由来しており、なかには現在も名字として存在しているものもある。

そして、中世以降、広く名字が定着していく過程においても、地名を名字とするパターンがもっとも一般的だった。別の土地に移住したときに、**自分の出身地を名字にする**ということも行われた。特に**武士**は、自分の領地とした地域の地名を、そのまま名字とすることが多かった。

九条家や一条家といった**公家の名字**も、自分の屋敷があった地名がもとになっている。京都の地名にちなんだ呼称を用いて互いを区別したのだ。

明治になって**庶民**が新たに名字を作ることになったときも、多くの人が地名をもとにしている。

◇地形姓と方位姓

地形姓は、山や水田など、**その土地の特徴を由来とする名字**のことをいう。たとえば、山のふもとに住むから**山本**、川のそばに住むから**川辺**など、とてもシンプルなものである。田、池、沼、森、浜など地形を表す言葉は非常に多い。

もちろん、地形からその土地に名が付き、その土地の名を名字とすることも多く、地形由来と地名由来を明確に区別することは難しい。

地名姓は方位と結びついて名字となることも多く、これを**方位姓**と呼ぶ。**西郷**や**上杉**など、方角を表す漢字を含む名字は方位姓にあたる。

地名姓と地形姓

地名姓　その土地の地名をそのまま名字に

蘇我《そが》氏　曽我川《そがかわ》(奈良)の流域を領地にした一族。

春日《かすが》氏　春日山《かすがやま》(奈良)を本拠地とした一族。

葛城《かつらぎ》氏　葛城山《かつらぎさん》(奈良)周辺を本拠地とした一族。

大江氏　山城国大江《やましろのくにおおえ》郷(京都)を本拠地とした一族。

蘆名《あしな》氏　三浦半島西岸の蘆名を治めていた一族であることから。

真田《さなだ》氏　信濃国小県郡《しなののくにちいさがたぐん》真田(長野)が出自。

毛利《もうり》氏　相模国《さがみのくに》毛利荘(神奈川県厚木市)より興って「毛利」が名字に。

伊達《だて》氏　陸奥国《むつのくに》伊達郡(福島)を鎌倉幕府より賜り「伊達」と称した。

上杉氏　丹波国何鹿郡《たんばのくにいかるがぐん》上杉荘(京都府綾部市)を治め「上杉」を称した。

本多《ほんだ》氏　豊後国《ぶんごのくに》本多(大分)に住み、「本多」を称した。

地名姓　土地の特徴を名字に

山に関する名字

山本　山の神の下で神事を行う人。または山のふもとに住む人。

山口　山の入り口に住む人。

山田　山中に田畑を持つ人。

田畑に関する名字

田中　田を管理する中心人物。水田のそばに住む人。

新田　新しく開墾した土地＝新田が由来。「今田」も同じ。

石田　石や岩が多い開拓地が由来。「岩田」も同じ。

森林に関する名字

森　森の神の下で神事を行う人。または森のそばに住む人。

林　木の茂る場所に住む人。

川に関する名字

川辺　川のそばに住む人。「川岸」も同じ。

川上　川の上流に住む人。

方位由来の名字

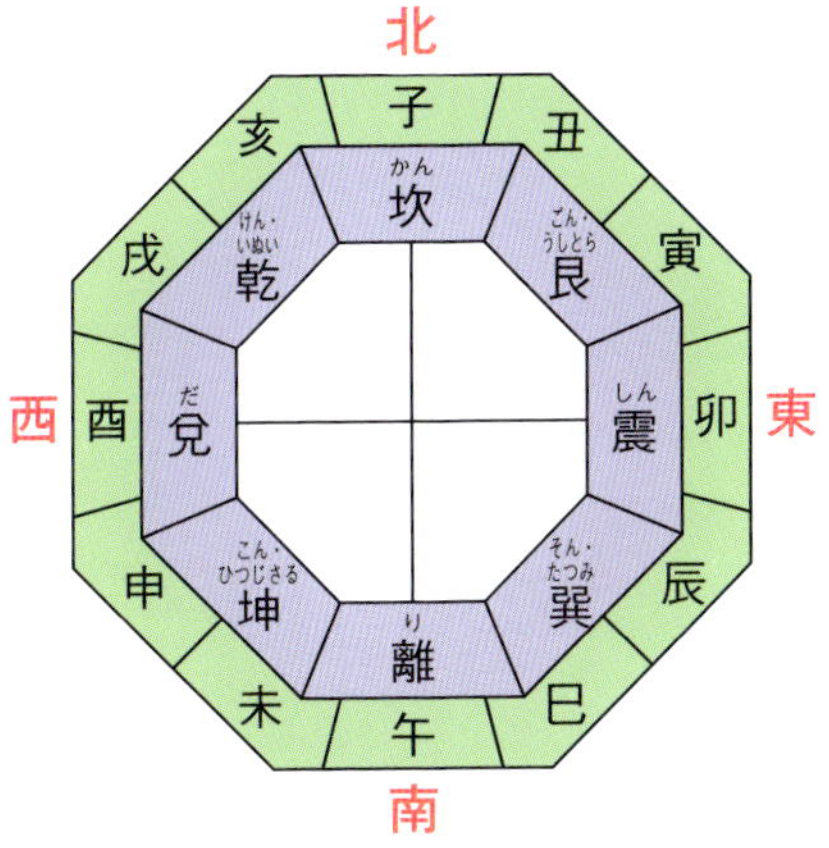

方位の名称として、外側から「東西南北」「十二支」「中国の方位表記」。

方位を表す漢字を含む名字を方位姓と呼ぶ。方位を示す漢字は東西南北のほかに十二支や「巽」や「乾」など中国の方位表記なども含むため、実に多くの名字がこれに当てはまる。上下も方位姓の構成要素である

東西南北と上下はとにかく多く、東野、西村、南浜、北山、上村、下山など実に多彩だ。

十二支の場合、たとえば都市の南東に住むため、「辰巳」や「巽」という名字を持った例がある。

主な例

東西南北が由来……東山、南村、北浜など

十二支が由来…………乾《いぬい》(戌亥)、辰村《たつむら》など

名字

古代の職業や地位が由来の名字

◆古代社会にあった名称が名字の由来

古代社会で使われた名称に由来する名字も多い。

４～５世紀から日本を治める大和《やまと》朝廷は、氏姓制度を作った以外にも、さまざまな官職や地位を作ったが、そうして生まれた名称が名字となっていった例もたくさんある。

まずは、朝鮮半島より技術を持ってきた**渡来人**《とらいじん》たちの例がある。朝廷はその技術に対し氏姓を授け、それが名字になっていった。機織《はたお》りの技術を持った**秦**《はた》**氏**、渡来人集団の長を表す「すぐり」が由来となった**村主**《すぐり》**氏**などがこれにあたる。

天皇より氏姓を賜《たまわ》り、それがそのまま名字となる場合もある。皇室の人々は名字を持たない。皇室を出て臣下となる場合は名字を持つことになる。

いわゆる「**源平藤橘**《げんぺいとうきつ》」は、皇室を離れる（臣籍降下する）親類に対して与えられたものである。そのほかにも、天武《てんむ》天皇の後裔《こうえい》である**清原氏**や**高階**《たかしな》**氏**、平城《へいぜい》天皇の後裔である**在原**《ありわら》**氏**がいる。明治時代に臣籍降下した**山階**《やましな》**氏**、**伏見**《ふしみ》**氏**もこれにあたる。

◆役職、官位に由来するケース

朝廷では、仕事内容によってさまざまな集団を組織した。その名称が名字となったケースもある。

鳥飼《とりかい》**氏**は鳥を飼う鳥飼部《とりかいべ》が由来だ。同じようなケースとして、犬を飼う犬《いぬ》飼部《かいべ》が**犬飼**《いぬかい》（**犬養**《いぬかい》）**氏**になっている。占いをする集団は卜部《うらべ》から**卜部**《うらべ》**氏**に、機織りをする集団からは**服部**《はっとり》**氏**、錦を織る集団からは**錦織**《にしごり》**氏**、弓を作る集団からは**弓削**《ゆげ》**氏**、矢を作る集団から**矢作**《やはぎ》**氏**が発祥している。

物部《もののべ》**氏**も似たような由来を持つ。古い言葉では武士は「もののふ」と呼ばれ、戦上手でもあったことから、一族は物部氏を名乗るようになった。

神社の神事を司る**神官の名字**もこれに当てはまる。阿蘇《あそ》神社の神官は**阿蘇**《あそ》**氏**。諏訪神社の神宮は**諏訪**《すわ》**氏**。熊野神社の神職は、神事の「すすき」を語源として、**鈴木氏**を名乗り、布教のためにその名字を与えた。

古代の事柄が名字の由来

渡来人がルーツ

秦《はた》　波田《はた》
村主《すぐり》　勝《すぐり》

古代に朝鮮半島より日本に渡来した人々が、その技術を評価されて名字を得た。秦氏は機織りの技術を持ってやってきた。秦の語源は「機」もしくは「パダ（海）」であるという。その後、同じ読みの波田に変わる例も。

渡来人の長は村主と表された。勝をすぐりと読ませるのは当て字である。

賜った氏姓がルーツ

源《みなもと》　平《たいら》　藤原
清原　在原《ありわら》

朝廷より氏や姓を与えられていた豪族が、そのまま名字として使用することもあった。

いわゆる「源平藤橘」は皇族だったものが身分を失った際に与えられた姓。権力への憧れから武士や庶民で名字として名乗る者もいた。清原と在原も同様で、清原は天武天皇、在原は平城天皇の後裔が名乗るために賜った姓である。

集団名がルーツ

鳥飼《とりかい》　犬養《いぬかい》
服部《はっとり》　弓削《ゆげ》

朝廷の命令によって、古代の一般民衆は「部」と呼ばれる組織に属した。その組織の名称が名字となったパターン。鳥飼は鳥を飼った「鳥飼部」より。犬養のもとは犬飼。朝廷で番犬用の犬を飼いならした「犬飼部」が由来。服部は服を機織りした服織部から。弓削は弓を作る弓削部に由来する。

信仰がルーツ

鈴木　宇井《うい》
榎本《えのもと》　阿蘇《あそ》

信仰から生まれた名字もある。熊野では、刈り取って束ねた稲を「すすき」と呼び、神が降りてくるとされた。そのことにちなみ、熊野神社の神職が「鈴木」を名乗ったのが始まり。熊野信仰の布教によって、信者に名字を与えた。宇井と榎本は鈴木とともに熊野神社を支える一族で、その名も布教とともに広がった。

COLUMN

当て字の名字は古代姓の証拠？

日本古来の地名や古代の職制、集団名がもとになった名字は変わった読み方をするものが多い。「やまと」や「すぐり」や「はっとり」などは漢字の音訓では読めない、いわゆる当て字である。古代日本で発音されていた言葉を、強引に漢字に当てはめているのだ。

たとえば、「長谷《はせ》」は古代姓のひとつで、万葉集にも出ている「初瀬川《はつせがわ》」が語源である。初瀬川は長く谷が続く川であったことから「長谷」となった。読みは「はつせ」が転じて「はせ」と呼ばれるようになったそうだ。

当て字が名字の人は、古代に続くルーツをたどれるかもしれない。

家紋

日本に多い名字の由来

明治安田生命保険と佐久間ランキング（↓P133）を比較し、その中で上位の名字74個の由来を紹介する。

【佐藤《さとう》】

日本最多とされる名字

各種の名字ランキングで日本最多となることが多い佐藤は、藤原氏の末《まつ》裔《えい》が名乗った名字である。ルーツとされているのは、藤原秀郷《ひでさと》の子孫である公清《きみきよ》が左衛門尉《さえもんのじょう》という役職についたとき、「**左衛門尉の藤原**」ということから「**左藤**」と名乗り、のちに「佐藤」となったというもの。また、秀郷が下野国《しもつけのくに》佐野（栃木県）に居を構えていたことから、「**佐野の藤原氏**」がもとになったという説などもあり、新潟の佐渡島を治める佐渡守《さどのかみ》になった藤原氏の子孫も佐藤を名乗ったとされる。現在、佐藤という名字が多いのは、この秀郷流の佐藤一族の子孫が栄えて各地に広がったことと、支配下の農民に気軽に同じ名字を与えたからと考えられている。

主な家紋使用例

下《さ》がり藤《ふじ》

源《げん》氏《じ》車《ぐるま》

【鈴木《すずき》】

紀伊半島の熊野にルーツ

佐藤と日本最多を争う鈴木は、紀伊国熊野《きいのくにくまの》（和歌山県）の発祥で、**熊野信仰**によって広まった名字である。熊野では、刈り取ったあとの稲を重ねたものを「**すずき**（**すすき**）」と呼び、そこは農耕の神様が降りてくる所とされていた。そこから**鈴木**を名字とする一族が現れ、熊野の神様の御子神《みこがみ》を祀《まつ》る**王子社《おうじしゃ》の神官**となった。やがて、熊野信仰と結びつき、その広範な布教活動を通して一族も発展、鈴木という名字も広まっていったのである。

そんななかで、もっとも栄えたのが三河《みかわ》に定着した鈴木氏だったが、彼らが徳川家康に従って大挙して江戸に移住したことで、関東でも鈴木が広がることとなった。江戸前期の仮名草子《かなぞうし》作者、鈴木正三《しょうさん》は三河鈴木氏の流れ。

主な家紋使用例

右廻《みぎまわ》り稲《いね》の丸《まる》

抱《だ》き稲《いね》

高橋《たかはし》

わが国最大の地名由来の名字

高橋は、わが国最大の**地名に由来する名字**とされる。

高橋という名字が多いのは、それだけ高橋という地名が多かったからで、大きな系統としては、**高橋神社**のあった大和国添上郡《やまとのくにそえかみぐん》高橋（奈良市）におこった高橋氏が挙げられる。高橋という名称は「**高い橋**」からきているが、それは橋梁《きょうりょう》を指すだけでなく、神の降臨を願う「**タカハシ**」（天と地を結ぶ高い階《きざはし》）」を指す言葉でもあった。

田中《たなか》

田んぼの中から発祥

地名由来の名字とされるが、地形由来の名字と考えるむきもある。ただ、田中が「**田の中**」を表しているとする見方にかわりはない。田中は日本各地に幅広く分布している名字だが、そんななかでは東北地方に田中は少ない。それは、古代においては、それほど米がとれなかったからである。ともあれ「田の中」で生きた先祖たちの思いが田中という名字を生んだのである。

渡辺《わたなべ》

ルーツは摂津国にあり

摂津国西成郡《せっつのくににしなりぐん》渡辺（大阪市）に嵯峨《さが》源氏の末裔《まつえい》の**源綱**《みなもとのつな》が住んで、渡辺と名乗ったのが始まり。この渡辺綱は、鬼を退治したなど、物語的な伝説が残っている人物である。渡辺綱の子孫は**渡辺党**という同族集団を組織、勇猛な戦いぶりで知られた。やがて各地に転じ、渡辺という名字が広まることとなった。

渡辺星《わたなべぼし》
渡辺氏（三河）など

伊藤《いとう》

伊勢の藤原氏＝伊藤

「**伊勢の藤原氏**」の意で、藤原秀郷の子孫である**尾藤基景**《びとうもとかげ》**が伊勢守**《いせのかみ》となったことから伊藤と名乗ったのが起源とされる。基景の一族は伊勢平氏に仕えて活躍、平家没落後は各地に散り、戦国大名に仕えるなどしたという。織田家に仕えていた伊藤家が、のちに**松坂屋**を興している。

ちなみに、**伊東**は、伊豆国田方郡《いずのくにたかたぐん》伊東に発祥した、地名由来の名字である。

中村《なかむら》

地名の「中村」が起源

「**中心となる村**」あるいは「**分村《ぶんそん》に対する本村《もとむら》**」という意味から各地に中村という地名があり、その地に住む人が中村と名乗ったことが由来。**仲村**、**中邑《なかむら》**なども構造は同じ。

中村という名字は全国に広く分布しているが、祖先の系統も藤原氏系、清和《せいわ》源氏系、桓武《かんむ》平氏系など多岐にわたっている。ちなみに仙台藩には、新田義貞の子孫を称する中村氏がいた。

小林《こばやし》

長野県でダントツの名字

雑木林のような「**小さな林**」がある場所に由来する地名から名字になったもので、北関東・甲信越に特に多い。

全国各地に発祥地があるが、なかでも有名なのが信濃国《しなののくに》伊那郡《いなぐん》小林村（長野県飯田市）と上野国《こうずけのくに》緑野郡《みどのぐん》小林（群馬県藤岡市）。前者は、**諏訪《すわ》氏の一族**が住んで小林と名乗り、後者は**小林党**として活躍した。この二つの氏族が小林を広めたといわれている。

山本《やまもと》

山は神聖な場所ゆえに

山本は「**山のふもと**」という地形由来の名字。古代の日本では、山は神が降りてくる神聖な場所であり、「**山のふもとで神を祀《まつ》る家**」を山本と呼ぶようになったという。

日本は山が多いこともあって各地に誕生、その系統も多い。**山元**も同じ起源で、九州南部では山元の名字が主流である。また清和源氏の一流に山本氏があり、一度没落したが軍人の山本五十六《いそろく》により再興した。

加藤《かとう》

加賀の藤原氏＝加藤

「**加賀《かが》の藤原氏**」の意で、藤原利仁《としひと》の子孫である**景道《かげみち》**が**加《か》賀介《がのすけ》**となったことから加藤と名乗ったのが起源とされる。

景道の子の景清《かげきよ》が伊勢国《いせのくに》（三重県）に移り、景清の子の景義《かげよし》は美濃国《みののくに》（岐阜県）に移ったことで、加藤は伊勢や美濃に広まっていった。現在でも愛知県や岐阜県の周辺に多い名字である。

加藤藤《かとうふじ》
加藤氏の代表紋

【吉田《よしだ》】

「よい田」や葦田が吉田に

各地で地名をもとに発祥したとされる。「**よい田**」がもとになっているほか、葦《あし》の生えている葦田《あしだ》からも生じている。「あし」が「悪《あ》し」に通じることから「よし」に変えて「よしだ」としたのである。

【山田《やまだ》】

「山の田んぼ」が山田に

「**山の田んぼ**」という土地の特徴からつけられた、地形由来の名字。日本は山が多く、山の中でも土地を見つけては開墾し水田とした。そんな山の田んぼが各地にあり、そこから山田が発祥した。

【佐々木《ささき》】

近江国の佐々木がルーツ

近江国蒲生郡《おうみのくにがもうぐん》佐々木（滋賀県）に宇多《うだ》源氏の**源経頼《つねより》**が住んで、佐々木を名乗ったのが始まりとされる。元来、沙沙貴《ささき》神社を氏神とする沙沙貴《ささき》山君《やまのきみ》がいたが、経頼が住んで同化したという。

平《ひら》四《よ》つ目《め》
佐々木定綱
など

【山口《やまぐち》】

「山の入り口」から山口に

「**山の入り口**」を意味する地形由来の名字。全国各地にあるが、特に九州に多く、なかでも佐賀県と長崎県では非常に多い名字となっている。一方、山口県は全国的に見て、山口という名字の少ない県である。

山口菱《やまぐちびし》
山口氏
（牛久藩）など

【松本《まつもと》】

「松の根元」から松本に

「**松の根元**」を意味する地形由来の名字。全国に分布しているが、特に西日本に多い。古代、**松は神霊のよりつくもの**として用いられるなど、聖なる木であったことも関係していると考えられている。

【井上《いのうえ》】

井戸がらみの地名が由来

「**井戸の上**」や「**井戸のそば**」を表した地名から生じた名字。主な氏族として、信濃国高井郡《たかいぐん》井上（長野県須坂市）に住んだ清和源氏の**源頼季《よりすえ》**が井上を名乗ったことに始まる系統があげられる。

井桁《いげた》
井上氏
（三河）など

【木《き》村《むら》】

青森県の津軽地方に多い

「**木のある村**」「**木の多い村**」を意味した地名から生じた名字である。全国に幅広く分布しているが、名門とされる著名な氏族は少ない。現在は青森県の津軽地方に多い名字となっている。

【清《し》水《みず》】

清水の湧き出る所に由来

地名となっている場合も含めて、全国の「**清水の湧き出る所**」に由来する名字である。清水が湧き出る環境にある山間部に多く発祥。現在は北関東から甲信越にかけて多い名字となっている。

【林《はやし》】

木々の茂る場所がルーツ

丸《まる》に林《はやし》の字《じ》
林氏（利仁流）
など

木々が茂り、**林**が形成されている場所におこった名字。**拝志郷《はいしごう》**や**拝師《はいし》郷**といった地名からできたケースもあり、古代氏族の**林氏**は、河内国志紀郡《かわちのくにしきぐん》拝志郷（大阪府藤井寺市）に発祥している。

【斎《さい》藤《とう》】

「斎宮頭＋藤原氏」＝斎藤

藤原利仁《としひと》の子・叙用《のぶもち》が、伊勢神宮に奉仕する**斎宮頭《さいぐうのかみ》**という官職についたことから斎藤を名乗ったのが始まり。「さいとう」の表記には**齋藤**、**齊藤**、**斉藤**もあるが、いずれも同じルーツである。

【山《やま》崎《ざき》】

山の稜線の先端を意味する名字

山崎は、「**山の稜線の先端**」を意味し、山裾《やますそ》が突き出した地形から地名にもなり、名字も生まれた。東日本では「やまさき」、西日本では「やまざき」の読みが多い。**山﨑**、**山嵜**も同じルーツ。

【中《なか》島《じま》】

「陸の中の島」を意味する名字

各地の**中島**という地名からおこった名字だが、中島には「**水の中の島**」と、「**陸の中の島**」がある。後者は、周りを囲われた特定の地域のことをいう。九州では「なかしま」と濁らないことも多い。

【森《もり》】

神が宿る場所から発祥

地名経由の場合も含め、各地の「**森があった場所**」におこった名字。古来、森は神が宿る神聖な場所と考えられており、そこで「**神を祀《まつ》る家**」が森を名乗ったりした。相模国愛甲郡《さがみのくにあいこうぐん》毛利荘におこった森氏の子孫に森蘭丸《らんまる》がいる。

【阿《あ》部《べ》】

ルーツは飛鳥地方？

阿部《あべ》
鷹《たか》の羽《は》
阿部氏（備後福山藩）
など

阿倍《あべ》、**安部《あべ》**なども同じルーツとされる。孝元《こうげん》天皇の子孫に大和国《やまとのくに》十市《とち》郡《ぐん》阿倍（奈良県桜井市）を発祥とする**阿倍氏**があり、陰陽師《おんみょうじ》安倍晴明《あべのせいめい》はその子孫だという。今の「あべ」もこの子孫が多いと考えられている。

【池《いけ》田《だ》】

池田という地名に由来

池田《いけだ》
備前蝶《びぜんちょう》
池田氏（備前）
など

池田は「**池の近くの田**」の意。各地の池田という地名から生じた名字で、全国に分布している。美濃国《みののくに》池田（岐阜県）に発祥した**池田氏**が有名で、子孫は岡山藩や鳥取藩の藩主を務めた。

【橋《はし》本《もと》】

「橋のたもと」に由来する名字

「**橋のたもと**」の意味で、各地に生じた名字である。なかでも西園寺《さいおんじ》家の支流で、代々、笛《ふえ》で朝廷に仕えた公家の橋本家が有名。14代将軍徳川家茂《いえもち》に嫁ぐ和宮《かずのみや》の母・**勧行院《かんぎょういん》**はこの橋本家の出である。

【石《いし》川《かわ》】

石川という地名に由来

石川龍胆《いしかわりんどう》
石川氏（加賀）
など

石川は「**石がごろごろしている川**」の意。各地の石川という地名から生じた名字である。蘇我《そが》氏の一族に**石川氏**があり、その子孫が加賀《かが》に移って、そこが石川郡になるという逆転現象もある。

【山《やま》下《した》】

「山のふもと」に由来する名字

由来としては山本と同じであり、「**山のふもと**」という意味で各地に生じた名字である。阿波国《あわのくに》山下に発祥の山下氏の流れに『南総里見八犬伝《なんそうさとみはっけんでん》』に登場する山下定包《さだかね》のもととなった山下定兼《さだかね》がいる。

【小川《おがわ》】

小川という地名に由来

小川は「**小さい川**」の意。各地の小川という地名から生じた名字である。最初に名字を用いたともいわれる武蔵七党《むさししちとう》の西党の**小川氏**は、武蔵野《むさしの》国《くに》多摩郡《たまぐん》小川郷（東京都あきる野市）の発祥。

【石井《いしい》】

石井という地名に由来

石井は地名由来の名字。「**石居**《いしい》」が原意で**固い土地に居住する**意を表すとも、「**石の多い水汲み場**」の意だともいわれる。千葉を筆頭に南関東に多く、西日本では岡山県に目立つ名字となってる。

【長谷川《はせがわ》】

発祥の地は初瀬川流域

大和国磯城郡初瀬《やまとのくにしきぐんはつせ》（奈良県桜井市）を流れる谷川を「**長谷**《はせ》**の泊瀬**《はつせ》（**初瀬**）**川**」といっていたのが、「**長谷川**」で「はせがわ」と呼ぶようになり、ここを根拠とした武士団が長谷川を名乗ったのが始まり。

【後藤《ごとう》】

「藤原氏の後裔」だから後藤

後藤は「**藤原氏の後裔**《こうえい》」の意。藤原利仁《としひと》の末裔の**則明**《のりあき》が**後藤太**《ごとうた》と称したことから後藤氏が始まり、やがて後藤という名字も広まっていったとされる。播磨《はりま》の後藤氏からは、豪傑として知られる後藤又兵衛《またべえ》が出ている。

【岡田《おかだ》】

岡田という地名に由来

岡田は「**少し高い所（岡）に作られた田んぼ**」の意。常陸国《ひたちのくに》や下総国《しもうさのくに》など、各地の岡田という地名から生じた名字である。現在では、中国、四国地方に多く、東北や九州には少ない。

【近藤《こんどう》】

「近江の藤原氏」＝近藤

藤原秀郷《ひでさと》の子孫の**脩之**《のぶゆき》が「**近江**《おうみ》**掾**《じょう》」という役職について、職名を藤原の「**藤**」と結びつけて名乗ったとも、近江の国名と結びつけて名乗ったともいわれている。現在、愛知県と四国に多い。

抱き角《だきつの》
近藤氏（武蔵）など

前《まえ》田《だ》

「手前のほうにある田」に由来

「**手前のほうにある田**」の意で各地に生じた名字。加《か》賀《が》藩主の**前田氏**が有名だが、その発祥は尾張《おわり》（愛知県）とも美濃《みの》（岐阜県）ともいわれる。

藤《ふじ》田《た》

藤田という地名に由来

藤田は「**藤のある田**」。縁《ふち》や淵《ふち》から転じた「**田んぼのふち**」とする説もある。武蔵国榛沢郡《はんざわぐん》藤田（埼玉県）に発祥した猪俣《いのまた》党の**藤田氏**が有名。

遠《えん》藤《どう》

「遠江の藤原氏」＝遠藤

「**遠江《とおとうみ》の藤原氏**」の意で、藤原南家の子孫が遠江国（静岡県）に住んで**遠藤**と名乗ったのが始まりだという。北関東から東北にかけて多い。

青《あお》木《き》

青木という地名に由来

青木は「**青い木**」の意。各地の青木から生じた名字で、武蔵国入間郡《いるまぐん》青木村（埼玉県飯能市）発祥の武蔵七党・丹《たん》党の**青木氏**などが有名。

村《むら》上《かみ》

村上という地名に由来

各地の村上から生じた名字だが、なかでも有名なのは、信濃国《しなののくに》更科郡《さらしなぐん》村上郷（長野県）に発祥する**村上氏**。祖は清和《せいわ》源氏の流れをひく。

丸《まる》に上《うえ》の字《じ》

太《おお》田《た》

太田という地名に由来

各地の太田から生じた名字だが、有名なのは、清和源氏の子孫が丹波国桑田郡《たんばのくにくわたぐん》**太田郷**（京都府亀岡市）に住んだことから名乗った一族である。

金《かね》子《こ》

砂金や砂鉄に関係あり？

川の上流などに**砂金**や**砂鉄**が出ておこった地名、あるいは鍛冶師の祭神である**金屋子神《かなやごかみ》**ゆかりの地名に由来する名字だと考えられている。

藤《ふじ》井《い》

「藤」は花か氏か

「**藤の咲く井戸のほとり**」からの地名由来だとも、「**藤居**」が原意で、「**藤の咲く所に居る**」あるいは「**藤原氏の中に居る**」という意味からだとも。

【福《ふく》田《だ》】

福に願いをこめた

田地が栄えるよう、「**深《ふか》田《だ》**（低湿地の田）」や「**吹《すい》田《た》**（砂地の吹き上げる田）」でもよい田になるようにと願って、福田と呼んだ地名に由来。

【西《にし》村《むら》】

西の方の村で西村

集落の中心となる村から「**西の方にある村**」ということから地名となり、そこからおこった名字とされる。現在では近畿地方に多い名字である。

【三《み》浦《うら》】

三浦半島に発祥

三浦《みうら》三《み》つ引《ひ》き

地名由来の名字であるが、桓《かん》武《む》平氏の子孫が相模国《さがみのくに》三浦郡三浦（神奈川県三浦市）を本拠にしていて、**三浦**を名乗った氏族が特に有名である。

【竹《たけ》内《うち》】

武内宿禰の末裔か

竹内という地名に由来する名字だと考えられるが、**武内宿禰《たけうちのすくね》**（大和朝廷初期に活躍した伝承上の人物）の末裔《まつえい》を称する者が多いといわれる。

【中《なか》川《がわ》】

真ん中の川で中川

中川《なかがわ》抱《だ》き柏《かしわ》

「**川の中流**」、あるいは三本流れている川の「**真ん中の川**」をさして地名となり、そこからおこった名字。現在では北陸に多い名字となっている。

【岡《おか》本《もと》】

「岡のふもと」に由来

「**岡のふもと**」の意から地名となり、そこからおこった名字。古代豪族にもみられ、清和源氏流の岡本氏もいる。現在では西日本に多い名字となっている。

【松《まつ》田《だ》】

田の近くで神を待つ

「神を待つ」ことにかけて、「**田の近くに松**」を植えることがあった。松田は、その願掛けから地名になり、名字となった。相模国足柄郡松田などで発祥。

【原《はら》田《だ》】

原っぱと田んぼ

「**平らで広い原**」と**田んぼ**を一つの概念でとらえたことから地名となり名字に。筑前国《ちくぜんのくに》御笠郡《みかさぐん》原田など各地で発祥。現在では山陽から九州北部に多い。

【中野《なかの》】

上下に対する中

上野と下野に対する「**中間の野**」ということから地名となり、そこからおこった名字。武蔵七党の西党の**中野氏**も多摩郡中野村に発祥している。

【小野《おの》】

小さい野で小野

「**小さい野**」または「**単なる野**」を意味し、各地の小野という地名が由来。古代豪族に小野妹子《おののいもこ》が出た、滋《し》賀郡《がぐん》小野村（滋賀県）発祥の**小野氏**がある。

【田村《たむら》】

田のある村で田村

田村車前草《たむらおおばこ》

「**田のある村**」の意から地名となり、そこからおこった名字。磐城国《いわきのくに》田村郡（福島県）発祥の**田村氏**は、坂《さかの》上《うえの》田村麻呂《たむらまろ》の後裔《こうえい》を名乗っている。

【藤原《ふじわら》】

藤原氏とは無関係？

藤原氏といえば**中臣鎌足**《なかとみのかまたり》に始まり、大発展をとげた古代の氏だが、現在、藤原を名字とするのは、**地名そのもの**からおこったものが多い。

【中山《なかやま》】

山の中の山で「中山」

中山杜若《なかやまかきつばた》

「**いくつもある山の中の中心となる山**」の意から各地におこった名字である。公家にも**中山家**があり、武蔵七党の中にも名字とした一族がある。

【石田《いしだ》】

条件の悪い田なれど

「**地盤のかたい田**」「**石の多い田**」の意から各地におこった名字。石田三成《みつなり》（⇒P94）は、近江国《おうみのくに》坂田郡《さかたぐん》石田（滋賀県長浜市）の出身だという。

【小島《こじま》】

小さな島に由来

小さな島（「シマ」は水に囲まれた土地とは限らず、陸の一定の小区画をさしてもいう）という土地の特徴をもって各地に生じた名字である。

【和田《わだ》】

丸い田が由来

円形にひらけた丸い田を「**輪田**《わだ》」ともいい、それをもって地名とし、名字もおこったが、輪を縁起のいい「**和**」に変えた和田の表記が好まれた。

【森田《もりた》】

森と田で森田

「**森の近くにあった田**」という森田をもって地名となり、そこから名字となった。こんもりとした森の形から**盛田**などにも転じたとされる。

【内田《うちだ》】

盃庵木瓜《さかずきいおりもっこう》

「内」は所有権の表れ

内田という地名に由来。内田は「**ウチの**（自分の勢力範囲内にある）**田**」を意味し、所有権の表れたものだとされる。遠江国城飼郡《とおとうみのくにきこうぐん》内田など各地で発祥。

【高木《たかぎ》】

高木には神が降臨

高木という地名に由来するとされる一方、高い木は「**神の降臨する木**」として尊ばれたことから、信仰に由来して発祥したとする見方もある。

【横山《よこやま》】

横に山があるから横山

「**横に山がある**」という位置関係から地名となり、そこから名字に。武蔵七党の横山党は武蔵国多摩郡《むさしのくにたまぐん》横山荘を拠点に、**横山**を称した氏族に始まる。

【安藤《あんどう》】

藤原氏が出自？

安倍氏と藤原氏の交流の結果名乗ったとも、藤原氏の一族で**安芸守護**《あきしゅご》となったものが名乗ったともいわれ、詳細はわかっていないという。

【上田《うえだ》】

上方の田で上田

「**上の方にある田**」をさして地名となり、そこから名字となった。信濃《しなの》（長野県）と紀伊《きい》（和歌山県）の**上田氏**が活躍、現在では西日本、特に近畿地方に多い。

【島田《しまだ》】

シマ状態の田で島田

「**シマ**」は特定の場所のこと。周辺から離れた「**飛び地のような所**」にある田のことをいった島田が地名となり、名字に。古代豪族にもみられる姓。

【大野《おおの》】

「大きな野」を表す

「**大きな野**」という意味で、あるいは「**野**」**の美称**として「大野」が地名となり、そこから名字になった。山城国愛宕郡《やましろのくにあたごぐん》大野郷など、各地で発祥。

【宮本《みやもと》】

宮のふもとで宮本

「宮」すなわち「**神社のふもとに居住して神に奉仕する人**」に由来する名字である。**宮元**も同様。由来を反映してか、**社家《しゃけ》**に多い名字である。

【今井《いまい》】

「今」を主張した名字

原意は「**今居**」で、「**今住んでいる所**」の意から地名となり、そこから名字となった。茶人の今井宗久《そうきゅう》は近江国《おうみのくに》高島郡今井におこった今井氏の子孫。

【丸山《まるやま》】

丸い山だから丸山

「**丸い山**（人工的な円墳《えんぷん》や飯を盛った形の飯盛山《いいもりやま》などが多い）」という土地の特徴をもって発生した名字。信濃国に発祥した丸山姓が大きく広がった。

【増田《ますだ》】

「増」に願いを

もとの意味は「**升形《ますがた》**（正方形）の田」。縁起のよい「増」の字をあてて地名となり、そこから名字となった。**益田**も同様のパターンである。

【大塚《おおつか》】

「大塚」は大きな墓？

「塚」は「**土が盛られた場所**」のことで、多くは貴人の墓だった。高位にあった人の塚は大きく、それが地名となり、そこから名字となった。

【武田《たけだ》】

武田菱《たけだびし》

「竹」が「武」に

「**竹田**（松や竹など植物名で田を区別したときの『竹』の田、あるいは**竹林の近い田**）」が原意で発祥。のちに「武」の字をあてて武田に。

【新井《あらい》】

新生活を表した名字？

新しく掘った井戸、または**新しく居を構えることになった土地**に由来する名字。上野国《こうずけのくに》新田郡新井に発祥した新井氏の子孫に新井白石《はくせき》がいる。

【小山《こやま》】

山のあるところに発祥

小さい山、あるいは単なる山をさして地名となり、そこから名字となった。「おやま」と読む場合は、**信仰上の山**をさしていることもある。

いちばん長い名字といちばん短い名字

初対面の相手の名字が漢字4字以上であった。こんな経験をお持ちの方は、意外と少ないのではないだろうか。

漢字4字以上の名字はとても珍しい。日本人の名字は、**8割以上**が**漢字2字**であり、**漢字4字以上の名字は1%**にも満たないらしい。それでも漢字4字の名字は、300種類ぐらい存在する。漢字5字の名字は極めて稀少で、現在のところ漢字5字による名字がもっとも長い名字となるようだ。

代表的な漢字5字の名字は「**勘解由小路**《かでのこうじ》」と「**佐衛門三郎**《さえもんさぶろう》」の二つ。勘解由小路家は藤原北家の末裔の公家として発祥したものであって、「佐衛門三郎」は京都の佐衛門府という役所に関係して名乗られたものだろうと推測されている。

逆に、短い名字はどうか。もちろん当然漢字1字の名字がもっとも短く、珍しいほど少ないわけではない。変わった読み方をする名字もある一方で、「**森**」や「**林**」など、名字ランキングの上位に顔を出す名字もある。

ただ、仮名で書いても1字となるとぐっと少なくなる。そんななかでは「**井**《い》」がいちばん多いといわれ、熊本県の阿蘇地方にはたくさんの「井さん」がみられる。

早わかり・五十音順 家紋一覧

本書では家紋を5つに分類しており、葵紋、巴紋などの家紋項目は140に渡る。そこで、4章「よくわかる家紋図鑑」で目当ての家紋がすぐに見つかるように、家紋項目を五十音順に並べ、一覧にした。

あ

葵	【植物紋】	あおい	162
赤鳥	【器物紋】	あかとり	208
麻	【植物紋】	あさ	163
朝顔	【植物紋】	あさがお	163
庵	【器物紋】	いおり	208
筏	【器物紋】	いかだ	208
錨	【器物紋】	いかり	209
井桁	【器物紋】	いげた	209
石	【器物紋】	いし	210
板屋貝	【動物紋】	いたやがい	194
銀杏	【植物紋】	いちょう	164
井筒	【器物紋】	いづつ	210
稲妻	【天然紋】	いなずま	202
稲	【植物紋】	いね	164
兎	【動物紋】	うさぎ	194
団扇	【器物紋】	うちわ	211
馬	【動物紋】	うま	195
梅	【植物紋】	うめ	165
梅鉢	【植物紋】	うめばち	165
鱗	【文様紋】	うろこ	232
扇	【器物紋】	おうぎ	212
車前草	【植物紋】	おおばこ	166

沢瀉【植物紋】おもだか……166

か

瓜【植物紋】か……167
杜若【植物紋】かきつばた……168
垣根【器物紋】かきね……213
角【文様紋】かく……232
額【器物紋】がく……213
角字【文様紋】かくじ……251
笠【器物紋】かさ……213
梶の葉【植物紋】かじのは……169
柏【植物紋】かしわ……169
霞【天然紋】かすみ……203
片喰【植物紋】かたばみ……171
蟹【動物紋】かに……195
兜【器物紋】かぶと……214
釜敷【器物紋】かましき……214
亀【動物紋】かめ……195
唐花【文様紋】からはな……234
雁金【動物紋】かりがね……196
鐶【器物紋】かん……215
木【器物紋】き……215
桔梗【植物紋】ききょう……172
菊【植物紋】きく……173
亀甲【文様紋】きっこう……235
杏葉【器物紋】ぎょうよう……216
桐【植物紋】きり……174
釘抜き【器物紋】くぎぬき……216
轡【器物紋】くつわ……217
雲【天然紋】くも……203
久留子【器物紋】くるす……217
車【器物紋】くるま……218
鍬形【器物紋】くわがた……218
源氏香【文様紋】げんじこう……251
琴柱【器物紋】ことじ……218
独楽【器物紋】こま……219
駒【器物紋】こま……219

さ

桜【植物紋】さくら……175
笹【植物紋】ささ……176
算木【器物紋】さんぎ……215
字【文様紋】じ……237
七宝【器物紋】しっぽう……219
蛇の目【器物紋】じゃのめ……220
棕櫚【植物紋】しゅろ……177

杉【植物紋】すぎ……178
筋違【文様紋】すじかい……238
鈴【器物紋】すず……220
芒【植物紋】すすき……178
雀【動物紋】すずめ……197
洲浜【器物紋】すはま……221
銭【器物紋】ぜに……221

た

大根【植物紋】だいこん……178
鷹の羽【動物紋】たかのは……197
宝結び【器物紋】たからむすび……222
橘【植物紋】たちばな……178
玉【器物紋】たま……222
千切り【器物紋】ちきり……222
千鳥【動物紋】ちどり……198
茶の実【植物紋】ちゃのみ……179
蝶【動物紋】ちょう……198
丁子【植物紋】ちょうじ……180
提盤【器物紋】ちょうばん……223
月【天然紋】つき……203
蔦【植物紋】つた……181
槌【器物紋】つち……223

鼓【器物紋】つづみ……223
角【動物紋】つの……200
鶴【動物紋】つる……200
鉄仙【植物紋】てっせん……182
巴【文様紋】ともえ……238
鳥居【器物紋】とりい……224
蜻蛉【動物紋】とんぼ……201

な

梨【植物紋】なし……183
撫子【植物紋】なでしこ……183
浪【天然紋】なみ……204
南天【植物紋】なんてん……184
熨斗【器物紋】のし……224

は

萩【植物紋】はぎ……184
羽子板【器物紋】はごいた……225
鳩【動物紋】はと……201
花角【文様紋】はなかく……240
花菱【文様紋】はなびし……240
羽箒【器物紋】はぼうき……225
日足【天然紋】ひあし……205

柊【植物紋】ひいらぎ……185
引き両【文様紋】ひきりょう……242
瓢【植物紋】ひさご……185
菱【文様紋】ひし……243
袋【器物紋】ふくろ……225
藤【植物紋】ふじ……186
船【器物紋】ふね……226
分銅【器物紋】ふんどう……226
幣【器物紋】へい……226
瓶子【器物紋】へいし……227
帆【器物紋】ほ……227
鳳凰【動物紋】ほうおう……201
星【天然紋】ほし……205
牡丹【植物紋】ぼたん……187

ま

枡【器物紋】ます……228
松【植物紋】まつ……189
松皮菱【文様紋】まつかわびし……244
守【器物紋】まもり……228
万字【文様紋】まんじ……245
茗荷【植物紋】みょうが……190
村濃【文様紋】むらご……245
目【文様紋】め……246
餅【器物紋】もち……229
木瓜【文様紋】もっこう……247
楓【植物紋】もみじ……191

や・ら

矢【器物紋】や……229
山【天然紋】やま……207
雪【天然紋】ゆき……207
蘭【植物紋】らん……192
立鼓【器物紋】りゅうご……230
龍胆【植物紋】りんどう……192
輪宝【器物紋】りんぽう……230
連翹【植物紋】れんぎょう……193
蝋燭【器物紋】ろうそく……231

わ

輪【文様紋】わ……249
綿【器物紋】わた……231
輪違い【文様紋】わちがい……250

4章

よくわかる家紋図鑑

家紋の種類は室町時代には500種ほど、現在では25000種を超えるといわれる。家紋の意匠は実に多彩で見るだけでも楽しい。本書ではその一部を5分類、約140項目に整理し、一覧にした。

よくわかる家紋図鑑の見方

- 本書では沼田頼輔『日本紋章学』を参考に各家紋を植物紋、動物紋、天然紋、器物紋、文様紋に分類し、それぞれに項目を立てた。
- 各項目には、解説とさまざまな意匠の家紋を掲載。また、それぞれ分かる範囲内で、各家紋を用いる氏族や武将の名称をあげた。

植物紋

植物をモチーフとした家紋は
種類が豊富である。
平安貴族や公家から天下人まで、
優美で印象的なデザインを
用いる氏族は多い。

紀《き》州《しゅう》三《み》つ葵《あおい》
武 紀伊徳川家

徳川《とくがわ》葵《あおい》
武 徳川家

葵【あおい】

家紋に用いられるのは多年草のフタバアオイ。ハート型の葉が特徴。徳川葵はよく知られているが他にも約200種類に及ぶバリエーションがある。

尾《び》州《しゅう》三《み》つ葵《あおい》
武 尾張徳川家

水《み》戸《と》六《む》つ葵《あおい》
武 水戸徳川家

紀《き》州《しゅう》六《む》つ葵《あおい》
武 紀伊徳川家

高《たか》須《す》三《み》つ葵《あおい》
武 高須徳川家

水《み》戸《と》三《み》つ葵《あおい》
武 水戸徳川家

松平《まつだいら》六《む》つ葵《あおい》
武 松平諸氏

花《はな》立《た》ち葵《あおい》
武 本多氏（西端藩）

本《ほん》多《だ》立《た》ち葵《あおい》
武 本多氏

剣《けん》三《み》つ葵《あおい》

丸《まる》に三《み》つ葵裏《あおいうら》

武 尾張、紀伊、水戸徳川家

西条《さいじょう》三《み》つ葵《あおい》

武 紀伊松平家（西条藩）

隅切《すみきり》葵《あおい》

浮線《ふせん》葵《あおい》

賀茂《かも》葵《あおい》

細輪《ほそわ》に四《よ》つ葵《あおい》

五《いつ》つ葵《あおい》

麻《あさ》の花《はな》

麻《あさ》の葉《は》

麻【あさ】

クワ科の一年草。古くより衣服の材料として利用され、家紋自体は建築や染織などに使われた。幾何学文様が多いが写実的に描かれたものもある。

麻《あさ》の葉車《はくるま》

丸《まる》に真向《まむ》き麻《あさ》の葉《は》

三《み》つ盛《も》り麻《あさ》の葉《は》

重《かさ》ね麻《あさ》の葉《は》

蔓丸《つるまる》に朝顔《あさがお》

丸《まる》に一《ひと》つ朝顔《あさがお》

朝顔【あさがお】

ヒルガオ科の一年草。奈良・平安期に渡来し園芸品種として普及した。家紋としては新しく、明治以降に使用されたと推定される。

銀杏 【いちょう】

中国原産の落葉樹で、長寿と火に強い特質から強い生命力の象徴として家紋に用いられる。バリエーションは約200種類。室町時代から使われた。

剣《けん》三《み》つ銀杏《いちょう》
武 松平氏（三河）

三《み》つ銀杏《いちょう》

二《ふた》つ違《ちが》い銀杏《いちょう》

丸《まる》に重《かさ》ね銀杏《いちょう》

割《わ》り銀杏《いちょう》

一《ひと》つ銀杏巴《いちょうどもえ》

四《よ》つ銀杏《いちょう》

三《み》つ組《く》み重《かさ》ね銀杏《いちょう》

抱《だ》き銀杏《いちょう》

中輪《ちゅうわ》に一《ひと》つ銀杏《いちょう》

二《ふた》つ銀杏菱《いちょうびし》

六角《ろっかく》三《み》つ割《わ》り銀杏《いちょう》

三《み》つ散《ち》り銀杏《いちょう》

陰陽《いんよう》二《ふた》つ銀杏《いちょう》

稲鶴《いねつる》

一本稲《いっぽんいね》

稲 【いね】

古代から我が国の主食として栽培された稲の家紋は神への感謝を象徴する。葉、茎、穂を紋章化したものが多く、束ねた形のデザインも目立つ。

糸輪《いとわ》に立《た》ち稲《いね》

糸輪《いとわ》に束《たば》ね稲《いね》

抱《だ》き稲《いね》
名 鈴木

右廻《みぎまわ》り稲《いね》の丸《まる》
名 鈴木

抱《だ》き稲《いね》に桔梗《ききょう》

二《ふた》つ追《お》い掛《か》け稲《いね》の丸《まる》

右《みぎ》追《お》い掛《か》け稲菱《いねびし》

束《たば》ね違《ちが》い稲《いね》

丸《まる》に向《む》こう梅《うめ》
武 堀氏（飯田藩）

梅《うめ》の花《はな》

梅・梅鉢
【うめ・うめばち】

梅は松、竹と並んで「厳寒の三友」と呼ばれ、吉祥の象徴として古くから日本人に愛好された。菅原道真を祀《まつ》る天満宮につきものの花であることから学問が栄えるという意味も持つ。花弁を円形にかたどったものは梅鉢紋といい、梅紋より種類が多い。

三《み》つ盛《も》り香《にお》い梅《うめ》

三《み》つ割《わ》り梅《うめ》

横見梅《よこみうめ》

五《いつ》つ横見裏梅《よこみうらうめ》

丸《まる》に梅《うめ》の花《はな》

葉付《はつ》き三《み》つ横見梅《よこみうめ》

枝梅《えだうめ》

捻《ね》じ梅《うめ》

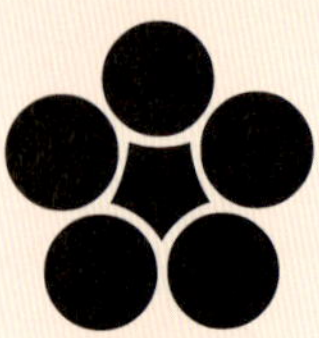

裏梅鉢《うらうめばち》

(武) 金森氏（高山藩）

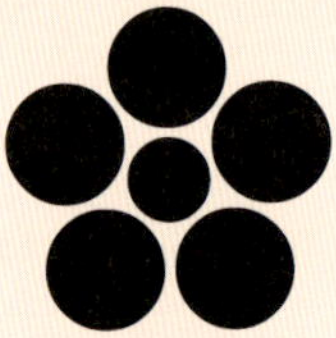

星梅鉢《ほしうめばち》

(武) 松平久松氏、前田氏

実《み》梅鉢《うめばち》

(武) 松平久松氏

加賀《かが》前田《まえだ》梅鉢《うめばち》

(武) 前田氏

花梅鉢《はなうめばち》

丸《まる》に剣梅鉢《けんうめばち》

割《わ》り梅鉢《うめばち》

剣梅鉢《けんうめばち》

(武) 相良氏（人吉藩）

丸《まる》に梅鉢《うめばち》

(公) 東坊城家

陰梅鉢《かげうめばち》

梅鉢《うめばち》

(武) 前田氏

光琳梅鉢《こうりんうめばち》

田村車前草《たむらおおばこ》

(武) 田村氏（一関藩）

車前草《おおばこ》

車前草【おおばこ】

野原や道端でよく見られる多年草。かつては薬草として用いられたため、医者の家が使ったとされる例が少なくない。茗荷紋と似て間違いやすい。

水野沢瀉《みずのおもだか》

(武) 水野氏（山形藩）

立《た》ち沢瀉《おもだか》

(武) 水野氏

沢瀉【おもだか】

沼や池に自生する多年生水草。矢尻に似た長い葉と可憐な花が珍重され、家紋にも用いられた。葉だけのものと葉と花を組み合わせたものがある。

丸《まる》に抱《だ》き沢瀉《おもだか》
武 水野氏(結城藩)

長《なが》門《と》沢瀉《おもだか》
武 毛利氏(周防、長門)

大関《おおぜき》沢瀉《おもだか》
武 大関氏(黒羽藩)

丸《まる》に立《た》ち沢瀉《おもだか》
武 水野氏(沼津藩)

三《み》つ花《はな》立《た》ち沢瀉《おもだか》

割《わ》り沢瀉《おもだか》

福島《ふくしま》沢瀉《おもだか》
武 福島氏

木下《きのした》沢瀉《おもだか》
武 木下氏、小早川氏(尾張)

石持《いしもち》地抜《じぬ》き抱《だ》き沢瀉《おもだか》

軸違《じくちが》い並《なら》び葉《は》沢瀉《おもだか》

三《み》つ沢瀉《おもだか》の丸《まる》

三《み》つ寄《よ》せ沢瀉《おもだか》
武 三浦氏

陰八重向《かげやえむ》こう沢瀉《おもだか》

三《み》つ追《お》い葉《は》沢瀉《おもだか》

隅切《すみき》り角《かく》に抱《だ》き沢瀉《おもだか》

糸輪《いとわ》に豆立《まめた》ち沢瀉《おもだか》

瓜《か》の花《はな》

瓜《か》

瓜
【か】

ウリ科の植物。まくわうり、へちまなどの総称。瓜そのものをかたどった家紋はわずかしかないが、断面（木瓜《もっこう》という）が子孫繁栄を象徴する鳥の巣に似ていることからいくつもの種類が生まれた。中でも有名なのが織田信長が用いた「織田瓜」だ。

五《ご》瓜《か》に剣唐花《けんからはな》

武 大村氏、有馬氏（肥前）

五《ご》瓜《か》に唐花《からはな》

武 小野寺氏（下野）

織田《おだ》瓜《か》

武 織田氏

ヒセ瓜《か》

武 柴田氏

五《ご》瓜《か》に違《ちが》い鷹《たか》の羽《は》

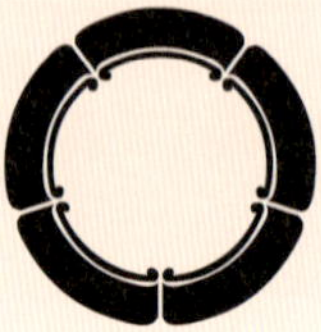

五《ご》瓜《か》

丸《まる》に覗《のぞ》き瓜《か》

丸《まる》に三《み》蔓《つる》瓜《か》

抱《だ》き瓜《か》

南瓜《かぼちゃ》

三《み》つ盛《も》り瓜《か》

五《ご》瓜《か》崩《くず》し

杜若《かきつばた》の葉《は》

杜若《かきつばた》の花《はな》

杜若
【かきつばた】

優雅な花の形が万葉集にも歌われたカキツバタは公家を中心に装飾文様として用いられ、後に家紋に採用された。武家にはこれを使う例は少ない。

三《み》つ杜若《かきつばた》の花《はな》

抱《だ》き杜若《かきつばた》

中山《なかやま》杜若《かきつばた》

公 中山家

立《た》ち杜若《かきつばた》

立《た》ち杜若《かきつばた》の丸《まる》

杜若鶴《かきつばたつる》

杜若《かきつばた》の丸《まる》

丸《まる》に真《ま》向《む》かい杜若《かきつばた》

丸《まる》に梶《かじ》の葉《は》
武 安部氏（信濃）

梶《かじ》の葉《は》

梶の葉 【かじのは】

クワ科の落葉高木。古代から神事の際の幣《へい》および神前に供える食器として用いられたことから、神官の衣服の文様に使われ、後に家紋に転用されたといわれる。吾妻鏡の中に諏訪明神の神紋と記されており、信濃の豪族に使用例が多い。

松浦《まつら》梶《かじ》の葉《は》
武 松浦氏（肥前平戸）

丸《まる》に平戸《ひらど》梶《かじ》
武 松浦氏（平戸新田藩）

平戸《ひらど》梶《かじ》
武 松浦氏（平戸藩）

安部《あんべ》梶《かじ》の葉《は》
武 安部氏（岡部藩）

二《に》枚《まい》葉《は》蔓《つる》鬼《おに》梶《かじ》

三《み》つ盛《も》り梶《かじ》の葉《は》

抱《だ》き梶《かじ》の葉《は》

諏訪《すわ》梶《かじ》の葉《は》
武 諏訪氏（高島藩）

丸《まる》に三《み》つ柏《かしわ》
武 牧野氏（笠間藩）

三《み》つ柏《かしわ》
武 島氏、葛西氏（陸奥）

柏 【かしわ】

ブナ科の落葉高木。古代から食物を盛る器として使われ、食を司る御食津神（ミケツノカミ）の象徴とされる。端午の節句で供される柏餅、参拝時の「柏手」などの例を見てもわかるとおり信仰に縁が深い。約500種のバリエーションがある。

違《ちが》い柏《かしわ》

丸《まる》に一《ひと》つ柏《かしわ》
武 宗像氏（肥前）

土《と》佐《さ》柏《かしわ》
武 山内氏（土佐藩）

牧野《まきの》三《み》つ柏《かしわ》
武 牧野家（長岡藩、小諸藩）

割《わ》り違《ちが》い柏《かしわ》

陰陽重《いんようかさ》ね柏《かしわ》

中川《なかがわ》抱《だ》き柏《かしわ》
武 中川氏（豊後）

丸《まる》に違《ちが》い柏《かしわ》
武 加納氏（一宮藩）

三《み》つ追《お》い柏《かしわ》

抱《だ》き柏《かしわ》
公 吉田家

鬼柏巴《おにかしわどもえ》

鬼三《おにみ》つ柏《かしわ》

中輪《ちゅうわ》に五《いつ》つ柏《かしわ》

三《み》つ割《わ》り三《み》つ柏《かしわ》

結《むす》び柏《かしわ》

五徳柏《ごとくかしわ》

丸《まる》に実《み》付《つ》き土佐柏《とさかしわ》

蔓柏片喰《つるかしわかたばみ》

四《よ》つ蔓柏《つるかしわ》

四《よ》つ柏《かしわ》

片喰【かたばみ】

ハート型の葉を持つ多年草。野原や道端に自生する繁殖力の強さから家紋に用いられたとする説もある。使用例が非常に多く徳川時代には急増した。

丸《まる》に片喰《かたばみ》
武 森川氏、成瀬氏、酒井氏

片喰《かたばみ》
武 長宗我部氏　公 冷泉家

姫路《ひめじ》剣片喰《けんかたばみ》
武 酒井氏（姫路藩）

剣片喰《けんかたばみ》
武 宇喜多秀家

隅《すみ》入《い》り平角《ひらかく》に片喰《かたばみ》
武 酒井氏（出羽松山藩）

丸《まる》に庄内片喰《しょうないかたばみ》
武 酒井氏（庄内藩）

丸《まる》に七《なな》つ片喰《かたばみ》
武 長宗我部氏

外《そと》三《み》つ割《わ》り片喰《かたばみ》

菱《ひし》に片喰《かたばみ》
公 大炊御門家

丸《まる》に剣片喰《けんかたばみ》
武 酒井氏（伊勢崎藩、小浜藩）

三《み》つ盛《も》り片喰《かたばみ》

細鱗形剣片喰《ほそうろこがたけんかたばみ》

隅切《すみき》り角《かく》に片喰《かたばみ》

丸《まる》に二《ふた》つ剣片喰《けんかたばみ》

二《ふた》つ割《わ》り片喰菱《かたばみひし》

組《く》み合《あ》わせ角《かく》に剣片喰《けんかたばみ》

実片喰《みかたばみ》

糸菱《いとひし》に覗《のぞ》き片喰《かたばみ》

変《か》わり姫路《ひめじ》片喰《かたばみ》

変《か》わり外雪輪《そとゆきわ》に剣片喰《けんかたばみ》

浮線片喰《ふせんかたばみ》

二葉片喰《ふたばかたばみ》

桔梗《ききょう》

武 尾藤氏（肥後）
加藤氏（肥後）
金森氏（飛騨）
桑山氏（桑山藩）

桔梗【ききょう】

秋の七草に数えられる多年草。太平記にも記されており、一般に清和源氏土岐氏の代表紋とされる。徳川時代に大名家、幕臣の多くが採用した。

水色桔梗《みずいろききょう》

武 明智氏

植村割桔梗《うえむらわりききょう》

武 植村氏（高取藩）

土岐桔梗《ときききょう》

武 土岐氏（沼田藩）

丸《まる》に桔梗《ききょう》

武 松平滝脇氏、太田氏

月輪《つきわ》に総覗《そうのぞ》き花桔梗《はなききょう》

桔梗枝丸《ききょうえだまる》

丸《まる》に八重桔梗《やえききょう》

三《み》つ横見桔梗《よこみききょう》

組《く》み合《あ》わせ角《かく》に桔梗《ききょう》

武 坂本龍馬

三《み》つ割《わ》り桔梗《ききょう》

剣型桔梗《けんがたききょう》

三《み》つ葉花桔梗《ばはなききょう》

陰桔梗《かげききょう》
武 明智氏

丸《まる》に細桔梗《ほそききょう》

抱《だ》き葉《は》桔梗《ききょう》

裏桔梗《うらききょう》

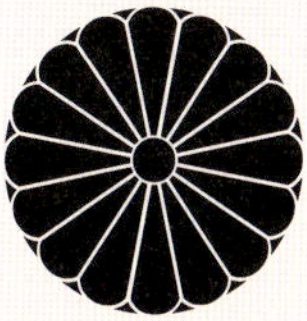

十六葉《じゅうろくよう》八重《やえ》菊《きく》
天皇家

十六菊《じゅうろくきく》
武 上杉氏、織田氏、前田氏

菊
【きく】

藤原氏の時代から用いられてきたが、後鳥羽天皇が愛好したことから次第に皇室のシンボルとして定着した。功績により皇室から下賜される例も多かったが、明治時代には権威が高まり法令によって皇室以外の使用が禁じられたこともあった。

青山菊《あおやまきく》
武 青山氏（八幡藩）

抱《だ》き菊《きく》の葉《は》に菊《きく》
武 西郷隆盛

籬架《ませ》菊《きく》
武 夏目氏、逸見氏（安芸）

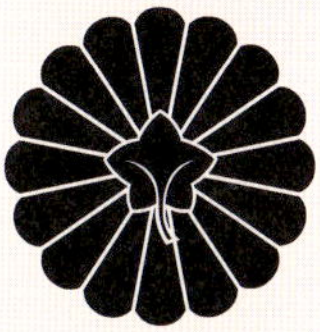

十六葉裏菊《じゅうろくよううらきく》
武 広幡氏

三《み》つ横見《よこみ》菊《きく》

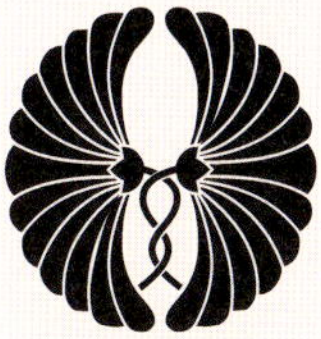

抱《だ》き開《ひら》き菊《きく》

十四弁裏菊《じゅうしべんうらきく》

菊水《きくすい》
武 楠木正成

抱《だ》き鬼菊《おにきく》の葉《は》
武 小松清廉

葉菊菱《はぎくびし》
武 木戸孝允

三《み》つ追《お》い菊《きく》の葉《は》

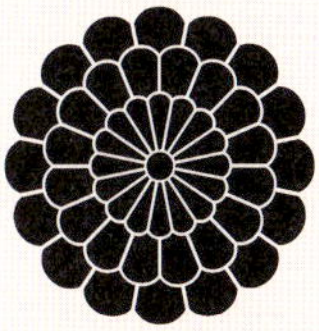

九重菊《ここのえきく》

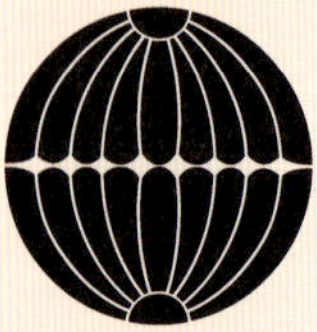

上下割《じょうげわ》り菊《きく》

三《み》つ割《わ》り菊《きく》

捻《ね》じ菊《きく》

半菊《はんきく》に一《いち》の字《じ》

大宮菊《おおみやきく》

波《なみ》に裏菊《うらきく》

乱菊《らんきく》

千葉菊《ちばきく》

五三桐《ごさんきり》
武 松平藤井氏
（上田藩）
織田氏（尾張）
斎藤氏（美濃）
豊臣氏（尾張）

桐
【きり】

高級木材の桐は、中国では鳳凰《ほうおう》が棲む瑞木と伝えられている。また日本でも高貴さのシンボル。皇室の権威として功労者に下賜される例が多い。

上杉桐《うえすぎきり》
武 上杉氏

五七桐《ごしちきり》
武 宗氏
喜連川氏
（喜連川藩）
足利氏
今川氏
前田氏
公 町田家
水無瀬家

太閤桐《たいこうきり》
武 豊臣秀吉

花桐《はなきり》

五七花桐《ごしちはなきり》
武 今川氏

五七花桐《ごしちはなきり》
武 足利氏

五三鬼桐《ごさんおにきり》

五七割桐《ごしちわりきり》

桐菱《きりびし》

桐《きり》の枝丸《えだまる》

上田桐《うえだきり》
武 松平藤井氏

細川桐《ほそかわきり》

光琳桐《こうりんきり》

桐車《きりくるま》

花桐車《はなきりくるま》

八重菊輪《やえきくわ》に五七桐《ごしちきり》

捻《ね》じ桐車《きりくるま》

中陰五三桐《ちゅうかげごさんきり》

石持《いしも》ち地抜《じぬ》き五三桐《ごさんきり》

丸《まる》に桜《さくら》

桜《さくら》

桜
【さくら】

日本を代表する花。潔さの象徴として武具の装飾に用いられる例が多かったが、一方で短命を意味することから一部の武家の間では避ける者もいた。

江戸桜《えどさくら》

八重山桜《やえやまざくら》

八重桜《やえざくら》

細川桜《ほそかわさくら》
武 細川氏（山城）

九重桜《ここのえさくら》

丸《まる》に細桜《ほそさくら》

桜《さくら》井《い》桜《ざくら》
武 松平桜井氏

仙石《せんごく》九曜《くよう》桜《さくら》
武 大久保氏(三河)

三《み》つ割《わ》り桜《さくら》

三《み》つ横見《よこみ》桜《さくら》

葉《は》付《つ》き横見《よこみ》桜《さくら》

結《むす》び桜《さくら》

子《こ》持《も》ち山桜形《やまさくらかた》

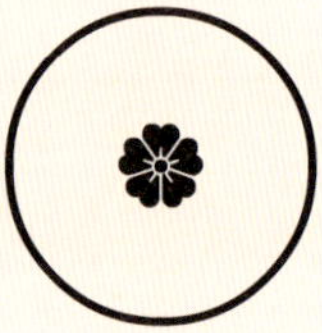
糸輪《いとわ》に豆桜《まめさくら》

浮線桜《ふせんさくら》

細川《ほそかわ》三《み》つ割《わ》り桜《さくら》

五枚笹《ごまいささ》

三枚笹《さんまいささ》

笹

【ささ】

笹は七夕や地鎮祭《じちんさい》に使われることからもわかるとおり神事に縁が深い。文様として早くから親しまれてきたが（源氏物語の絵巻物など）、積雪に耐える強靭な生命力の象徴として室町時代以降、家紋として採用する家が急増したといわれている。

根笹《ねささ》

雪持《ゆきも》ち笹《ささ》
公 冷泉家

中輪《ちゅうわ》に頭合《かしらあ》わせ九枚笹《きゅうまいささ》

九枚笹《くまいささ》
武 竹中半兵衛

鳥居笹《とりいささ》
武 鳥居氏(壬生藩)

上杉笹《うえすぎささ》
武 上杉氏

仙台笹《せんだいささ》
武 伊達氏(仙台藩)

米沢笹《よねざわささ》
武 上杉氏(米沢藩)

向《む》かい笹菱《ささひし》

熊笹《くまささ》

宇和島笹《うわじまささ》
武 伊達氏(宇和島藩)

勧修寺笹《かじゅうじささ》
公 勧修寺家、甘露寺家

笹舟《ささふね》

笹《ささ》の丸《まる》

佐竹笹《さたけささ》

七枚根笹《ななまいねささ》

篠笹竹《しのささたけ》の丸《まる》
公 清関家

丸《まる》に二本竹笹《にほんたけささ》

竹笹《たけささ》の丸《まる》

切《き》り竹《たけ》に笹《ささ》

抱《だ》き棕櫚《しゅろ》

棕櫚《しゅろ》
武 佐々氏(尾張)

棕櫚【しゅろ】

椰子科の常緑高木。九州をはじめとする暖地に自生。古代中国では戦の勝利のシンボルとされる。多くの場合、団扇状に描かれる。

杉【すぎ】

松と並ぶ神木。神社周辺に植えられることが多かったため、信仰のシンボルとして家紋に採り入れる例が多かった。奈良の三輪神宮を祖神とする大神氏、その流れをくむ緒方氏、洪庵の家系も杉紋。また杉の葉を看板にした酒屋なども採用した。

本多《ほんだ》一本杉《いっぽんすぎ》
武 本多氏（三河）

一本杉《いっぽんすぎ》

丸《まる》に二本杉《にほんすぎ》

社頭杉《しゃとうすぎ》

三《み》つ割《わ》り杉《すぎ》

三本杉《さんぼんすぎ》
武 大神氏

芒【すすき】

秋の七草として知られる芒は、穂の美しさや風情から文様として用いられることが少なくなかった。ただし、家紋に使われ出したのは遅かったようだ。

雪輪《ゆきわ》に芒《すすき》
武 伊達氏（陸奥）

抱《だ》き芒《すすき》

大根【だいこん】

大根は春の七草のひとつスズシロである。中国では菜福ともいわれた。大聖歓喜天（仏教における象頭人身の守護神。聖天）の供物で、聖天信仰から大根紋が使われたとされる。文様としての出現は早かったが、家紋になったのは比較的遅かった。

違《ちが》い大根《だいこん》

真向《まむ》き大根《だいこん》
武 柿崎氏（越後）

橘【たちばな】

ミカン科の一種。桃の節句では桃とともに飾られる。香気と雪に強い生命力にあやかるためか家紋に使う例が多く、十大家紋のひとつに数えられる。

丸《まる》に橘《たちばな》
武 明智氏

橘《たちばな》

丸《まる》に向《む》かい橘《たちばな》

久《く》世《ぜ》橘《たちばな》
武 久世氏

薬師《やくし》寺《じ》橘《たちばな》

井《い》伊《い》橘《たちばな》(彦《ひこ》根《ね》橘《たちばな》)
武 井伊氏

三《み》つ割《わ》り向《む》こう橘《たちばな》

向《む》こう橘《たちばな》

橘《たちばな》桐《きり》

三《み》つ割《わ》り橘《たちばな》

三《み》つ盛《も》り橘《たちばな》

抱《だ》き橘《たちばな》

丸《まる》に三本足《さんぼんあし》橘《たちばな》

三《み》つ橘《たちばな》

葉《は》陰《かげ》橘《たちばな》

中輪《ちゅうわ》に向《む》かい橘《たちばな》

黒《くろ》田《だ》橘《たちばな》
武 黒田氏

枝《えだ》橘《たちばな》

丸《まる》に茶《ちゃ》の実《み》

一《ひと》つ茶《ちゃ》の実《み》

茶の実【ちゃのみ】

高貴で霊験あらたかな薬として珍重されたことから家紋に使われるようになったが、歴史的な文献には記録が残っていない。橘紋によく似る。

花《はな》三《み》つ茶《ちゃ》の実《み》

亀甲《きっこう》三《み》つ茶《ちゃ》の実《み》

三《み》つ葉埋《ばうず》み茶《ちゃ》の実《み》

横見《よこみ》茶《ちゃ》の実《み》

茶《ちゃ》の実桐《みきり》

糸輪《いとわ》に剣三《けんみ》つ茶《ちゃ》の実《み》

糸菱《いとひし》に覗《のぞ》き茶《ちゃ》の実《み》

三《み》つ寄《よ》せ茶《ちゃ》の実《み》

丸《まる》に違《ちが》い丁子《ちょうじ》

丸《まる》に一《ひと》つ丁子《ちょうじ》

丁子【ちょうじ】

香料の一種。クローブとして知られる。仏教では宝物のひとつに数えられており、この吉祥にあやかるために家紋に用いられたといわれている。

丸《まる》に三《み》つ丁子《ちょうじ》

丸《まる》に左二《ひだりふた》つ丁子巴《ちょうじともえ》

丸《まる》に並《なら》び丁子《ちょうじ》

丸《まる》に陰陽食《いんようく》い違《ちが》い丁子《ちょうじ》

八《や》つ丁子《ちょうじ》

公 三条西家

九《ここの》つ丁子《ちょうじ》

丸《まる》に変《か》わり剣五《けんいつ》つ丁子《ちょうじ》

丸《まる》に三《み》つ葉丁子《ばちょうじ》

三《み》つ盛《も》り違《ちが》い丁子《ちょうじ》

三《み》つ割《わ》り丁子《ちょうじ》

左五《ひだりいつ》つ丁子《ちょうじ》巴《ともえ》

五《いつ》つ丁子《ちょうじ》

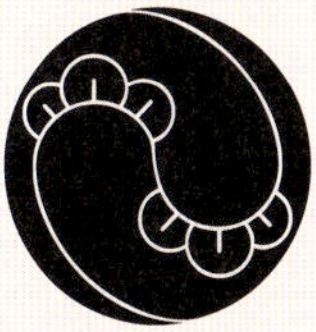

組《く》み合《あ》わせ二《ふた》つ丁子《ちょうじ》

折《お》れ丁子《ちょうじ》

糸《いと》輪《わ》に八《や》つ丁子《ちょうじ》

子《こ》持《も》ち抱《だ》き丁子《ちょうじ》

六《む》つ追《お》い丁子《ちょうじ》

変《か》わり違《ちが》い丁子《ちょうじ》

頭《かしら》合《あ》わせ三《み》つ丁子《ちょうじ》

丁子《ちょうじ》枝丸《えだまる》

丸《まる》に蔦《つた》

蔦《つた》

武 松平大給氏、松永久秀

蔦【つた】

ブドウ科の蔓性《まんせい》落葉植物。古くは観賞用の植物として珍重され、文様などにも使われていた。優雅で美しい形状と旺盛な繁殖力から家紋に採用する家が多く、十大家紋のひとつに数えられる。人気のある家紋でバリエーションは非常に多い。

三河蔦《みかわつた》

武 松平松井氏

丸《まる》に三《み》つ鬼蔦《おにつた》

鬼蔦《おにつた》

藤堂蔦《とうどうつた》

武 藤堂氏（津藩）

丸《まる》に大割《おおわ》り蔦《つた》

割《わ》り蔦《つた》

陰《かげ》変《か》わり利休鬼蔦《りきゅうおにつた》

陰蔦《かげつた》

細輪《ほそわ》に地紙《じがみ》に蔦《つた》

細中陰三《ほそちゅうかげみ》つ組合蔦《くみあいつた》

向《む》かい蔦菱《つたびし》

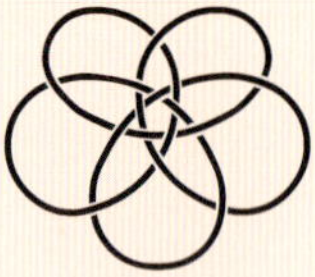
結《むす》び蔦《つた》

雪輪《ゆきわ》に蔦《つた》

垂《た》れ角《かく》に出蔦《でつた》

三《み》つ尻合《しりあ》わせ蔦《つた》

細輪《ほそわ》に六《む》つ蔦《つた》の花《はな》

輪違《わちが》い蔓蔦《つるつた》

唐草輪《からくさわ》に蔦《つた》

菱《ひし》に覗《のぞ》き蔦《つた》

蔦《つた》の花《はな》

丸《まる》に鉄仙《てっせん》

鉄仙《てっせん》

鉄仙【てっせん】

キンポウゲ科。園芸種のクレマチスは鉄仙の仲間。6～8弁の花をあしらった優美な意匠が特徴。17世紀に渡来したためか家紋としての歴史は浅い。

葉《は》敷《し》き花鉄仙《はなてっせん》

変《か》わり六《む》つ鉄仙《てっせん》

菊座《きくざ》花鉄仙《はなてっせん》

八《や》つ花鉄仙《はなてっせん》

永《なが》井《い》梨《なし》の切《き》り口《くち》

武 永井氏

梨《なし》の花《はな》

梨【なし】

バラ科の落葉高木。現在では果樹と認識されているが古代中国では薬効があるとされた。花紋のほか、切り口を意匠化したものも少なくない。

丸《まる》に撫子《なでしこ》

撫子《なでしこ》

武 斎藤氏(美濃)

撫子【なでしこ】

秋の七草。「大和撫子」という表現もあるほど日本人になじみが深い。撫子紋の形状は、ほとんどが中国より渡来した唐撫子(石竹)がベースである。

雪持《ゆきも》ち地抜《じぬ》き撫子《なでしこ》

糸輪《いとわ》に豆撫子《まめなでしこ》

山口撫子《やまぐちなでしこ》

三《み》つ盛《も》り撫子《なでしこ》

武 秋月氏

葉付《はつ》き撫子《なでしこ》

枝撫子《えだなでしこ》

三《み》つ割《わ》り撫子《なでしこ》

秋月撫子《あきづきなでしこ》

武 秋月氏

撫子《なでしこ》揚《あげ》羽《は》蝶《ちょう》

浮線《ふせん》撫子《なでしこ》

糸輪《いとわ》に覗《のぞ》き江戸《えど》撫子《なでしこ》

江戸《えど》撫子《なでしこ》

丸《まる》に三枚《さんまい》葉《ば》南天《なんてん》

三《み》つ葉《ば》南天《なんてん》

南天【なんてん】

赤と緑のコントラストが鮮やかなメギ科の常緑低木。吉祥や厄除けをあらわす植物として祝賀の際に使われることが多い。縁起のよさから家紋に選ばれた例が多いようだ。ただし比較的歴史は浅いほうで、江戸時代以降のものとされている。

六角形《ろっかっけい》三《み》つ割《わ》り南天《なんてん》

三《み》つ割《わ》り南天《なんてん》

向《む》かい南天《なんてん》

抱《だ》き南天《なんてん》

抱《だ》き萩《はぎ》

花付《はなつ》き抱《だ》き萩《はぎ》

萩【はぎ】

マメ科の多年生草木。秋の七草。早くから親しまれ、万葉集などにも独特の風情を讃える歌がある。衣装の文様などから家紋に移行したとされる。

抱《だ》き割《わ》り萩《はぎ》

束《たば》ね萩《はぎ》

丸《まる》に九枚《くまい》萩《はぎ》

萩《はぎ》の枝丸《えだまる》

柊【ひいらぎ】

トゲのある葉が特徴のモクセイ科常緑樹。平安時代には魔除けとして使われていた。破魔の功徳にあやかろうと家紋に使う家が多かったようだ。

丸《まる》に違《ちが》い柊《ひいらぎ》

丸《まる》に一《ひと》つ柊《ひいらぎ》

四《よ》つ追《お》い柊《ひいらぎ》

子《こ》持《も》ち割《わ》り柊《ひいらぎ》

抱《だ》き柊《ひいらぎ》

丸《まる》に抱《だ》き柊《ひいらぎ》
公 林家

市《いち》の橋《はし》柊《ひいらぎ》

江原《えばら》柊《ひいらぎ》

葉《は》合《あ》わせ三《み》つ割《わ》り柊《ひいらぎ》

中野《なかの》柊《ひいらぎ》

瓢【ひさご】

ひょうたん、ふくべとも。古くから神霊が宿ると伝えられており、信仰的な意味合いも強かったとされる。水や酒の容器として使われたほか、愛嬌のある形状から愛好する人が多かった。千成瓢箪は豊臣秀吉が馬印として用いたようだ。

丸《まる》に並《なら》び瓢《ひさご》

丸《まる》に一《ひと》つ瓢《ひさご》

千成瓢《せんなりひさご》
武 豊臣氏

八《や》つ瓢車《ひさごくるま》

瓢桐《ひさごきり》

三《み》つ追《お》い瓢《ひさご》

藤【ふじ】

マメ科の蔓性落葉木。古くから観賞用の植物として親しまれ文様の種類も豊富。繁殖力に加え、隆盛を極めた藤原氏にあやかる例も目立っている。

内藤藤《ないとうふじ》
武 内藤氏（村上藩、高遠藩）

下《さ》がり藤《ふじ》
武 加藤氏、内藤氏　名 佐藤

加藤藤《かとうふじ》
武 加藤氏

九条藤《くじょうふじ》
公 九条家　武 本願寺氏

二条《にじょう》下《さ》がり藤《ふじ》
公 二条家

一条《いちじょう》下《さ》がり藤《ふじ》
公 一条家

那須藤《なすふじ》
武 大久保氏（烏山藩）

大久保藤《おおくぼふじ》
武 大久保氏（小田原藩）

安藤藤《あんどうふじ》
武 安藤氏（紀伊田辺藩）

上《あ》がり藤《ふじ》
武 安藤氏、佐藤氏

ばら藤《ふじ》に井桁《いげた》
武 片倉氏（陸奥）

下《さ》がりばら藤《ふじ》

下《さ》がり藤《ふじ》に三《み》つ巴《どもえ》
武 藤井氏

下《さ》がり藤《ふじ》に石《いし》の字《じ》
武 石田三成

三《み》つばら藤《ふじ》

黒田藤《くろだふじ》
武 黒田氏（福岡藩）

軸付《じくつ》き三《み》つ藤巴《ふじどもえ》
武 新庄氏（麻生藩）

三《み》つ藤巴《ふじどもえ》
武 大久保利通、新庄氏

向《む》かい四《よ》つ藤《ふじ》

三《み》つ追《お》い藤《ふじ》

片《かた》手《て》下《さ》がり藤《ふじ》

左一《ひだりひと》つ巴藤《ともえふじ》

糸輪《いとわ》に覗《のぞ》き上《あ》がり藤《ふじ》

軸違《じくちが》い藤《ふじ》

三《み》つ葉《ば》藤《ふじ》

三《み》つ葉《ば》立《た》ち藤《ふじ》

東六条角《ひがしろくじょうかく》六《む》つ藤《ふじ》

藤輪《ふじわ》に梅《うめ》

八《や》つ藤菱《ふじびし》

西六条《にしろくじょう》八《や》つ藤《ふじ》

落《お》ち牡丹《ぼたん》
公 難波家

大割《おおわ》り牡丹《ぼたん》

牡丹【ぼたん】

中国原産の花で、富貴長寿のシンボルとされた。艶やかな姿から平安貴族に珍重されたほか、江戸時代には武家がこぞって採用したといわれる。

島津《しまづ》牡丹《ぼたん》
武 島津氏（薩摩）

津軽《つがる》牡丹《ぼたん》
武 津軽氏（弘前藩）

秋田《あきた》牡丹《ぼたん》
武 秋田氏(出羽津軽)

葉付《はつ》き牡丹《ぼたん》

上野《うえの》牡丹《ぼたん》
武 松平鷹司氏

立《た》ち牡丹《ぼたん》

鷹司《たかつかさ》牡丹《ぼたん》
公 鷹司家

近衛《このえ》牡丹《ぼたん》
公 近衛家

牡丹《ぼたん》に蝶《ちょう》

杏葉《ぎょうよう》牡丹《ぼたん》

違《ちが》い枝《えだ》牡丹《ぼたん》

抱《だ》き牡丹《ぼたん》

仙台《せんだい》牡丹《ぼたん》
武 陸奥宗光

蟹《かに》牡丹《ぼたん》

花敷《はなし》き牡丹《ぼたん》

牡丹《ぼたん》枝丸《えだまる》

三井《みつい》牡丹《ぼたん》

三《み》つ盛《も》り牡丹《ぼたん》

三《み》つ割《わ》り牡丹《ぼたん》

向《む》こう牡丹《ぼたん》

追《お》い枝《えだ》牡丹《ぼたん》丸《まる》

石橋《いしばし》牡丹《ぼたん》

鹿島《かしま》牡丹《ぼたん》

枝《えだ》牡丹《ぼたん》

変《か》わり唐草牡丹《からくさぼたん》

変《か》わり乱《みだ》れ牡丹《ぼたん》

八《や》つ葉《は》牡丹《ぼたん》

二葉《ふたば》牡丹《ぼたん》

丸《まる》に一《ひと》つ松《まつ》

一《ひと》つ松《まつ》

松【まつ】

針葉樹の高木。いわずとしれた松竹梅の一角で長寿吉祥のシンボルとして大切にされた。文様としての使用例も豊富で、その流れから家紋に採用される例も多い。意匠の種類はバラエティに富んでおり、一般に威厳のある家紋とされる。

西尾《にしお》櫛松《くしまつ》
武 西尾氏（横須賀藩）

櫛松《くしまつ》

丸《まる》に右寄《みぎよ》り三階松《さんかいまつ》

右寄《みぎよ》り三階松《さんかいまつ》

三《み》つ割《わ》り若松《わかまつ》

丸《まる》に立《た》ち若松《わかまつ》

光琳《こうりん》三《み》つ松《まつ》

光琳松《こうりんまつ》

三本松《さんぼんまつ》

三《み》つ松《まつ》

六《む》つ若松車《わかまつくるま》

抱《だ》き若松《わかまつ》

三《み》つ松《まつ》葉《ば》巴《どもえ》

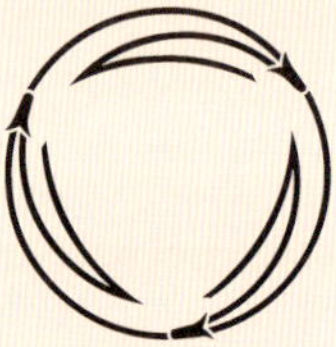

三《み》つ折《お》れ松《まつ》葉《ば》

松《まつ》葉《ば》菱《びし》に覗《のぞ》き桔梗《ききょう》

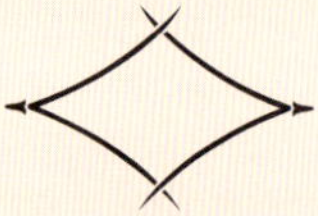

松《まつ》葉《ば》菱《びし》

丸《まる》に老《おい》松《まつ》笠《かさ》

若《わか》松《まつ》笠《かさ》

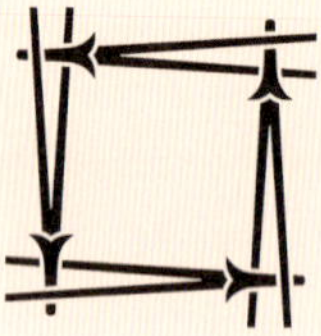

松《まつ》葉《ば》井《い》筒《づつ》

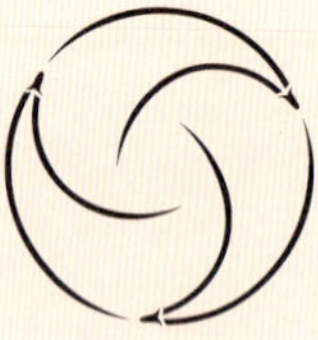

三《み》つ追《お》い松《まつ》葉《ば》の丸《まる》

松毬菱《まつまりびし》

武 細川氏

抱《だ》き松《まつ》葉《ば》に松笠《まつかさ》

石持《いしも》ち地抜《じぬ》き三《み》つ葉《ば》松笠《まつかさ》

三《み》つ松笠巴《まつかさどもえ》

稲垣《いながき》茗《みょう》荷《が》

武 稲垣氏（鳥羽藩）

抱《だ》き茗《みょう》荷《が》

茗荷

【みょうが】

湿地に自生する多年草。「冥《みょう》加《が》」に通じるとされ、神仏の加護があるとも伝えられている。非常に人気が高かったことから十大家紋に数えられる。

丸《まる》に陰陽《いんよう》茗《みょう》荷《が》

田村《たむら》茗《みょう》荷《が》

丸《まる》に抱《だ》き茗《みょう》荷《が》

中陰《ちゅうかげ》茗《みょう》荷《が》

三《み》つ組茗荷《くみみょうが》

三《み》つ尻合《しりあ》わせ茗荷《みょうが》

三《み》つ花茗荷《はなみょうが》

花茗荷《はなみょうが》に丸《まる》

入《い》れ違《ちが》い茗荷《みょうが》

三《み》つ茗荷《みょうが》崩《くず》し

三《み》つ茗荷《みょうが》

三《み》つ追《お》い茗荷《みょうが》

茗荷《みょうが》の花《はな》

茗荷枝丸《みょうがえだまる》

変《か》わり茗荷蝶《みょうがちょう》

蔓一《つるひと》つ茗荷《みょうが》の丸《まる》

菱楓《ひしもみじ》

丸《まる》に楓《もみじ》

楓【もみじ】

観賞用植物としての歴史も古い落葉性植物。かえでとも。平安時代から衣装の文様として用いられたほか、絵巻物への登場も少なくない。単独の葉、複数の葉、その他のものと組み合わせた意匠など豊富なバリエーションがある家紋といえる。

糸輪《いとわ》に三《み》つ楓《もみじ》
公 今出川家

尻合《しりあ》わせ三《み》つ楓《もみじ》

散《ち》り楓《もみじ》

本国寺楓《ほんこくじもみじ》

割《わ》り楓《もみじ》

違《ちが》い楓《もみじ》

水《みず》に楓《もみじ》

中輪《ちゅうわ》に覗《のぞ》き楓《もみじ》

四《よ》つ楓菱《もみじひし》

抱《だ》き楓《もみじ》

楓枝丸《もみじえだまる》

古木楓《こぼくもみじ》の丸《まる》

抱《だ》き蘭《らん》の花《はな》

蘭《らん》

蘭【らん】

聖武天皇の時代に渡来したといわれる観賞用植物。松竹梅に蘭を加えたものを「四友」と呼び吉祥の象徴とされるが、家紋としての使用例は少ない。

丸《まる》に笹龍胆《ささりんどう》

笹龍胆《ささりんどう》

公 高倉家、五辻家、岩倉家

龍胆【りんどう】

美しい花を咲かせる山野草。衣装の文様として使用されることが多かったが、源氏にゆかりのある花であることから武家の使用例が目立っている。

龍胆車《りんどうくるま》

武 有馬氏（摂津）

三《み》つ葉《ば》龍胆《りんどう》

池田《いけだ》三《み》つ龍胆《りんどう》

武 池田氏（尾張）

石川龍胆《いしかわりんどう》

武 石川氏（下館藩）

三《み》つ折《お》れ葉《は》龍胆《りんどう》

四《よ》つ葉《は》龍胆菱《りんどうびし》

六《む》つ龍胆車《りんどうくるま》

公 中院家

久我《こが》龍胆《りんどう》

公 久我家

三《み》つ追《お》い掛《か》けの笹龍胆《ささりんどう》

三《み》つ割《わ》り笹龍胆《ささりんどう》

三《み》つ割《わ》り龍胆《りんどう》

亀山龍胆《かめやまりんどう》

総陰龍胆車《そうかげりんどうくるま》

栖鳳龍胆《せいほうりんどう》

糸輪《いとわ》に豆龍胆《まめりんどう》

三《み》つ葉《ば》六《む》つ花龍胆《はなりんどう》

蔓笹龍胆《つるささりんどう》

埋《うず》み龍胆《りんどう》

蔓違《つるちが》い龍胆《りんどう》

太菱《ふとひし》に植松龍胆《うえまつりんどう》

正親町連翹《おおぎまちれんぎょう》

公 正親町三条家

戸田連翹《とだれんぎょう》

連翹【れんぎょう】

中国原産の落葉低木。意匠が実物の花とやや異なっているのが特徴。家紋として用いられるようになったのは江戸時代から。使用例は少ないようだ。

動物紋

動物紋では、
哺乳類から昆虫、魚類、伝説の生き物もまとめて扱う。
縁起のよい鶴亀や武将が好んだ
鷹の羽、馬、蜻蛉なども紹介。
種類は少ないが、どれもユニークな図柄をしており、
印象的な家紋も多い。

板屋貝【いたやがい】

ホタテ貝に似る二枚貝。貝殻が扇を広げたような形状で、表面に放射状の筋と斑点があるのが特徴。江戸時代から使われていたようだが発祥は不明。

丸《まる》に板屋貝《いたやがい》

板屋貝《いたやがい》

二《ふた》つ葉《は》板屋貝《いたやがい》

二葉《ふたば》板屋貝《いたやがい》

二《ふた》つ板屋貝《いたやがい》

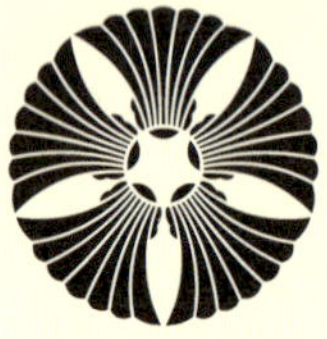

五《いつ》つ板屋貝《いたやがい》

兎【うさぎ】

月に棲むという逸話や因幡の白兎など物語への登場が多い動物。吉兆があると信じられていたことから、戦国時代の武家が家紋として採用した例が少なくなかったようだ。写実的な意匠のもの、愛らしい意匠のものなどいくつかの種類がある。

夕波兎《ゆうなみうさぎ》

向《む》かい兎《うさぎ》

馬【うま】

馬は古来より埴輪《はにわ》の意匠になったり神事にも使われるなど日本人の生活と密接な関わりがあった。ただし家紋にしている家は多くはないようだ。平将門が反乱を起こした際、神より黒馬を賜ったとの故事から末裔《まつえい》の相馬氏が家紋とした例がある。

右駆《みぎか》け馬《うま》

丸《まる》に馬《うま》

不破神馬《ふわしんば》

二頭《にとう》走《はし》り馬《うま》

相馬《そうま》繋《つな》ぎ馬《うま》
武 相馬氏（陸奥）

走《はし》り馬《うま》

蟹【かに】

硬い甲羅を持ち、はさみをかざす蟹を武士の甲冑と武器に見立てたとされる家紋。使用例は少ないが、海の蟹と川の蟹の二種類があるとされている。

丸《まる》に平家蟹《へいけかに》

蟹《かに》

亀【かめ】

亀は鶴と並ぶ長寿と繁栄のシンボルである。また四神のひとつ、北の方角を司る玄武も亀の姿をしている。平安時代には文様化され、室町時代以降に家紋として急速に広まったとされる。より縁起がよいとされる蓑亀《みのがめ》をあしらったものが多い。

登《のぼ》り亀《かめ》

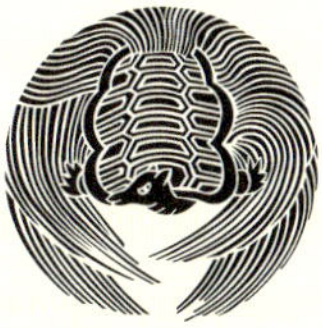

下《くだ》り亀《かめ》

二《ふた》つ追《お》い亀《かめ》の丸《まる》

水《みず》に二《ふた》つ亀《かめ》

三《み》つ追《お》い亀《かめ》

光琳亀《こうりんかめ》

雁金【かりがね】

雁は中国でよい報せを運ぶ鳥と伝えられてきた。また群れをなして飛ぶことから絆の象徴ともされる。江戸時代に増えたといわれる。

結《むす》び雁金《かりがね》
武 真田氏(信濃)

雁金《かりがね》

丸《まる》に結《むす》び雁金《かりがね》

増山雁金《ますやまかりがね》
武 増山氏(長島藩)

丸《まる》に二《ふた》つ雁金《かりがね》
武 柴田氏

二《ふた》つ雁金《かりがね》
武 柴田氏

五《いつ》つ雁金車《かりがねくるま》

結《むす》び雁金《かりがね》輪《わ》に豆雁金《まめかりがね》

金輪《かなわ》雁金《かりがね》

丸《まる》に三《み》つ口合《くちあ》い雁金《かりがね》

四《よ》つ盛《も》り雁金菱《かりがねびし》

三《み》つ斜《なな》め雁金《かりがね》

向《む》かい嘴合《はしあ》い雁金《かりがね》

雁金菱《かりがねびし》

三羽《さんわ》飛《と》び雁金《かりがね》

三羽《さんわ》追《お》い雁《かり》

小串《おぐし》雁金《かりがね》

尻合《しりあ》わせ三《み》つ結《むす》び雁金《かりがね》

雀【すずめ】

雀は人里には必ずといっていいほど生息しているなじみ深い鳥。竹に雀をあしらった文様は古くからあるようだ。単独の雀、複数の雀、稲穂との組み合わせなどいくつかのバリエーションがあるものの、全体的には珍しい家紋といえるだろう。

丸《まる》に飛《と》び雀《すずめ》

三《さん》羽《わ》雀《すずめ》
公 芝山家

吾木香《われもこう》に雀《すずめ》
武 柳生氏

飛《と》び三《さん》羽《わ》雀《すずめ》

雪輪《ゆきわ》に向《む》かい雀《すずめ》

三《み》つ膨雀《ふくらすずめ》

鷹の羽【たかのは】

鷹は俊敏で勇猛な性質から、また矢羽根として用いられたことから武家に好まれた家紋。羽根だけの意匠が多いのは動物紋の中では異色といえる。

丸《まる》に違《ちが》い鷹《たか》の羽《は》
武 浅野氏

違《ちが》い鷹《たか》の羽《は》
武 阿蘇氏

白河鷹《しらかわたか》の羽《は》
武 阿部氏（棚倉藩）

阿部《あべ》鷹《たか》の羽《は》
武 阿部氏

高木《たかぎ》鷹《たか》の羽《は》
武 高木氏（丹南藩）

浅野《あさの》鷹《たか》の羽《は》
武 浅野氏（広島藩）

陰陽違《いんようちが》い鷹《たか》の羽《は》

割《わ》り鷹《たか》の羽《は》

一《ひと》つ折《お》り鷹《たか》の羽《は》丸《まる》

違《ちが》い割《わ》り鷹《たか》の羽《は》
武 片桐氏（小泉藩）

三《み》つ違《ちが》い鷹《たか》の羽《は》

丸《まる》に斑《ふ》入《い》り並《なら》び鷹《たか》の羽《は》

武 久世氏（関宿藩）

丸《まる》に並《なら》び鷹《たか》の羽《は》

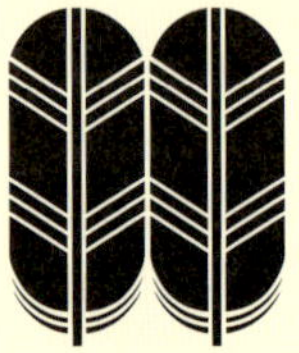

並《なら》び鷹《たか》の羽《は》

武 菊池氏（肥後）

細《ほそ》抱《だ》き鷹《たか》の羽《は》

五《いつ》つ鷹《たか》の羽《は》丸《まる》に違《ちが》い鷹《たか》の羽《は》

井上《いのうえ》鷹《たか》の羽《は》

武 井上氏（浜松藩）

六《む》つ鷹《たか》の羽《は》

鷹《たか》の丸《まる》

使《つか》い鷹《たか》

鷹匠《たかしょう》

鷹《たか》の羽《は》団扇《うちわ》

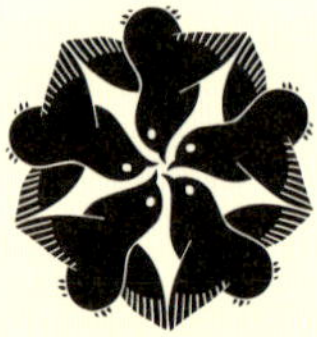

五《いつ》つ千鳥《ちどり》

千鳥《ちどり》

千鳥【ちどり】

千鳥とは水辺、河原に生息する小鳥の総称。数が多いことから千鳥と呼ばれるようになった。文様としての歴史は古いが、家紋に採用されるようになったのは比較的遅かったようだ。ふっくらした愛らしい意匠が特徴で、いくつかの種類がある。

丸《まる》に揚羽蝶《あげはちょう》

武 大道寺氏

揚羽蝶《あげはちょう》

武 織田信長 公 西洞院家

蝶【ちょう】

抽象的なデザインが多い動物紋だが、蝶に限っては具象的なものが少なくない。文様としては中国から伝来したが、平安時代にはさまざまな分野で使われるようになった。繊細で優雅な意匠にも関わらず、武家での使用例が多いとされる。

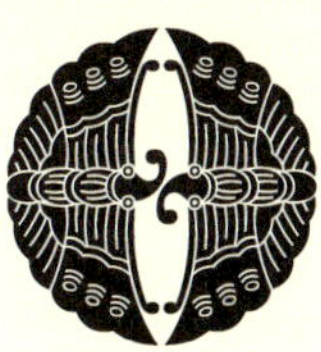

北条《ほうじょう》向《む》かい蝶《ちょう》
武 北条早雲

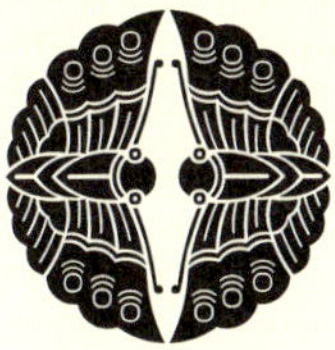

向《む》かい蝶《ちょう》
武 伊勢氏、大谷吉継

松平《まつだいら》因州《いんしゅう》蝶《ちょう》
武 池田氏(西館新田藩)

因幡《いなば》蝶《ちょう》
武 池田氏(鳥取藩)

三《み》つ揚羽《あげは》蝶《ちょう》

池田《いけだ》三《み》つ蝶《ちょう》
武 池田氏(生坂藩)

三《み》つ蝶《ちょう》

建部《たてべ》蝶《ちょう》
武 建部氏

向《む》かい揚羽《あげは》蝶《ちょう》

上下《じょうげ》向《む》かい蝶《ちょう》

池田《いけだ》備前《びぜん》蝶《ちょう》
武 池田氏(岡山藩)

源氏《げんじ》蝶《ちょう》

結《むす》び蝶《ちょう》

揚羽《あげは》蝶《ちょう》の丸《まる》

浮線《ふせん》蝶《ちょう》

蝶車《ちょうくるま》

向《む》かい鎧蝶《よろいちょう》

三《み》つ胡《こ》蝶《ちょう》

飛《と》び蝶《ちょう》

伊豆《いず》吉田《よしだ》蝶《ちょう》
武 松平長沢氏

 武 ——有名な武将 公 ——有名な公家 名 ——代表的な名字

丸《まる》に抱《だ》き角《つの》

抱《だ》き角《つの》
名 近藤

角【つの】

鹿、鹿角《かづの》とも。奈良の春日大社の御神体として知られるように信仰と縁が深い。兜の前立てに使われたことから武家の家紋にも採用された。

陰抱《かげだ》き角《つの》

三《み》つ割《わ》り角《つの》

割《わ》り角《つの》

丸《まる》に違《ちが》い折《お》れ角《つの》

森鶴《もりつる》の丸《まる》
武 森蘭丸

鶴《つる》の丸《まる》
公 日野家　武 日野氏、肝付氏

鶴【つる】

中国では瑞鳥と呼ばれ、亀と並ぶ長寿吉祥のシンボル。縁起の良さに加えて優雅で美しい姿も広く好まれる理由だったようだ。意匠の種類も豊富で、江戸時代の大名、幕臣らが採用する例が目立っていた。折り鶴といった変わり種もある。

向《む》かい鶴《つる》
武 石川氏　公 広橋家

桔《き》梗《きょう》形《がた》光琳《こうりん》鶴《つる》

光琳鶴《こうりんつる》の丸《まる》

丸《まる》に鶴《つる》の丸《まる》

光琳飛《こうりんと》び鶴《つる》

飛《と》び鶴《つる》
武 蒲生氏（近江）

上下向《じょうげむ》かい鶴《つる》

南部鶴《なんぶつる》
武 南部氏（盛岡藩）

三《み》つ寄《よ》せ折《お》り鶴《つる》

折《お》り鶴《つる》

有職鶴《ゆうそくつる》

飛《と》び鶴《つる》の丸《まる》

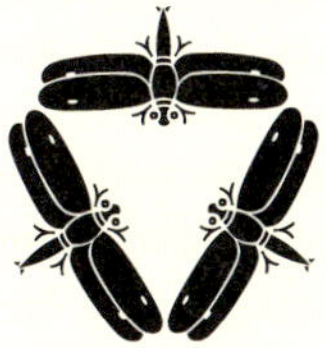

三《み》つ蜻蛉《とんぼ》

丸《まる》に向《む》かい蜻蛉《とんぼ》

蜻蛉【とんぼ】

古代日本は「秋津島《あきつしま》」と称されることがあったが、これは「蜻蛉の島」という意味。また、前にしか進まず退かないことから勝ち虫と呼ばれ、武士階級に好まれるという要素もあった。武家での使用例は多いようだが全体的には珍しい家紋だ。

向《む》かい鳩《はと》
武 高力氏（三河）

鳩《はと》

鳩【はと】

現在では平和の象徴とされている鳩だが、かつては八幡大菩薩の使いと信じられていた。八幡神は武神。つまりその使いの鳩はいわば勝利のシンボルだったのだ。平安時代以降、軍旗にあしらわれることも多く、守り神としての意味合いが強い。

鳩《はと》の丸《まる》

寓生《ほや》に鳩《はと》
武 熊谷直実

抱《だ》き寓生《ほや》に向《む》かい鳩《はと》

鳥居《とりい》に向《む》かい鳩《はと》

舞《ま》い鳳凰《ほうおう》の丸《まる》

鳳凰《ほうおう》の丸《まる》
武 関氏（新見藩）

鳳凰【ほうおう】

瑞鳥の中でも最高位といっていいのが鳳凰だ。中国ではすべての鳥類の長であるともいわれる。仏教伝来とほぼ同時に伝えられ文様として盛んに用いられたが、家紋として採用された例は少ない。数少ない「想像上の動物」紋として知られる。

天然紋

月や太陽から、雲や稲妻といった自然現象まで、
自然への畏敬を込めて、
古来より人間が扱ってきた文様である。
家紋の図柄は波のように力強いもの、星のように
とてもシンプルなものまでさまざまだ。

角立《かくた》て稲妻《いなずま》

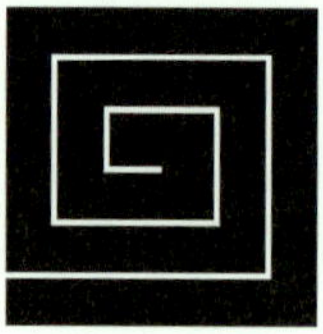
平稲妻《ひらいなずま》

稲妻【いなずま】

その表記からもわかるとおり、稲光は稲の豊作をもたらすと信じられてきた。文様としての種類は豊富だが、その割りには家紋への採用例は少ない。

稲光《いなびかり》付《つ》き四《よ》つ稲妻菱《いなずまびし》

丸《まる》に稲妻菱《いなずまびし》

丸《まる》に平稲妻《ひらいなずま》

稲妻菱《いなずまびし》
㊫ 山科家

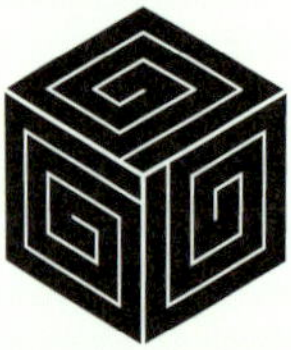
三《み》つ寄《よ》せ稲妻菱《いなずまびし》

隅立《すみた》て絡《から》み稲妻《いなずま》

三《み》つ盛《も》り平稲妻《ひらいなずま》

電光《でんこう》付《つ》き稲妻《いなずま》

霞【かすみ】

霞とは細かい水滴が空中に漂い、遠景がぼんやりと見える自然現象。絵巻物にも描かれていたが、霞そのものの意匠化は世界的にも例がないといわれている。戦国時代には家紋として採用されていたものの、使用例は決して多くない。

石持《いしも》ち地抜《じぬ》き霞《かすみ》

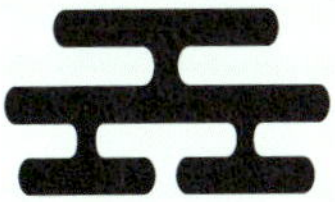

春霞《はるかすみ》

雲【くも】

古代の中国では雲の動き、色、形などで吉凶を占ったといわれ、早くから文様化されていた。めでたい雲を瑞雲《ずいうん》と呼んで喜ぶ概念が日本に伝わったのは飛鳥時代のこと。文様としては、奈良時代の仏教周辺に目立っていたようだ。

雨雲《あまぐも》

雲《くも》

総《そう》陰《かげ》月《つき》北《ほく》斗《と》星《せい》

三《み》つ雲巴《くもどもえ》

五《いつ》つ雲《くも》

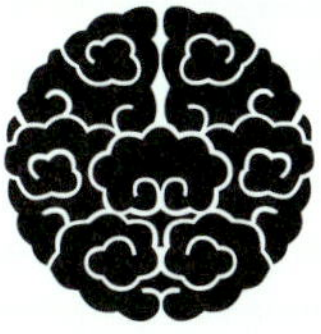

興正《こうしょう》寺《じ》雲《くも》

月【つき】

長らく太陰暦を用いてきた日本は月と親しむ国だった。万葉集などでもその美しさを讃える例は多く、文様化も進んだ。家紋としては満月や三日月のほか、半月や星、自然現象との組み合わせなどさまざまなバリエーションがある。

月《つき》に星《ほし》
武 千葉氏(下総)

月《つき》

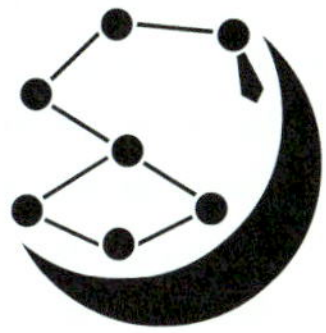

月《つき》に北《ほく》斗《と》星《せい》

月《つき》に霞《かすみ》

月《つき》に雲《くも》

右向《みぎむ》き陰日向月《かげひなたつき》に星《ほし》

黒田月《くろだつき》に水《みず》

月《つき》に兎《うさぎ》

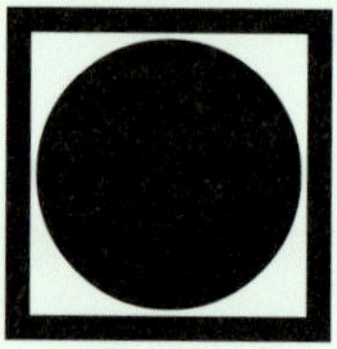

枡型《ますがた》に月《つき》

武 中山氏（松岡藩）

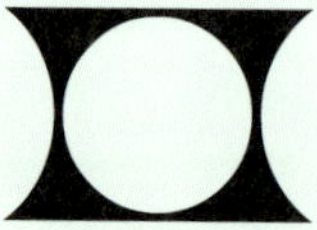

朧月《おぼろづき》

武 大田原氏（大田原藩）

浪【なみ】

多彩な表情を持つ波を意匠化する例は古くからあった。文様としての美しさに惹かれた例もあるが、男性的な力強さの象徴として武家に採り入れられたともいわれる。家紋としての種類は豊富で、他のものと組み合わせた意匠も少なくない。

二頭立浪《にとうたつなみ》

武 斎藤道三

二頭浪《にとうなみ》

渦巻《うずま》き浪《なみ》

右浪《みぎなみ》の丸《まる》

一《ひと》つ浪丸《なみまる》

おつり浪《なみ》

三《み》つ浪巴《なみともえ》

三《み》つ追《お》い浪丸《なみまる》

細菱《ほそびし》に覗《のぞ》き青海波《せいがいは》

丸《まる》に青海波《せいがいは》

竹生島浪《ちくぶしまなみ》

向《む》かい浪《なみ》に帆《ほ》

青山浪《あおやまなみ》

白浪《しらなみ》

浪巴《なみともえ》

立《た》ち浪《なみ》

松田浪《まつだなみ》

石《いし》持《も》ち地《じ》抜《ぬ》き青海波《せいがいは》

六《む》つ日足《ひあし》

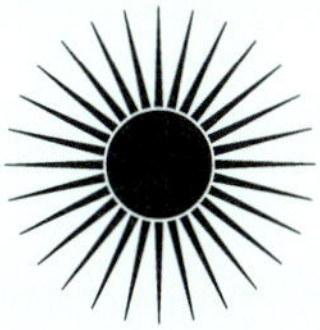

日足《ひあし》

日足【ひあし】

日足とは太陽に放射線状の日光を加えた意匠。太陽を崇拝するという信仰的な意味合いで文様化された。日の丸自体は古くから使われていたが、戦国時代に戦場で敵味方を区別するために足の数を変えたといわれ、これが日足紋の発祥とされる。

浪《なみ》に旭光《きょっこう》

日足《ひあし》に流水《りゅうすい》

変《か》わり十二《じゅうに》日足《ひあし》

武 龍造寺隆信

十二《じゅうに》日足《ひあし》

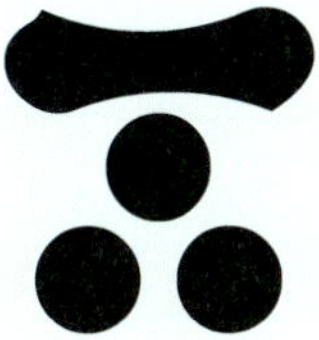

一文字《いちもんじ》三《み》つ星《ほし》(長門《ながと》三《み》つ星《ほし》)

武 毛利氏、大江氏、永井氏

丸《まる》に三《み》つ星《ほし》

武 石田三成

星【ほし】

一般に星紋は妙見菩薩信仰から始まったといわれている。北辰すなわち北斗七星は延命長寿、息災招福の象徴だが、星紋の中で特に多い三つ星の家紋は、中国の三武（将軍星）の象徴で毛利氏を始めとする武家での採用例が目立っている。

渡辺星《わたなべほし》

武 渡辺氏

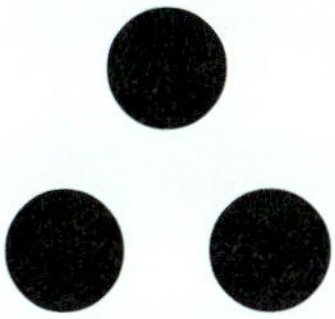

松浦星《まつらほし》

武 松浦氏(肥前)

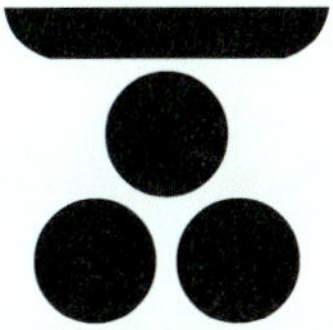

徳山《とくやま》三《み》つ星《ほし》

武 毛利家(徳山藩)

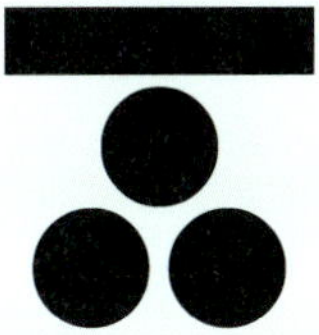

一文字《いちもんじ》三《み》つ星《ほし》

武 長井氏、斎藤氏

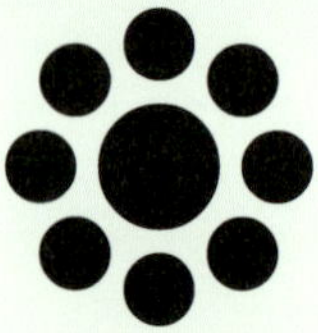

細川《ほそかわ》九曜《くよう》
武 細川氏（熊本藩）

丸《まる》に九曜《くよう》
武 戸沢氏（新庄藩）

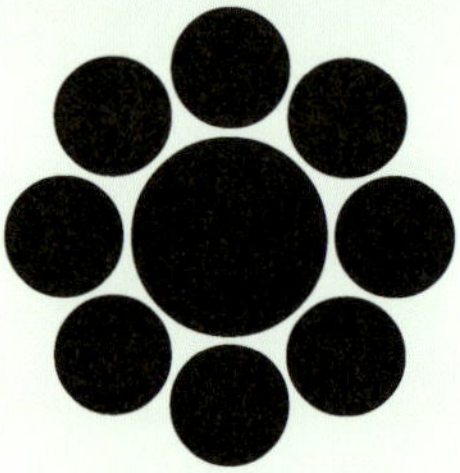

九曜《くよう》
武 細川氏
吉川氏（岩国藩）
戸田氏（大垣藩）
相馬氏（中村藩）
木曾氏（信濃）
伊達氏（陸奥）
松平桜井氏
石田三成

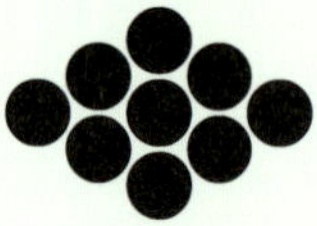

九曜菱《くようひし》

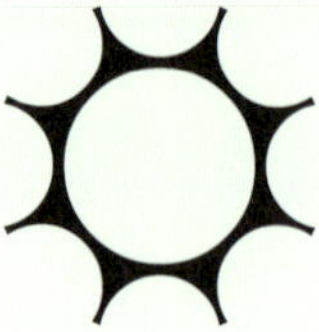

抜《ぬ》け九曜《くよう》
武 小西氏（山城）

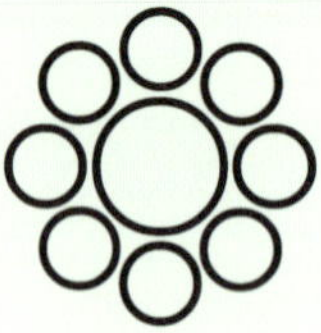

陰《かげ》九曜《くよう》
武 細川氏（谷田部藩）

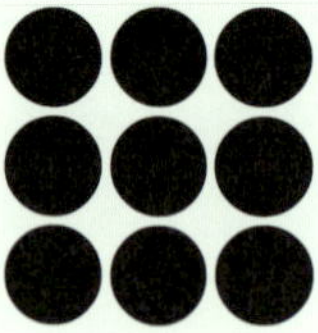

角《かく》九曜《くよう》
武 保科氏（飯野藩）

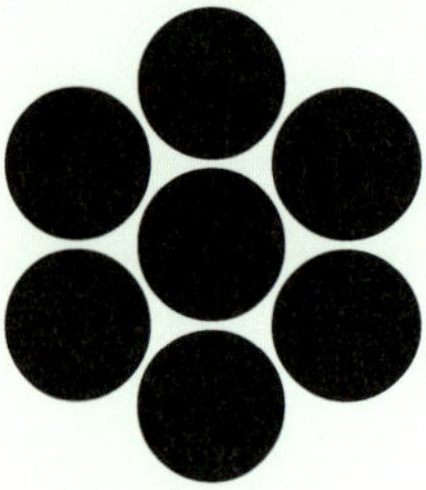

七曜《しちよう》
武 田沼氏（相良藩）
九鬼氏（三田藩）
大須賀氏（下総）
和田氏
高山右近

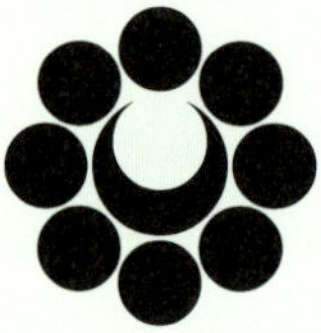

八曜《はちよう》に月《つき》

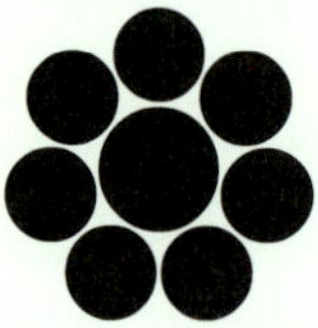

八曜《はちよう》
武 蒔田氏、富樫氏

陰陽《いんよう》七《なな》つ星《ほし》

六《む》つ重《かさ》ね星《ほし》

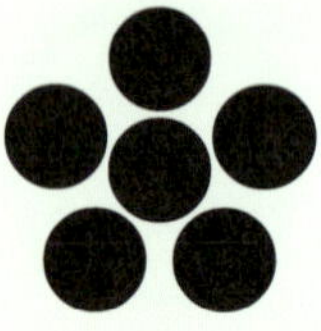

六曜《ろくよう》
武 戸田氏（足利藩）

七曜《しちよう》に木《き》の字《じ》

土星《どせい》

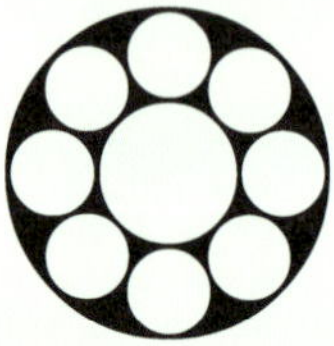

石持《いしも》ち地抜《じぬ》き九曜《くよう》

銀星《ぎんせい》

割《わ》り九曜《くよう》

青木《あおき》富士《ふじ》の山《やま》

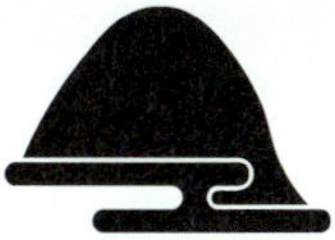
山《やま》に霞《かすみ》

山【やま】

自然の造形の中でもひときわ雄大な山は古くから信仰の対象であった。神や祖霊の棲む聖地として文様化されていたが、家紋に採用されるようになったのは比較的遅い時代である。具象的な山紋、抽象化された山形紋などバリエーションも豊富。

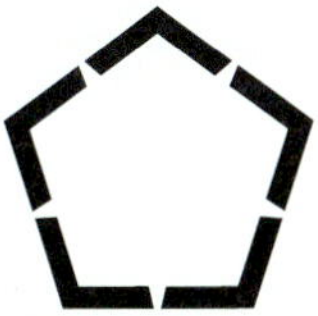
五《ご》角《かく》山形《やまがた》

差《さ》し金《かね》違《ちが》い山形《やまがた》

違《ちが》い山形《やまがた》

三《み》つ遠山《とおやま》

初雪《はつゆき》

雪《ゆき》

雪【ゆき】

日本では景色の美しさだけでなく、豊年の象徴として尊ばれていた。文様化は早かったが、家紋として用いられはじめたのは江戸時代以降のようだ。

曇《くも》り雪《ゆき》

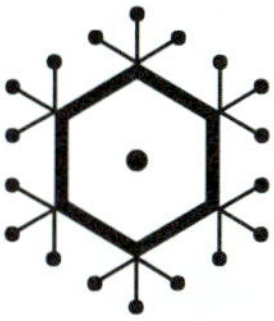
氷柱雪《つららゆき》

吹雪《ふぶき》

春《はる》の雪《ゆき》

雪菱《ゆきびし》

四季《しき》

雪月梅花《せつげつばいか》

雪花《ゆきはな》

器物紋

日本人が古来より
使ってきた道具を図案化したもので、
器物紋は比較的新しくデザインされたものが多い。
武将は自分の兜、矢、団扇などの
道具を図案化して、家紋に用いたようだ。

今川赤鳥《いまがわあかとり》
武 今川氏

赤鳥《あかとり》

赤鳥【あかとり】

赤鳥とは当て字で、化粧道具のひとつ、櫛の歯の「垢取り」を意味する。櫛そのものに似ているが上部に紐《ひも》を通す穴がある形を意匠化している。家紋の中では珍しいものだが、今川氏一族が使用したことは広く知られているようだ。

丸《まる》に変《か》わり庵《いおり》

庵《いおり》

庵【いおり】

本来の庵とは茅や木などで作られた簡素な小屋のこと。転じて簡素な住まいを庵と呼ぶようになった。江戸時代以降に使用例が増えた。

花筏《はないかだ》
武 本多氏、滝川氏

丸《まる》に筏《いかだ》

筏【いかだ】

木や竹を蔓あるいは縄で繋ぎ合わせた筏は主に運搬に用いられた。春の谷川を下っていく風流な様子を意匠化したもので、古くは文様にも見られる。江戸時代には信濃の飯山藩大名家の本多氏が家紋として使ったという記録が残っている。

錨【いかり】

船を係留するために用いられる錨（碇とも書くが、こちらは鉄製の錨が登場する前のもの）。一定の場所に繋ぎ止める強力な力にあやかって家紋にする例が多かったともいわれる。武家のほか、海事関係の家にもこの家紋を採用する例がある。

錨丸《いかりまる》

錨《いかり》

井桁【いげた】

井戸の囲い（地上に覗く部分）が井桁。井筒とも呼ばれるが、家紋分類上は区別される。井桁は「井」の形状が菱形に変形したものを指している。他の家紋を井桁で囲んだパターンがいくつも存在しており、バリエーションは多いようだ。

違《ちが》い井桁《いげた》

井桁《いげた》
名 井上

丸《まる》に変《か》わり組《く》み井桁《いげた》

丸《まる》に井桁《いげた》に一《いち》の字《じ》

丸《まる》に井桁《いげた》

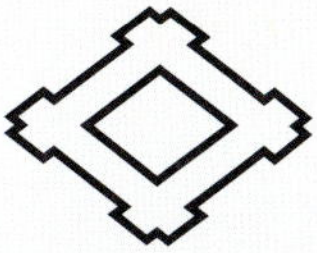
陰《かげ》井桁《いげた》

子持《こも》ち組《く》み井桁《いげた》

組《く》み井桁《いげた》

重《かさ》ね井桁《いげた》

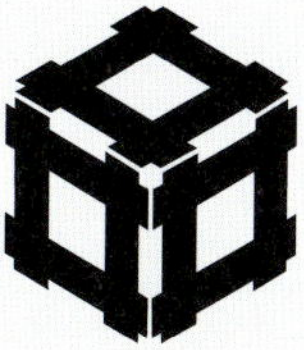
三《み》つ井桁《いげた》

変《か》わり細《ほそ》井桁《いげた》

唐《から》井桁《いげた》

中輪《ちゅうわ》に三《み》つ持《も》ち合《あ》い井桁《いげた》

太《ふと》井桁《いげた》

石【いし】

一般に「石」と呼ばれる文様、家紋は自然の丸石ではなく石畳の形状を意味する。並べ方にはいくつものパターンがあり、連続して配置されたものは特に「霰《あられ》」と呼ばれた。神社に石畳を使うことから神職の家系に採用される例が多い。

丸《まる》に三《み》つ寄《よ》せ石《いし》

三《み》つ石《いし》
武 土屋氏（相模）

丸《まる》に四《よ》つ割《わ》り石《いし》

丸《まる》に平《ひら》四《よ》つ割《わ》り石《いし》

丸《まる》に四《よ》つ石《いし》
武 梶原氏（相模）

四《よ》つ石《いし》
武 梶原氏

石車《いしくるま》

糸輪《いとわ》に三《み》つ割《わ》りの三《み》つ石《いし》

繋《つな》ぎ九《ここの》つ石《いし》

丸《まる》に平五《ひらいつ》つ石《いし》
武 梶原氏（相模）

井筒【いづつ】

井戸の囲いを意匠化したもののうち、正方形の「井」を井筒と呼ぶ。斜めに配置された井筒もあるが、これは菱形の井桁とは区別されている。

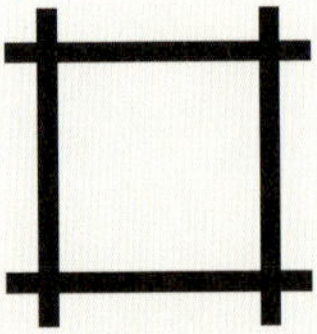

細平井筒《ほそひらいづつ》
武 井伊氏（遠江）

平井筒《ひらいづつ》

違《ちが》い井筒《いづつ》

角立《かくた》て井筒《いづつ》

折《お》り平井筒《ひらいづつ》

組《く》み平井筒《ひらいづつ》

七角《しちかく》井筒《いづつ》に三《み》つ巴《どもえ》

重《かさ》ね六方《ろっぽう》井筒《いづつ》

花形《はながた》井筒《いづつ》

井筒《いづつ》に三《み》つ巴《どもえ》

房付《ふさつ》き団扇《うちわ》

丸《まる》に一《ひと》つ団扇《うちわ》

団扇【うちわ】

涼をとったり火おこしに使う紙の団扇、戦場で采配に用いる軍配、天狗が持つとされる羽根団扇などの意匠は、いずれも「団扇」に分類される。ただし武家の軍配、羽根団扇は信仰的な意味合いがあるなど、由来はそれぞれ異なっているようだ。

桑名《くわな》団扇《うちわ》

軍配団扇《ぐんばいうちわ》（唐団扇《からうちわ》）
武 奥平氏、富田氏

糸輪《いとわ》に葵団扇《あおいうちわ》

三《み》つ団扇《うちわ》

三《み》つ割《わ》り房付《ふさつ》き唐団扇《からうちわ》

唐団扇笹《からうちわざさ》
武 児玉氏

剣《けん》三《み》つ唐団扇《からうちわ》

三《み》つ唐団扇《からうちわ》

鷹《たか》の羽団扇《はうちわ》

三《み》つ割《わ》り羽団扇《はうちわ》

米津《よねづ》羽団扇《はうちわ》
武 米津氏（長瀞藩）

羽団扇《はうちわ》

扇

【おうぎ】

主に涼をとるための扇であるが、末広という別名から縁起がよいものとされ、祝賀の際の儀礼用装具として用いられた。こうした吉祥的意味合いから家紋にする例が少なくなかったようだ。種類は豊富で中には閉じた形の意匠もある。

丸《まる》に五《ご》本《ほん》骨《ほね》扇《おうぎ》

五《ご》本《ほん》骨《ほね》扇《おうぎ》

丸《まる》に日《ひ》の丸《まる》扇《おうぎ》

佐《さ》竹《たけ》扇《おうぎ》

武 佐竹氏

三《み》つ扇《おうぎ》

武 松平大河内氏

横《よこ》重《かさ》ね扇《おうぎ》

違《ちが》い扇《おうぎ》

高《たか》崎《さき》扇《おうぎ》

武 松平大河内氏

三《み》つ反《そ》り扇《おうぎ》

武 伊達氏（吉田藩）

島《しま》原《ばら》扇《おうぎ》

武 松平深溝氏

丸《まる》に四《よ》つ扇《おうぎ》

五《ご》本《ほん》束《たば》ね扇《おうぎ》

浅《あさ》野《の》扇《おうぎ》

武 浅野氏(近江)

丸《まる》に三《み》つ扇《おうぎ》

秋《あき》田《た》檜《ひ》扇《おうぎ》

武 秋田氏（三春藩）

檜《ひ》扇《おうぎ》

武 山崎氏、浦上氏

扇《おうぎ》崩《くず》し

重《かさ》ね扇《おうぎ》に抱《だ》き柏《かしわ》

片房《かたふさ》付《つ》き三《み》つ檜扇《ひおうぎ》

房《ふさ》付《つ》き閉《と》じ檜扇《ひおうぎ》

花扇《はなおうぎ》

丹《に》羽《わ》檜扇《ひおうぎ》

武 丹羽氏（三草藩）

丸《まる》に頭合《かしらあ》わせ三《み》つ地紙《じがみ》

地紙《じがみ》に三階菱《さんかいびし》

陰陽《いんよう》重《かさ》ね地紙《じがみ》

丸《まる》に地紙《じがみ》

大岡玉垣《おおおかたまがき》

武 大岡氏

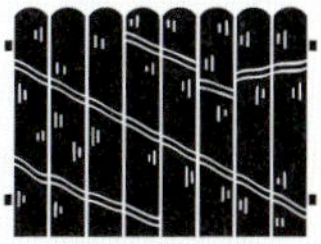

竹垣《たけがき》

垣根【かきね】

家紋に用いられる垣は神社の周囲に張り巡らされた、俗世と神聖域を隔てる垣である。神域を囲むことから神垣、玉垣とも呼ばれ、信仰的な意味合いから家紋に採用する例が少なくない。時代が下ってからは竹垣や常磐垣などの変形も見られる。

園部額《そのべがく》

武 小出氏（園部藩）

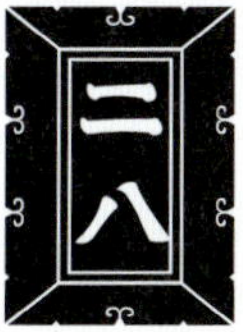

額《がく》に二八《にはち》

額【がく】

神社、仏閣、廟などに奉納される額を意匠化したもの。神聖なものとして家紋に採用したようだ。家紋の額はこの2種類だけである。

丸《まる》に笠《かさ》

笠《かさ》

笠【かさ】

頭に被る編み笠、陣笠、花笠などで取っ手のついた「傘」とは区別される。形状のおもしろさから、いくつものバリエーションが生まれた。

三階笠《さんかいがさ》

柳生笠《やぎゅうがさ》
武 柳生氏（柳生藩）

二階笠《にかいがさ》
武 柳生氏

丸《まる》に陣笠《じんがさ》

唐人笠《とうじんがさ》

房付《ふさつ》き変《か》わり陣笠《じんがさ》

三《み》つ笠《かさ》

糸輪《いとわ》に網笠《あみがさ》

角《つの》立《た》て兜《かぶと》

鍬形兜《くわがたかぶと》

兜【かぶと】

頭部を保護するための防具をかたどった家紋。発生当時は簡素なものだったが、平安末期から戦国時代にかけて、名のある武将が武勇や威厳を示すために用いる例が増えた。凝った意匠をそのまま家紋に採用する武家の家系も多かったようだ。

梅兜《うめかぶと》

巴兜《ともえかぶと》

真向《まむ》き兜《かぶと》

剣兜《けんかぶと》

六《む》つ結《むす》び釜敷《かましき》

七《なな》つ釜敷《かましき》

釜敷【かましき】

輪を花弁状に配置した文様で多彩なパターンが存在する。似たものとして金属製の輪を意匠化した「金輪《かなわ》紋」があるが分類上は別のものとされる。

鐶【かん】

筆笥《たんす》の引き出しの「引き手」を意匠化したもの。単独で用いられる例は少なく、数や配置、他の意匠との組み合わせなどいくつもの種類がある。

外《そと》三《み》つ鐶《かん》

三《み》つ組鐶《くみかん》

唐鐶木瓜《からかんもっこう》

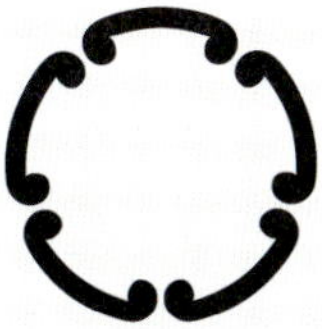
太《ふと》鐶《かん》輪《わ》

繋《つな》ぎ三《み》つ組鐶《くみかん》

外《そと》三《み》つ唐鐶《からかん》

外八《そとや》つ鐶《かん》に十六菊《じゅうろくきく》

六《む》つ鐶《かん》に九枚笹《くまいささ》

六条鐶桜《ろくじょうかんさくら》

平外六《ひらそとむ》つ鐶《かん》に梅鉢《うめばち》

木（算木）【き（さんぎ）】

算盤《そろばん》が発明される以前に使われたとされる計算用の道具。文様紋の「引き両」に似るが、棒の長さがすべて同じでやや太いことから区別できる。

丸《まる》に一《ひと》つ算木《さんぎ》

丸《まる》に算木《さんぎ》

四《よ》つ組《く》み違《ちが》い木《き》

丸《まる》に立《た》て算木《さんぎ》

丸《まる》に並《なら》び切《き》り竹《たけ》

丸《まる》に十《じゅう》の字《じ》算木《さんぎ》

杏葉【ぎょうよう】

植物（特に茗荷《みょうが》）の意匠化のようにも見えるが、これは馬にかける金属あるいは革製の装飾品の総称である。九州を中心とする大名家のほか、公家での使用例も見られる。江戸時代の大名も採用した。歴史は古いが使用家自体は少ない。

大友《おおとも》抱《だ》き杏葉《ぎょうよう》
武 大友宗麟

立《た》ち杏葉《ぎょうよう》

小城《おぎ》花杏葉《はなぎょうよう》
武 鍋島氏（小城藩）

鍋島花杏葉《なべしまはなぎょうよう》
武 鍋島氏（鹿島藩）

鍋島杏葉《なべしまぎょうよう》
武 鍋島氏

大友《おおとも》抱《だ》き花杏葉《はなぎょうよう》
武 大友氏

園《その》抱《だ》き杏葉《ぎょうよう》
公 園家

三《み》つ割《わ》り杏葉《ぎょうよう》

藪杏葉《やぶぎょうよう》

丸《まる》に違《ちが》い花杏葉《はなぎょうよう》

釘抜き【くぎぬき】

大工道具の一種。座金《ざがね》と梃《てこ》の組み合わせで使うものだが、家紋に使用される際は梃が省略されることが多い。力強さの象徴。「釘を抜く」を「九城を抜く」にかけて戦の連勝を祈願して武家が採用するケースがあったと伝えられている。

違《ちが》い釘抜《くぎぬ》き

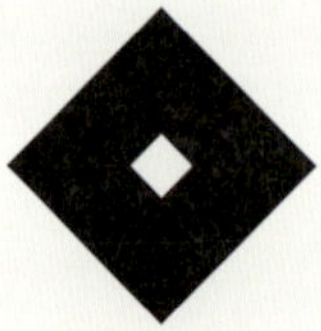

釘抜《くぎぬ》き
武 堀氏、三好氏（阿波）

二《ふた》つ釘抜《くぎぬ》きに貫抜《つらぬ》き

一柳釘抜《ひとつやなぎくぎぬ》き
武 一柳氏（伊予）

丸《まる》に釘抜《くぎぬ》き
武 一柳氏、太田原氏

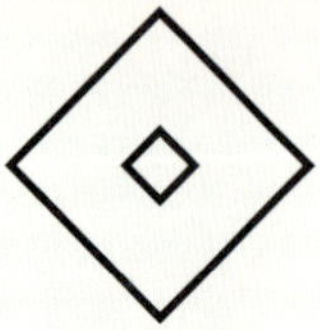

陰釘抜《かげくぎぬ》き

中輪《ちゅうわ》に三《み》つ違《ちが》い釘抜《くぎぬ》き

違《ちが》い釘抜《くぎぬ》き

丸《まる》に一《ひと》つ釘抜《くぎぬ》き

丸《まる》に三《み》つ割《わ》り釘抜《くぎぬ》き

陰轡《かげくつわ》

轡十字《くつわじゅうじ》

轡【くつわ】

馬の口に装着する金具。武具ととらえ尚武的な意味合いで用いられる例が多い。キリシタン弾圧の際、カモフラージュとして使った例もあるとか。

三《み》つ捻《ね》じ轡《くつわ》

三《み》つ轡菱《くつわびし》

八角轡《はっかくくつわ》

内田轡《うちだくつわ》

武 内田氏（遠江）

丸《まる》に十字久留子《じゅうじくるす》

十字久留子《じゅうじくるす》

久留子【くるす】

十字架紋の別名を持つ。キリスト教伝来とともに武家の中にも改宗するものが増えたが、同時に家紋として用いられた。その後、厳しい弾圧で使用が禁止されたにも関わらず、他の文様と組み合わせて使われたともいわれている。

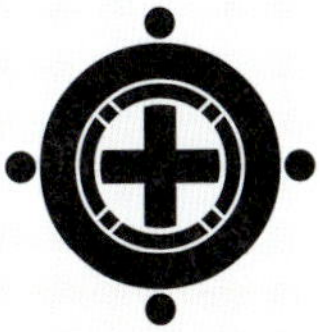

内田久留子《うちだくるす》

武 内田氏（小見川藩）

四《よ》つ花久留子《はなくるす》

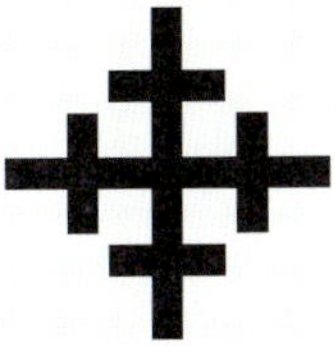

角形久留子《かくがたくるす》

花久留子《はなくるす》

車【くるま】

牛車の車輪をかたどったもの。平安時代に公家の乗り物として使われたことからもわかるとおり、栄華の象徴だったといわれるが、家紋になったのは鎌倉時代以降のこと。幾何学的な美しさを持つ。中に紋を入れたり、半分だけの紋も。

榊原車《さかきばらくるま》
武 榊原氏

源氏車《げんじぐるま》
名 佐藤

木下車《きのしたくるま》
武 木下氏（足守藩）

三《み》つ割《わ》り重《かさ》ね源氏車《げんじぐるま》

重《かさ》ね花形車《はながたくるま》

生駒車《いこまくるま》
武 生駒氏（矢島藩）

鍬形【くわがた】

兜の装飾に用いられた左右一対の角飾り。形状が鍬《くわ》の形に似ているためこう呼ばれた。単独のものから、複数を組み合わせたものまで種類は豊富。

丸《まる》に鍬形《くわがた》

鍬形《くわがた》

五《いつ》つ鍬形崩《くわがたくず》し

丸《まる》に三《み》つ剣鍬形《けんくわがた》

上下違《じょうげちが》い鍬形《くわがた》

三《み》つ鍬形《くわがた》

琴柱【ことじ】

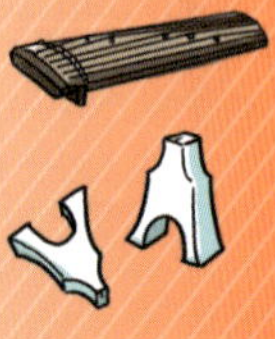

琴の弦を支える道具を意匠化したもので、室町時代に家紋として採用されるようになった。形状のおもしろさが特徴。

五《いつ》つ琴柱《ことじ》

琴柱《ことじ》

独楽【こま】

玩具として中国から伝来した。平安時代には男児の遊び道具として広く普及したといわれている。文様として使われるようになったのは比較的遅い時期で、江戸時代以降とも。豊臣秀吉の正室、高台院の兄の木下氏（豊後国日出《ひじ》藩祖）が用いた。

木下《きのした》独楽《こま》
武 木下氏

独楽《こま》

駒【こま】

いわゆる将棋の駒。特徴のある五角形になったのは室町時代といわれているが、家紋として用いられたのは遅く江戸時代の末期という説がある。

五《いつ》つ将棋駒《しょうぎこま》

丸《まる》に将棋駒《しょうぎこま》

七宝【しっぽう】

金、銀、瑠璃《るり》、瑪瑙《めのう》、珊瑚《さんご》、シャコ、水晶の7種の宝物を七宝と呼ぶ。本来の宝物とは似ていないが、紡錘《ぼうすい》を4つ組み合わせた七宝文様は平安時代に考案されたといわれている。四方に無限に繋がる様を描いており、吉祥の意味合いを持つ。

陰七宝《かげしっぽう》

七宝《しっぽう》

七宝《しっぽう》に花角《はなかく》
武 小堀氏、高師直

持《も》ち合《あ》い四《よ》つ七宝《しっぽう》に花角《はなかく》

持《も》ち合《あ》い三《み》つ七宝《しっぽう》

七宝《しっぽう》に花菱《はなびし》
武 立花氏（豊後）

大岡七宝《おおおかしっぽう》
武 大岡氏

五《いつ》つ割《わ》り七宝《しっぽう》に花角《はなかく》

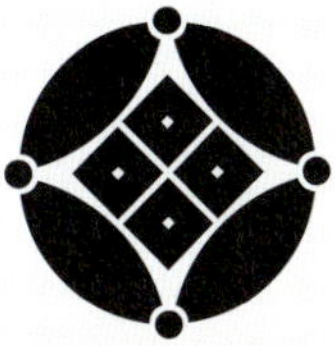

星付《ほしつ》き七宝《しっぽう》に角立《かくた》て四《よ》つ目《め》

花付《はなつ》き七宝《しっぽう》に花角《はなかく》

持《も》ち合《あ》い九《ここの》つ七宝《しっぽう》

外《そと》割《わ》り七宝《しっぽう》の中《なか》に花角《はなかく》

蔓《つる》付《つ》き七宝《しっぽう》

割《わ》り七宝菱《しっぽうびし》に花菱《はなびし》

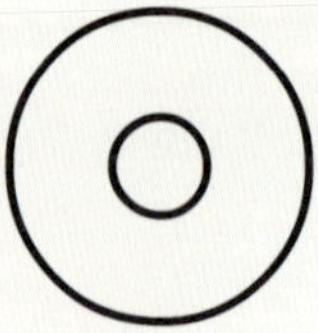

陰蛇《かげじゃ》の目《め》

蛇《じゃ》の目《め》

武 加藤氏

蛇の目【じゃのめ】

へびの目と名付けられているが、もともとは弓の弦を巻き付ける道具であった。このため弦巻紋という呼び名もある。シンプルで力強い意匠であること、そもそもの成り立ちに尚武的な意味合いもあることから武家での使用が目立つ。

糸輪《いとわ》に三《み》つ割《わ》り蛇《じゃ》の目《め》

蛇《じゃ》の目《め》九曜《くよう》

三《み》つ剣蛇《けんじゃ》の目《め》

武 戸沢氏（陸奥）

三《み》つ盛《も》り蛇《じゃ》の目《め》

三《み》つ鈴《すず》

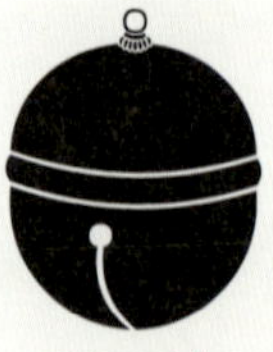

一《ひと》つ鈴《すず》

鈴【すず】

愛らしい意匠だが、単純な装飾具というより神事に使う魔除けの道具として使用された神聖なもの。後年、祭などにも広く使われ一般化したが、もともとの歴史は古い。鈴が1～3個の意匠が多い。神楽鈴には鈴が15個ついている。

神楽鈴《かぐらすず》

十曜鈴《じゅうようすず》

五《いつ》つ鈴《すず》

丸《まる》に三盛《みもり》の鈴《すず》

洲浜【すはま】

須浜とも書く。本来は浜辺にできる島型の洲を指したが、中国で仙境蓬莱山を真似て飾った台を意味している。日本でも平安時代に慶賀の際に州浜台を作った。吉祥を象徴する文様として盛んに用いられた。比較的歴史の古い意匠である。

違《ちが》い洲浜《すはま》

洲浜《すはま》
武 真田氏、山本勘助

三《み》つ持《も》ち合《あ》い洲浜《すはま》

変《か》わり三《み》つ盛《も》り洲浜《すはま》
武 青木氏（麻田藩）

三《み》つ盛《も》り洲浜《すはま》
武 青木氏（美濃）

丸《まる》に洲浜《すはま》

秋津《あきつ》洲浜《すはま》

原型《げんけい》洲浜《すはま》

月輪《つきわ》に豆《まめ》洲浜《すはま》

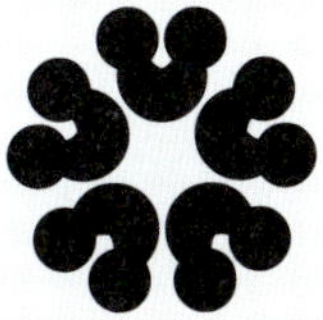

頭《かしら》合《あ》わせ五《いつ》つ洲浜《すはま》

銭【ぜに】

通貨をかたどった意匠。中国から伝わってきた銭には縁起のよい文字が刻まれていることが多く、それにあやかって家紋に採用された。真田氏で有名な真田銭は「三途の川の渡し賃」を意味しており、地蔵信仰からきたものとされる（➡P98）。

永楽銭《えいらくせん》
武 仙石氏、織田氏

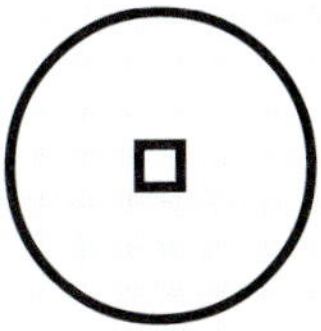

青山銭《あおやません》
武 青山氏（篠山藩）

裏表文久銭《うらおもてぶんきゅうせん》

天保銭《てんぽうせん》

裏銭《うらせん》

地《じ》抜《ぬ》き寛永銭《かんえいせん》

六《む》つ捻《ね》じ銭《せん》

浪銭《なみせん》

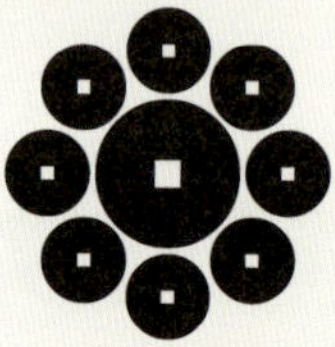

長谷部銭《はせべせん》

真田銭《さなだせん》

武 真田氏

角宝結《かくたからむす》び

宝結《たからむす》び

宝結び【たからむすび】

仏閣の欄間《らんま》に使用する荘《しょう》厳具《ごんぐ》についている紐《ひも》の結び。信仰に由来する家紋であるが、縁起担ぎの意味もあった。どちらかといえば珍しい家紋である。

蝶形宝結《ちょうがたたからむす》び

三《み》つ寄《よ》せ角宝結《かくたからむす》び

三《み》つ寄《よ》せ一《ひと》つ結《むす》び

華蔓宝結《はなつるたからむす》び

稲荷玉《いなりたま》

一《ひと》つ玉《たま》

玉【たま】

玉とは宝珠の意味。密教に伝わる法具のひとつだが、金銀財宝を意のままに取り出せる不思議な力があったといわれる。円（球）形というよりは、下が丸くて上が尖った形状であることが多い。吉祥的な意味合いから江戸時代以降に用いられた。

三《み》つ寄《よ》せ千切《ちき》り

千切《ちき》り

千切り【ちきり】

織物に使う。縦糸を巻いておく中央がくびれた道具で「工」の字に似ている。形がとても美しく、互いに絶対離れないという吉祥、縁起担ぎの意匠として用いられた。正方形を辺で合わせ、線でつなぎ合わせた形が特徴である。

提盤【ちょうばん】

打板とも書く。もともとは青銅製の楽器。鎌倉時代に渡来し、禅寺では起床、就寝などの合図に使われた。宗教的な理由から家紋となった。

丸《まる》に提盤《ちょうばん》

提盤《ちょうばん》

小菅提盤《こすげちょうばん》

釣《つ》り提盤《ちょうばん》

提盤《ちょうばん》に七《なな》つ星《ほし》

三《み》つ提盤《ちょうばん》

槌【つち】

物を打ち付ける道具だが、家紋に使用されるのは金槌ではなく木槌の方。「敵を討つ」という意味から武家が採用した例もあるが、「打ち出の小槌」にあやかって縁起担ぎの意味合いで用いられたケースもあった。ユーモラスな意匠が多い。

木目槌《もくめつち》

槌《つち》

八《や》つ槌車《つちくるま》

武 土井氏（刈谷藩）

六《む》つ槌車《つちくるま》

武 土井氏（三河）

三《み》つ横槌《よこつち》

丸《まる》に三《み》つ槌《つち》

鼓【つづみ】

鼓には胴の太い太鼓と胴のくびれた小鼓があるが、家紋に用いられるのは後者。具象的な鼓のほか、シンプルな抽象的意匠のものもある。バリエーションは比較的多い方だが、実際に家紋として使われている例は少ないといわれている。

真向《まむ》き鼓《つづみ》

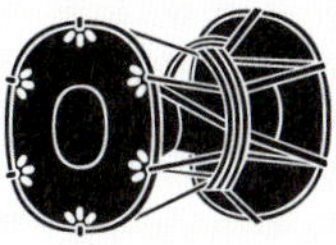

鼓《つづみ》

調《しら》べ鼓胴《つづみどう》

丸《まる》に違《ちが》い鼓胴《つづみどう》

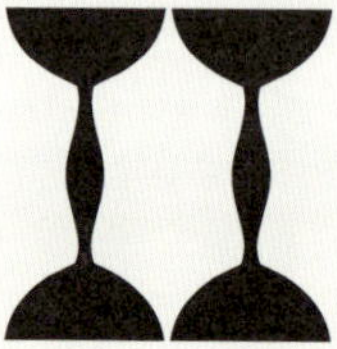

二《ふた》つ並《なら》び鼓胴《つづみどう》

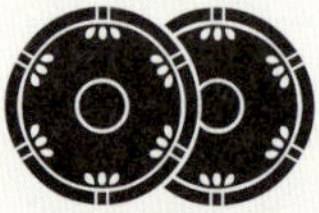

鼓皮《つづみかわ》

玉垣鳥居《たまがきとりい》

鳥居《とりい》

武 鳥居氏(三河)

鳥居【とりい】

鳥居は神社の象徴。もともとは神に供える鶏の止まり木がその由来である。オーソドックスな鳥居のほか、垣をあしらったもの、文字や鳥の意匠を加えたものなど多彩。神職にかかわる家系や氏子に採用例が多いといわれている。

抱《だ》き結《むす》び熨斗《のし》

抱《だ》き熨斗《のし》

熨斗【のし】

現在では贈答に用いるが、もともとはアワビの肉を薄く剥いで引き伸ばした鮑《あわび》熨斗を指していた。「伸ばす」は長寿、延寿の象徴にも繋がる。

三《み》つ寄《よ》せ熨斗《のし》

結《むす》び熨斗《のし》の丸《まる》

違《ちが》い熨斗《のし》

抱《だ》き飾《かざ》り熨斗《のし》

違《ちが》い折《お》り熨斗《のし》

熨斗輪《のしわ》に鷹《たか》の羽《は》

熨斗輪《のしわ》

二《ふた》つ熨斗輪《のしわ》に九曜《くよう》

羽子板【はごいた】

正月の遊具として使われる羽子板の歴史は古く、室町時代から公家の間で親しまれてきた。中世に文様化された記録はないが、江戸時代に庶民の遊びになってからは家紋に採り入れる例も増えたといわれる。いくつかの種類があるが使用例は少ない。

丸《まる》に並《なら》び羽子板《はごいた》

羽子板《はごいた》

八《や》つ羽子板《はごいた》

五《いつ》つ追《お》い掛《か》け羽子板《はごいた》

三《み》つ羽子板《はごいた》

中輪《ちゅうわ》に違《ちが》い羽子板《はごいた》

羽箒【はぼうき】

鳥の羽で作られた小型の箒。茶器や漆器の煤払いに用いられた。比較的珍しい意匠で、一つ羽根から三つ羽根までの３種類があるとされる。

違《ちが》い羽箒《はぼうき》

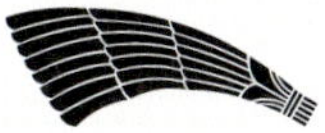

一《ひと》つ羽箒《はぼうき》

二《ふた》つ追《お》い羽箒《はぼうき》

羽箒《はぼうき》の丸《まる》

抱《だ》き羽箒《はぼうき》

並《なら》び羽箒《はぼうき》

袋【ふくろ】

口を閉じた袋の意匠にはいくつかの例がある。いずれも宝物や砂金、あるいは無形の福そのものを中にこめた様子を表しており、縁起を担いで家紋に採用されたようだ。記録は少ないが江戸時代には使われていた。大鳥神社の神紋でもある。

丸《まる》に二《ふた》つ袋《ふくろ》

袋《ふくろ》

船【ふね】

船には写実的な意匠が多い。隠岐島から後醍醐天皇をひそかに助け出したとされる名和氏が、その功労から下賜されたという言い伝えが残っている。戦国時代には四国の長宗我部氏が用いたとされる。宝船や笹舟などのバリエーションも。

帆掛船《ほかけぶね》

武 名和氏、長宗我部氏

船《ふね》

木《こ》の葉《はぶね》船

宝船《たからぶね》に浪《なみ》

真向《まむ》き帆掛船《ほかけぶね》

丸《まる》に帆掛船《ほかけぶね》

分銅【ふんどう】

竿秤《さおばかり》や天秤を用いて、重さを量るときに使う金属製のおもり。素材に銅を使うことが多かったため分銅と呼ばれた。正確さにあやかる意味がある。

丸《まる》に分銅《ふんどう》

分銅《ふんどう》

宝分銅《たからふんどう》

細輪《ほそわ》に三《み》つ分銅《ふんどう》

三《み》つ重《かさ》ね分銅《ふんどう》

陰陽分銅《いんようふんどう》

幣【へい】

神に供えたり、お祓いに使う神具の一種。お供えの幣は布製で、お祓いに使うのは紙だった。家紋に用いられるのはほとんど後者だといわれている。

御祓《おはら》い幣《へい》

丸《まる》に幣《へい》

鈴違《すずちが》い幣《へい》

三《み》つ盛《も》り幣《へい》

榊《さかき》に幣《へい》

違《ちが》い幣《へい》

丸《まる》に並《なら》び瓶子《へいし》

瓶子《へいし》

瓶子【へいし】

瓶子とは酒を入れる細長い容器のこと。御神酒《おみき》を入れてお供えしたことから、ある種の神具と捉えられていた。いくつかのバリエーションがある。

六《む》つ瓶子《へいし》

割《わ》り瓶子《へいし》

三《み》つ瓶子《へいし》

中輪《ちゅうわ》に瓶子《へいし》に桜《さくら》

一《ひと》つ帆《ほ》の丸《まる》

丸《まる》に一《ひと》つ帆《ほ》

帆【ほ】

船にかける帆のことだが、家紋としては船そのものとは区別される。海事関係の家系が航海の安全を祈願して用いたと考えられている。帆の数、組み合わせなどにいくつものパターンがあり、江戸時代以降に採用される例が多かった。

抱《だ》き帆《ほ》

二《ふた》つ帆《ほ》の丸《まる》

浪《なみ》に三《み》つ帆《ほ》

水《みず》に帆《ほ》

枡【ます】

分量（容積）をはかるための道具。木製の方形。正確さの象徴であると同時に、「升転じて増す」という意味合いから縁起物としてもてはやされた。

丸《まる》に隅立《すみた》て入《い》れ子枡《こます》

枡《ます》

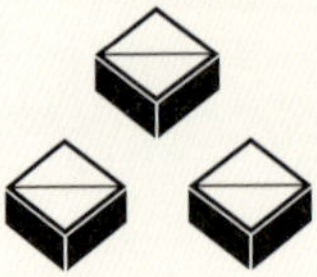

三《み》つ盛《も》り枡《ます》

三階枡《さんかいます》

三枡《みます》

三《み》つ寄《よ》せ枡《ます》

守【まもり】

いわゆる「お守り」のこと。代表的な意匠は京都八坂神社の祇園守であるが、中に十字が含まれていることかキリシタン信仰にも関係しているとする説がある。武家の使用例のほか、八坂神社の信仰者が多い歌舞伎役者の採用もあった。

陰祇園守《かげぎおんまもり》

祇園守《ぎおんまもり》

銀杏守《いちょうまもり》

角祇園守《かくぎおんまもり》

柳川守《やながわまもり》

武 立花氏

中結《なかゆ》い祇園守《ぎおんまもり》

武 小西行長

立《た》て祇園守《ぎおんまもり》

扇祇園守《おうぎぎおんまもり》

池田守《いけだまもり》

武 池田氏(尾張)

御札守丸《おふだまもりまる》

祇園《ぎおん》守《まもり》桐《きり》

祇園《ぎおん》守《まもり》鶴《つる》

変《か》わり二《ふた》つ守《まもり》

筒守《つつまもり》

黒餅《くろもち》
武 黒田氏、竹中氏

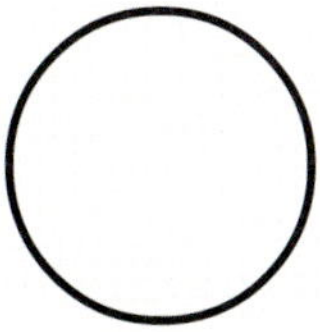
白餅《しろもち》

餅【もち】

円形のシンプルな意匠は、戦の食糧としての意味合いが強い。また「持つ」「保つ」に通じることから、縁起担ぎの一環として採用された例もある。

並《なら》び矢《や》
武 梶原景時

一《ひと》つ矢《や》

矢【や】

古くから武器として使われてきた弓矢は尚武的な家紋といえるが、一方で神事、儀礼とも縁が深い。破魔矢はその典型で、魔除けの意味もあった。矢の本数、組み合わせなど数多くの種類があり、江戸時代以降も盛んに用いられた。

丸《まる》に矢尻《やじり》付《つ》き違《ちが》い矢《や》

丸《まる》に三《み》つ矢《や》

丸《まる》に割《わ》り違《ちが》い矢《や》

違《ちが》い矢《や》

十《じゅう》二《に》本《ほん》矢《や》車《くるま》

三本束《さんぼんたば》ね矢《や》

三《み》つ重《かさ》ね矢《や》

九《く》本《ほん》矢《や》扇《おうぎ》

矢尻《やじり》付《つ》き違《ちが》い矢《や》

抱《だ》き矢《や》に左《ひだり》三《み》つ巴《どもえ》

片桐《かたぎり》割《わ》り違《ちが》い矢《や》

武 片桐氏（小泉藩）

折《お》れ矢《や》

丸《まる》に横《よこ》二《ふた》つ切《き》り竹《たけ》矢筈《やはず》

違《ちが》い矢筈《やはず》

丸《まる》に並《なら》び矢筈《やはず》

矢筈《やはず》

矢尻《やじり》付《つ》き三《み》つ矢筈《やはず》

抱《だ》き矢筈《やはず》

三《み》つ追《お》い矢筈《やはず》

三《み》つ重《かさ》ね並《なら》び矢筈《やはず》

三《み》つ立鼓《りゅうご》

丸《まる》に立鼓《りゅうご》

立鼓【りゅうご】

張られた糸（紐《ひも》）の間で銅のくびれた鼓状の独楽を回す遊び。平安時代に中国から伝わり、曲芸として親しまれてきた。鼓紋と似たところがある。

丸《まる》に三《み》つ輪宝《りんぼう》

輪宝《りんぼう》

武 三宅氏（田原藩）

輪宝【りんぽう】

古代インドの信仰の中で伝えられた想像上の武具のこと。チャクラムとも。仏教伝来とともに仏具としてもたらされた。煩悩を取り除く効果があったといわれる。美しい車輪型の意匠にはいくつものバリエーションがあるようだ。

成《なり》田《た》輪宝《りんぽう》

三《み》つ叉《また》輪宝《りんぽう》

三《み》つ割《わ》り輪宝《りんぽう》

五《いつ》つ輪宝《りんぽう》

輪宝菱《りんぽうびし》

菊形輪宝《きくかたりんぽう》

変《か》わり六《む》つ輪宝《りんぽう》

六《む》つ輪宝《りんぽう》

丸《まる》に違《ちが》い蝋燭《ろうそく》

丸《まる》に一本蝋燭《いっぽんろうそく》

蝋燭【ろうそく】

灯りとして使われていた蝋燭をあしらった意匠。1～3本の蝋燭を用いたパターンがあり、主に丸と組み合わせてデザインされている。武家が使用した例はほとんど記録されておらず、江戸時代以降に商家が家紋として採用したようだ。

三《み》つ割《わ》り蝋燭《ろうそく》

丸《まる》に三《み》つ違《ちが》い蝋燭《ろうそく》

糸輪《いとわ》に並《なら》び蝋燭《ろうそく》

細輪《ほそわ》に三《み》つ蝋燭《ろうそく》

丸《まる》に綿《わた》の花《はな》
武 中岡慎太郎

結綿《ゆいわた》

綿【わた】

真綿を重ねて中央を紐《ひも》で結んだものを結綿《ゆいわた》という。祝い事の進物として使われていたものを意匠にしている。神聖さと慶事のシンボルとして家紋に採り入れる家が多かった。また、丸に綿の花を坂本龍馬の盟友、中岡慎太郎が使った。

文様紋

鱗や菱など古来より
用いられてきた文様を中心に、角や亀甲などの枠飾り、
引き両や字の紋などを紹介する。
シンプルな図柄ながらも、組み合わせによって
多様な変化が見られる。最後には角字と源氏香という
ユニークな家紋も掲載した。

鱗【うろこ】

正三角形や二等辺三角形の組み合わせで作られた幾何学的な意匠。名称は魚の鱗からとっているが、そもそもは文様である。弥生時代の土器や銅鐸にも見られ、生命の創造、繁殖、再生を象徴する呪術的な意味合いがあったとされている。

三《み》つ鱗《うろこ》
武 北条氏、種子島氏

丸《まる》に一《ひと》つ鱗《うろこ》

三《み》つ盛《も》り三《み》つ鱗《うろこ》

丸《まる》に向《む》かい鱗《うろこ》

剣《けん》三《み》つ鱗《うろこ》

北条鱗《ほうじょううろこ》
武 北条氏

角【かく】

方形からなる幾何学的な意匠。他の家紋を囲む外郭として用いる例が多いが、角単独で使用されることもある。四隅の直角部分を残したもの、角を切り落とした「隅切り」、複数の角を組み合わせたものなどいくつものパターンがある。

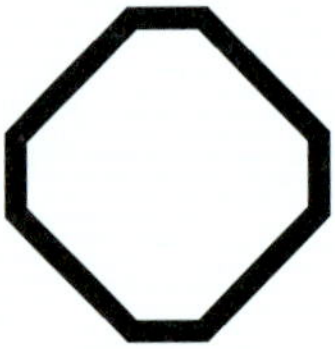

隅《すみ》切《き》り角《かく》

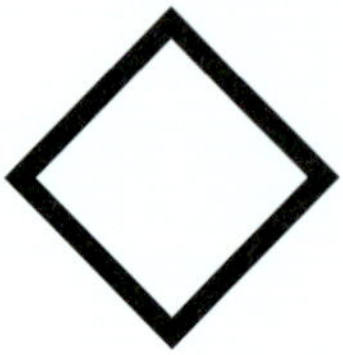

隅《すみ》立《た》て角《かく》

隅《すみ》入《い》り蔓角《つるかく》

隅《すみ》切《き》り鉄砲角《てっぽうかく》

隅《すみ》入《い》り角《かく》

鉄砲角《てっぽうかく》

石持《いしも》ち地抜《じぬ》き隅立《すみた》て角《かく》

子《こ》持《も》ち隅《すみ》切《き》り角《かく》

四隅《よすみ》入《い》り込《こ》み角《かく》

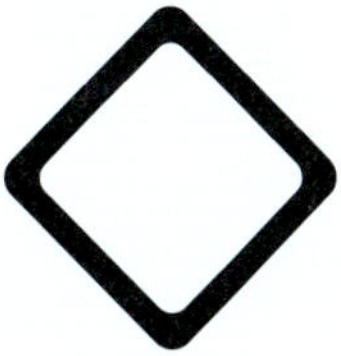
隅《すみ》立《た》て撫《な》で角《かく》

違《ちが》い角《かく》

雁木角《がんぎかく》

結《むす》び角《かく》

組《く》み合《あ》い角《かく》

持《も》ち合《あ》い変《か》わり隅入《すみい》り角《かく》

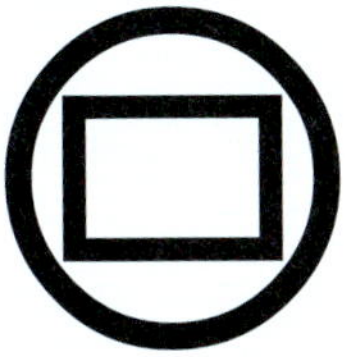
丸《まる》に垂《た》れ角《かく》

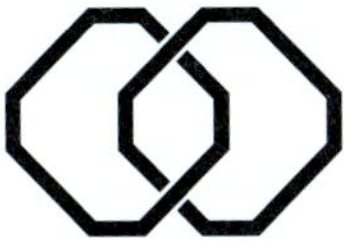
違《ちが》い隅《すみ》切《き》り角《かく》

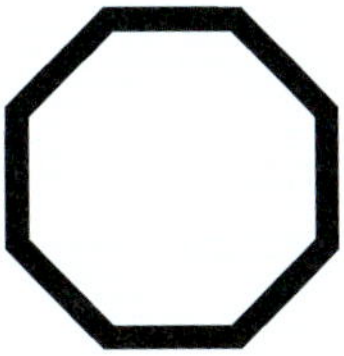
八角《はっかく》

隅立《すみた》てと垂《た》れ角違《かくちが》い

丸《まる》に三《み》つ組《く》み角《かく》

八《や》つ組《く》み角《かく》

太夫角《たゆうかく》

唐花

【からはな】

「花」と名付けられているが、特定の植物を指すものではなく「唐風の植物模様、図案」を意味する。平安時代には衣装の文様として使われており、そこから家紋へと転じていった。意匠は5弁の花形が多い。4弁のものは花角、花菱という。

剣《けん》唐花《からはな》

唐花《からはな》

外雪輪《そとゆきわ》に唐花《からはな》

丸《まる》に六《む》つ唐花《からはな》

武 有馬氏（肥前）

丸《まる》に唐花《からはな》

鬼唐花《おにからはな》

五《いつ》つ割《わ》り唐花《からはな》に唐花《からはな》

裏唐花《うらからはな》

三《み》つ割《わ》り唐花《からはな》に剣片喰《けんかたばみ》

三《み》つ割《わ》り唐花《からはな》

利休《りきゅう》唐花《からはな》

有馬《ありま》唐花《からはな》

蔓唐花桜《つるからはなさくら》

蔓唐花《つるからはな》

変《か》わり唐花《からはな》に巴《ともえ》

唐花蝶《からはなちょう》

浮線唐花《ふせんからはな》

唐花枝丸《からはなえだまる》

織《お》田《だ》唐《から》花《はな》

三《みつ》井《い》変《か》わり唐《から》花《はな》

三《み》つ横《よこ》見《み》唐《から》花《はな》

横《よこ》見《み》唐《から》花《はな》

石《いし》持《も》ち地《じ》抜《ぬ》き唐《から》花《はな》

中《ちゅう》陰《かげ》唐《から》花《はな》

雪《ゆき》輪《わ》に覗《のぞ》き唐《から》花《はな》

三《み》つ盛《も》り唐《から》花《はな》

亀甲【きっこう】

六角形の幾何学的な意匠。亀の甲羅に似ていることからこの名がついた。もともと亀には吉兆の意味合いが含まれているため、この図案自体がめでたいものと認識されている。単独で使われることはまれで、ほとんどは他の家紋との組み合わせ。

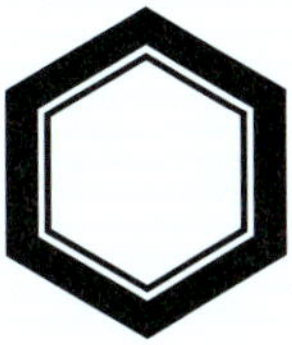
亀甲《きっこう》

一重《ひとえ》亀甲《きっこう》

亀甲《きっこう》に花角《はなかく》
武 直江氏、東氏

亀甲《きっこう》に花菱《はなびし》
武 遠藤氏(三上藩)片桐氏(近江)

一重《ひとえ》亀甲《きっこう》に巴《ともえ》

反《そ》り亀甲《きっこう》

亀甲《きっこう》に九枚笹《くまいざさ》

亀甲《きっこう》に下《さ》がり藤《ふじ》

亀甲《きっこう》に一《いち》の字《じ》

亀甲《きっこう》に違《ちが》い鷹《たか》の羽《は》

亀甲《きっこう》に三《み》つ柏《かしわ》

亀甲《きっこう》に三《み》つ引《ひ》き

亀甲《きっこう》に五三桐《ごさんきり》

亀甲《きっこう》に橘《たちばな》

丸《まる》に亀甲《きっこう》に花菱《はなびし》

亀甲《きっこう》に並《なら》び矢《や》

亀甲《きっこう》に四《よ》つ目《め》

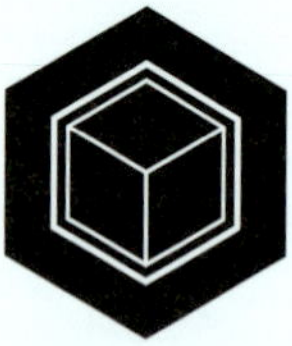

亀甲《きっこう》に三《み》つ菱《びし》

三《み》つ盛《も》り亀甲《きっこう》に剣花菱《けんはなびし》

武 浅井長政

三《み》つ盛《も》り亀甲《きっこう》に花菱《はなびし》

武 二階堂氏、直江兼続

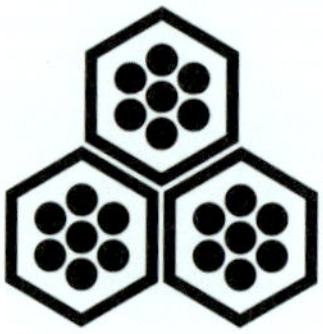

六郷亀甲《ろくごうきっこう》

武 六郷氏（本荘藩）

三《み》つ盛《も》り亀甲《きっこう》

三《み》つ割《わ》り亀甲《きっこう》に花菱《はなびし》

丸《まる》に三《み》つ盛《も》り一重《ひとえ》亀甲崩《きっこうくず》し

三《み》つ盛《も》り亀甲《きっこう》に三《み》つ葉《ば》

武 直江兼続

三《み》つ組《く》み合《あ》い一重《ひとえ》亀甲《きっこう》

六方亀甲形《ろっぽうきっこうかた》

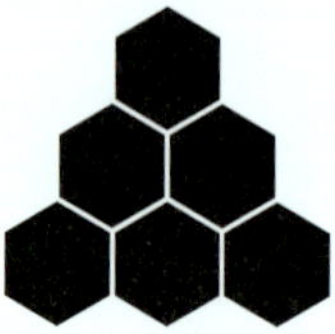

積《つ》み日向《ひなた》亀甲《きっこう》

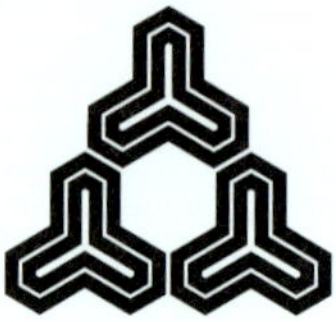

毘沙門亀甲《びしゃもんきっこう》

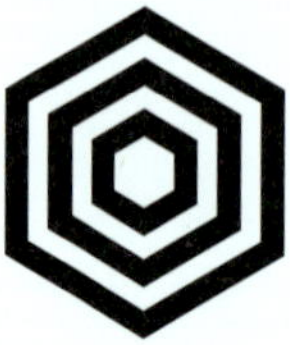

子《こ》持《も》ち亀甲《きっこう》

字《じ》

文字そのものを図案化した文様。物の由来や形状そのものから意味を引き出すのではなく、文字の意味を引き継いでいるのが特徴。一、三、八、十など漢数字の例が多いが、名字の一部を図案化したり、かな文字を使うこともあった。

一番字《いちばんじ》

一《いち》の字《じ》

細輪《ほそわ》に利《とし》の字《じ》
武 松平形原氏

丸《まる》に本《ほん》の字《じ》
武 本多氏（三河）

丸《まる》に大《だい》の字《じ》
武 大道寺氏（武蔵）

十《じゅう》の字《じ》
武 島津氏

丸《まる》に林《はやし》の字《じ》
武 林

丸《まる》に南《みなみ》の字《じ》

丸《まる》に小《こ》の字《じ》

丸《まる》に上《うえ》の字《じ》
武 村上氏、屋代氏

三《み》つ吉《きち》の字《じ》亀甲《きっこう》

五《ご》の字《じ》

三《み》つ大《だい》の字《じ》

岩《いわ》の字《じ》の丸《まる》

無文字《むもじ》

百《ひゃく》の字《じ》

大一大万大吉《だいいちだいまんだいきち》
武 石田三成

児《じ》の字《じ》
武 宇喜多直家

丸《まる》に山《やま》の字《じ》

品《しな》の字《じ》丸《まる》

隅《すみ》切《き》り角《かく》に角三《かくさん》

武 稲葉氏（淀藩）

隅立《すみた》て折敷《おしき》に二《に》の字《じ》

武 北条氏

剣山《けんやま》の丸《まる》

山《やま》の字《じ》丸《まる》

尻合《しりあ》わせ三《み》つ山《やま》の字《じ》

剣形山《けんがたやま》の字《じ》

丹羽筋違《にわすじかい》

武 丹羽氏

筋違《すじかい》

筋違【すじかい】

二本の直線を斜めに交差させた幾何学的な意匠。直違とも書く。建物の強度を増すために用いられる木材がその由来だが、この家紋は器物紋ではなくあくまでも模様として扱われる。家や城を守るという意味で家紋に採用されたといわれる。

六《む》つ組《く》み筋違《すじかい》

丸《まる》に筋違《すじかい》

四《よ》つ組《く》み筋違《すじかい》

三《み》つ組《く》み筋違《すじかい》

右二《みぎふた》つ巴《どもえ》

武 大石氏（赤穂）

右一《みぎひと》つ巴《どもえ》

巴【ともえ】

巴はもともと弓を引くときに腕を保護するための武具だったが、いつの頃からか渦巻きの意匠をあらわす言葉に転じた。平安時代から文様として使われ戦国時代には武家の使用例が多かった。時代を下って江戸時代にも人気を博したといわれる。

左《ひだり》一《ひと》つ巴《どもえ》

右《みぎ》五《いつ》つ巴《どもえ》

右《みぎ》四《よ》つ巴《どもえ》

右《みぎ》三《み》つ巴《どもえ》
武 宇都宮氏（下野）

有《あり》馬《ま》巴《どもえ》
武 有馬氏

左《ひだり》三《み》つ巴《どもえ》
公 西園寺家
武 小早川氏（安芸）
九鬼氏（綾部藩）
蒲生氏（陸奥）
佐野氏（下野）
尚氏（琉球国王室）
結城氏（下総）
山本勘助
土方歳三

左《ひだり》二《ふた》つ巴《どもえ》

渦《うず》巻《ま》き巴《どもえ》

陰陽《いんよう》まが玉《だま》巴《どもえ》

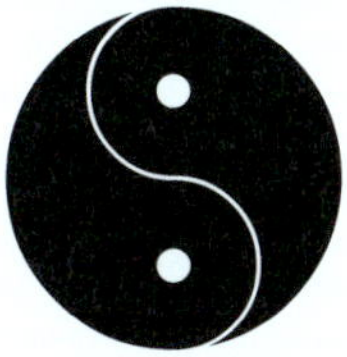
まが玉《だま》巴《どもえ》

二《ふた》つ引《ひ》きに三《み》つ巴《どもえ》
武 赤松則村

左《ひだり》抜《ぬ》け巴《どもえ》

左《ひだり》三《み》つ巴菱《どもえびし》

丸《まる》に太鼓《たいこ》巴《どもえ》

丸《まる》に違《ちが》い巴《どもえ》

九曜《くよう》巴《どもえ》
武 板倉氏、長尾氏、香川氏

台巴《だいどもえ》

子《こ》持《も》ち左《ひだり》三《み》つ巴《どもえ》

向《む》かい巴《どもえ》

花角【はなかく】

唐花と同じく特定の植物を意味するものではなく、花弁を方形（隅立て角形）にあしらった意匠そのものをいう。優れたデザイン性から衣装の文様などに盛んに用いられた。組み合わせや意匠も豊富で、数多くのバリエーションがある。

丸《まる》に花角《はなかく》

花角《はなかく》

滋野《しげの》井《い》花角《はなかく》
公 滋野井家

四《よ》つ花角《はなかく》

剣花角《けんはなかく》

鬼花角《おにはなかく》

陰花角《かげはなかく》

三須賀《みすが》花角《はなかく》

四《よ》つ割《わ》り花角《はなかく》

三条花角《さんじょうはなかく》
公 三条家、武者小路家

花菱【はなびし】

花角と似ているが、こちらは花弁を方形ではなく菱形にあしらった意匠。菱紋のバリエーションととらえた方が適当。清和源氏の流れをくむ武家の使用例が多かったが、江戸時代になると商家がこぞってこの家紋を使ったとされている。

丸《まる》に花菱《はなびし》
武 五島氏（福江藩）

花菱《はなびし》
武 武田氏、河越氏、長束正家

蔓花菱《つるはなびし》

丸《まる》に鬼花菱《おにはなびし》

丸《まる》に出《で》剣花菱《けんはなびし》

丸《まる》に剣花菱《けんはなびし》
武 勝海舟

菱《ひし》に四《よ》つ鬼花菱《おにはなびし》

菱《ひし》に覗《のぞ》き花菱《はなびし》

菱《ひし》に花菱《はなびし》

陰花菱《かげはなびし》
武 武田氏

三《み》つ花菱《はなびし》
武 秩父氏

柳沢花菱《やなぎさわはなびし》
武 柳沢氏(郡山藩)

四《よ》つ花菱《はなびし》

三《み》つ盛《も》り花菱《はなびし》
武 穴山氏(甲斐)

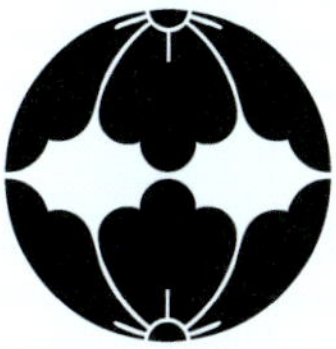
二《ふた》つ割《わ》り花菱《はなびし》

花菱巴《はなびしどもえ》

隅立《すみた》て四《よ》つ割《わ》り花菱《はなびし》

三《み》つ割《わ》り花菱《はなびし》

丸《まる》に三《み》つ割《わ》り花菱《はなびし》

外向《そとむ》き三《み》つ割《わ》り花菱《はなびし》

横見花菱《よこみはなびし》

平角《ひらかく》に花菱崩《はなびしくず》し

蝶花菱《ちょうはなびし》

杏葉花菱《ぎょうようはなびし》

変《か》わり三《み》つ蔓花菱《つるはなびし》

五《いつ》つ捻《ね》じ花菱《はなびし》

 武 ――有名な武将 公 ――有名な公家 名 ――代表的な名字

引き両【ひきりょう】

単に「引き」ともいう。横に引かれた直線の幾何学的な意匠である。その由来については「龍の姿をかたどった」「引き両の両は霊を表す」など諸説あるが正確なところはわかっていない。力強さの象徴として武家が好んだともいわれる。

丸《まる》の内《うち》に一《ひと》つ引《ひ》き

丸《まる》に一《ひと》つ引《ひ》き

丸《まる》に出《で》二《ふた》つ引《ひ》き

丸《まる》に二《ふた》つ引《ひ》き

武 遠山氏、山名氏、由良氏

新田《にった》一《ひと》つ引《ひ》き(大中黒《おおなかぐろ》)

武 新田氏、岩松氏

丸《まる》に出《で》一《ひと》つ引《ひ》き

丸《まる》の内《うち》に太二《ふとふた》つ引《ひ》き

足利《あしかが》二《ふた》つ引《ひ》き

武 足利氏、斯波氏(陸奥)

丸《まる》の内《うち》に二《ふた》つ引《ひ》き

武 織田氏(尾張)
斯波氏(陸奥)
畠山氏(武蔵)
最上氏(出羽)
里見氏(房総)
吉良氏
一色氏

三浦《みうら》三《み》つ引《ひ》き

武 三浦氏

細輪《ほそわ》に太三《ふとみ》つ引《ひ》き

武 吉川広家

丸《まる》の内《うち》に三《み》つ引《ひ》き

武 間部氏、蘆名氏

丸《まる》に三《み》つ引《ひ》き

武 近藤勇

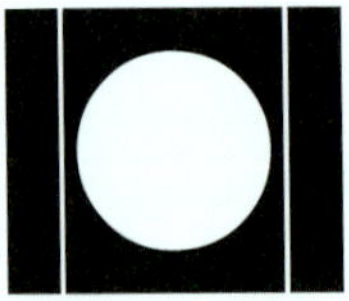

岩城《いわき》立《た》て引《ひ》き

武 岩城氏(亀田藩)

丸《まる》の内《うち》に五《いつ》つ引《ひ》き

丸《まる》に立《た》て三《み》つ引《ひ》き

武 伊達氏(陸奥)

丸《まる》に立《た》て二《ふた》つ引《ひ》き

武 神保氏(越中)

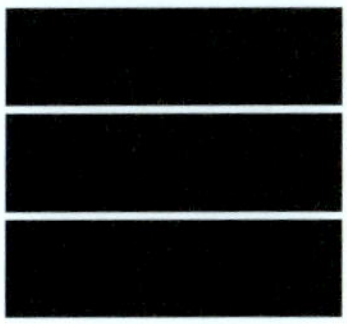

三《み》つ引《ひ》き
武 吉川氏

二《ふた》つ引《ひ》き
武 今川氏

喰《く》い違《ちが》い七《なな》引《ひ》き

分部《わけべ》三《み》つ引《ひ》き
武 分部氏

割菱《わりびし》
公 清水谷家、葉室家

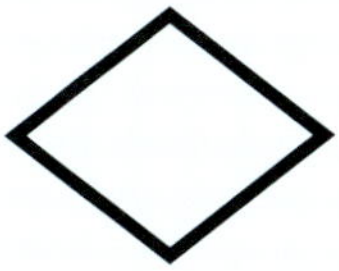

細陰菱《ほそかげびし》

菱【ひし】

菱形の幾何学的な意匠の総称。植物のヒシの実に由来するといわれているが、正確なところは不明。鱗と同じく古代の土器にも刻まれていることから呪術的な意味合いもあったと考えられている。単一の菱のほか、三階菱や武田菱などが有名。

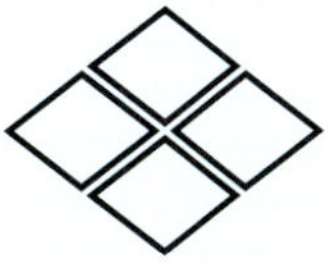

陰武田菱《かげたけだびし》

丸《まる》に武田菱《たけだびし》
武 松前氏（松前藩）

武田菱《たけだびし》
武 武田氏

丸《まる》に割菱《わりびし》
武 高杉晋作

三階菱《さんかいびし》
武 三好氏、小笠原氏

丸《まる》に四《よ》つ重《かさ》ね菱《びし》

四《よ》つ重《かさ》ね菱《びし》

三《み》つ盛《も》り菱《びし》
武 市橋氏（仁正寺藩）

丸《まる》に三《み》つ菱《びし》

丸《まる》に変《か》わり三《み》つ菱《びし》

寄《よ》せ三《み》つ菱《びし》

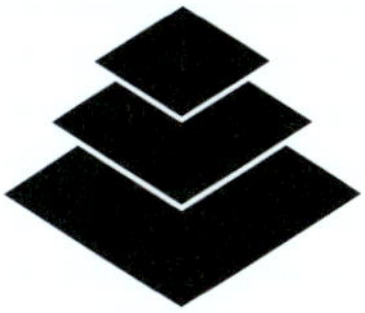

重《かさ》ね三階菱《さんかいびし》

違《ちが》い菱《びし》

大内菱《おおうちびし》

武 大内氏（周防山口）

山口菱《やまぐちびし》

武 山口氏（牛久藩）

幸菱《さいわいびし》

子《こ》持《も》ち菱《びし》

折《お》り入《い》り菱《びし》に轡《くつわ》

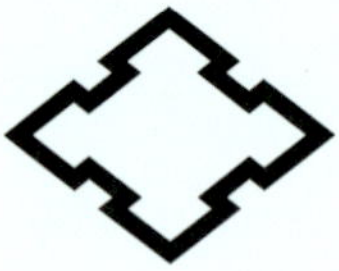

折《お》り入《い》り菱《びし》

市松菱《いちまつびし》

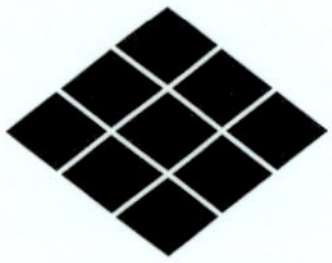

九《ここの》つ菱《びし》

米倉菱《よねくらびし》

五《いつ》つ菱《びし》

四《よ》つ反《そ》り菱《びし》

丸《まる》に松皮菱《まつかわびし》

松皮菱《まつかわびし》

松皮菱【まつかわびし】

通常の菱の上下にそれぞれ小さな菱を組み合わせた幾何学的な意匠。その形状が松の外皮に似ていることから松皮菱と呼ばれる。日本では比較的ポピュラーな意匠であるが、世界的には珍しいデザイン。複数組み合わせたものも多い。

四《よ》つ松皮菱《まつかわびし》

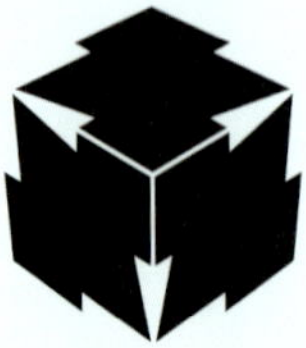

三《み》つ松皮菱《まつかわびし》

溝口菱《みぞぐちびし》

鬼松皮菱《おにまつかわびし》

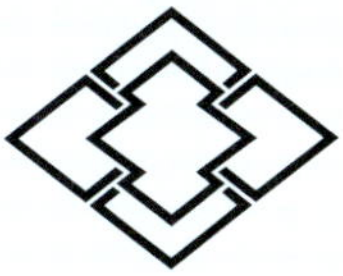

陰《かげ》四《よ》つ菱《ひし》に松皮菱《まつかわびし》

中陰松皮菱《ちゅうかげまつかわびし》

六《む》つ内《うち》に三《み》つ松皮菱《まつかわびし》

五《いつ》つ松皮菱《まつかわびし》

五《いつ》つ割《わ》り卍《まんじ》

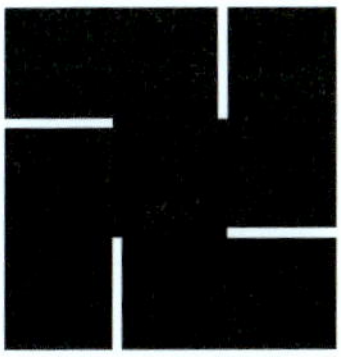

左卍《ひだりまんじ》

万字【まんじ】

卍ともいう。漢字ではなく梵字《ぼんじ》。また文字であると同時に文様のひとつであり、もともとは仏教やヒンズー教との関わりが大きいとされる。今も仏教の記号、寺を示す標識として用いられる。図形にこめられた意味は「幸運福来」。

五瓜《ごか》に卍《まんじ》
武 吉田松陰

左卍菱《ひだりまんじびし》

丸《まる》に角立《かくた》て左卍《ひだりまんじ》

丸《まる》に左卍《ひだりまんじ》
武 蜂須賀氏

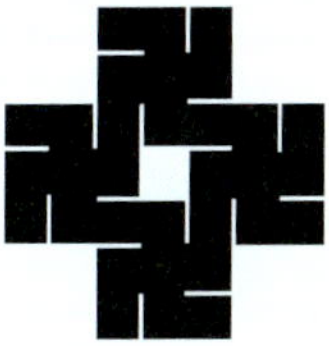

四《よ》つ卍崩《まんじくず》し

卍《まんじ》の丸《まる》

四《よ》つ角立《かくた》て五《いつ》つ割《わ》り卍《まんじ》

三《み》つ卍《まんじ》の丸《まる》

二階堂村濃《にかいどうむらご》
武 二階堂氏

畠山村濃《はたけやまむらご》
武 畠山氏

村濃【むらご】

本来は同じ色を濃淡で染め分けた模様（いわゆるグラデーション）のことを指し、それぞれの家で染め方が違っていたといわれる。これが家紋に転じてからグラデーションの表現が省略されて現在の形になった。点描はその名残とも。

目

【め】

「目結《めゆい》」ともいう。もともとは糸を使った絞り染めの技法のことで、鹿子《かのこ》絞りと呼ばれた。平安時代に文様として盛んに用いられたあと、鎌倉時代に家紋に転じ大流行した。染めた模様の形状を「目」として残し、いくつものパターンが生まれた。

三《み》つ目《め》

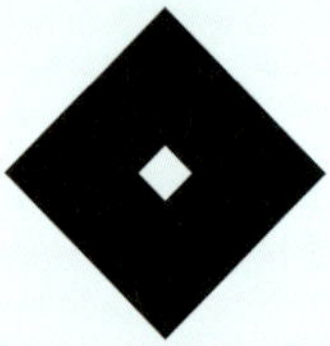

隅《すみ》立《た》て一《ひと》つ目《め》

武 堀氏（村松藩）

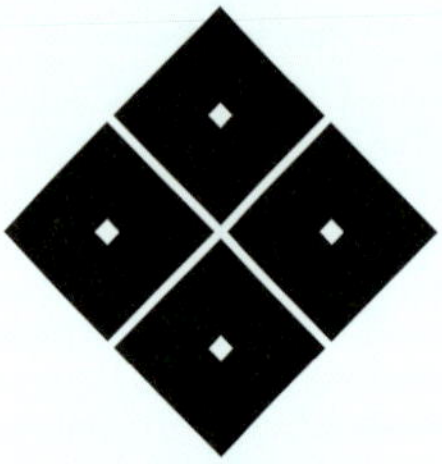

角《かく》立《た》て四《よ》つ目《め》

武 亀井氏（津和野藩）
京極氏（多度津藩）
巧木氏
佐々木氏

丸《まる》に三《み》つ目《め》

三《み》つ目《め》に一《ひと》つ引《ひ》き

七《なな》つ割《わ》り隅立《すみた》て四《よ》つ目《め》

武 佐々成政

繋《つな》ぎ四《よ》つ目《め》

武 京極氏（峰山藩）

七《なな》つ割《わ》り平《ひら》四《よ》つ目《め》

武 尼子氏

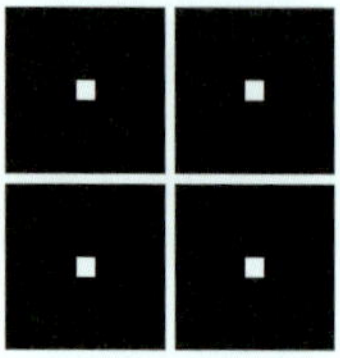

平《ひら》四《よ》つ目《め》

武 京極氏、佐々木信綱、尼子氏

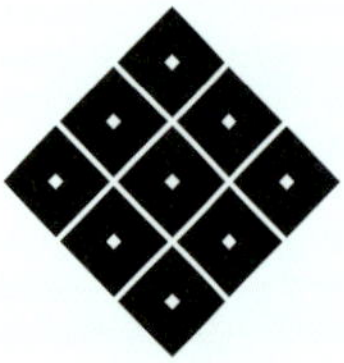

九《ここの》つ目《め》

陰陽《いんよう》繋《つな》ぎ九《ここの》つ目《め》

繋《つな》ぎ九《ここの》つ目《め》

武 本庄氏（高富藩）

糸輪《いとわ》に結《むす》び四《よ》つ目《め》

丸《まる》に陰陽五《いんよういつ》つ目《め》

丸《まる》に角合《かくあ》わせ四《よ》つ目菱《めびし》

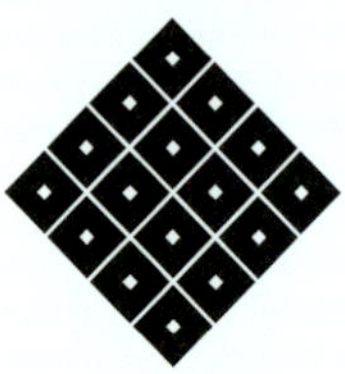

十六目《じゅうろくめ》

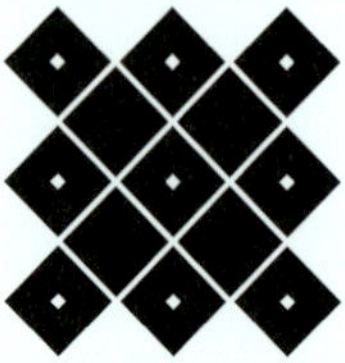

繋《つな》ぎ九《ここの》つ目結《めゆい》

堀《ほり》尾《お》目《め》結《ゆい》

武 堀尾氏（遠江）

糸輪《いとわ》に割《わ》り四《よ》つ目《め》

丸《まる》に蔓《つる》四《よ》つ目《め》

丸《まる》に剣《けん》三《み》つ目《め》

反《そ》り角《かく》立《た》て四《よ》つ目《め》

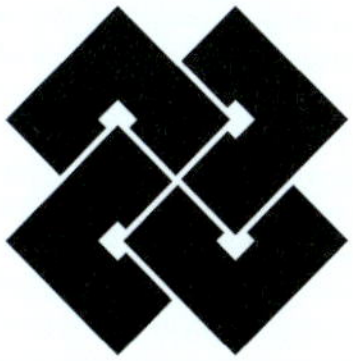

捻《ね》じ四《よ》つ目《め》

四《よ》つ目《め》車《くるま》

かせ四《よ》つ目《め》

剣木瓜《けんもっこう》

木瓜《もっこう》

武 遊佐氏（出羽）

木瓜【もっこう】

木瓜とは地上にある鳥の巣をあしらった幾何学的な意匠のことである。子孫繁栄の意味合いを持つ。中国唐代には官服の文様として使われ、そのまま日本にもたらされたといわれる。また御簾《みす》の帽額《もこう》からきたとする説もあるようだ。

丸《まる》に覗《のぞ》き木瓜《もっこう》

丸《まる》に木瓜《もっこう》

武 沖田総司

蔓木瓜《つるもっこう》

立《た》ち木瓜《もっこう》

武 堀田氏（佐野藩）

庵木瓜《いおりもっこう》

武 伊東氏（岡田藩）

盃庵木瓜《さかずきいおりもっこう》

名 内田

堀田《ほった》木瓜《もっこう》

武 堀田氏（佐倉藩）

石持《いしも》ち地抜《じぬ》き木瓜《もっこう》

武 黒田氏（久留里藩）

割《わ》り木瓜菱《もっこうびし》

割《わ》り木瓜《もっこう》

糸輪《いとわ》に三《み》つ寄《よ》せ木瓜《もっこう》

三《み》つ盛《も》り木瓜《もっこう》

武 朝倉氏

三《み》つ結《むす》び木瓜《もっこう》

三《み》つ割《わ》り木瓜崩《もっこうくず》し

徳大寺《とくだいじ》木瓜《もっこう》

公 徳大寺家

三《み》つ割《わ》り木瓜《もっこう》

四方木瓜《しほうもっこう》に違《ちが》い鷹《たか》の羽《は》

剣四方木瓜《けんしほうもっこう》

中輪《ちゅうわ》に四方木瓜《しほうもっこう》

四方木瓜《しほうもっこう》

板倉木瓜《いたくらもっこう》

木瓜菱《もっこうびし》

木瓜《もっこう》に四《よ》つ目《め》

木瓜《もっこう》に二《ふた》つ引《ひ》き

鐶木瓜《かんもっこう》

陰木瓜《かげもっこう》と三《み》つ巴《どもえ》

琴柱《ことじ》に木瓜《もっこう》

中津木瓜《なかつもっこう》

輪【わ】

円形の輪の幾何学的な意匠、その総称。外輪の太さから「糸輪」「細輪」「中輪」「太輪」などの種類があるほか、雪や月をあしらったさまざまなパターンがある。他の家紋との組み合わせで使用される例も多く、それらは「輪に〇〇」と称される。

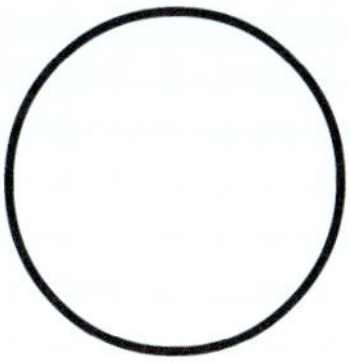

糸輪《いとわ》

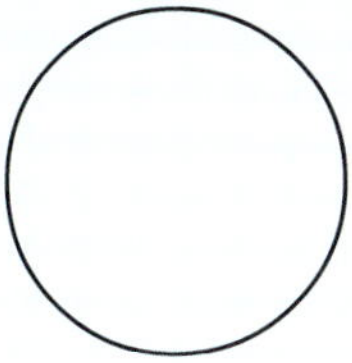

毛輪《けわ》

中太輪《ちゅうふとわ》

丸輪《まるわ》

中輪《ちゅうわ》

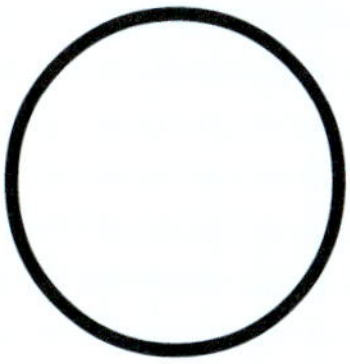

細輪《ほそわ》

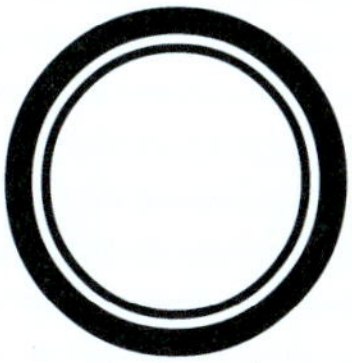

子《こ》持《も》ち輪《わ》

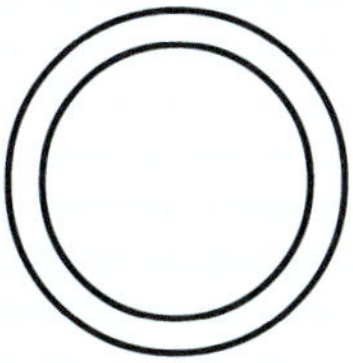

陰丸輪《かげまるわ》

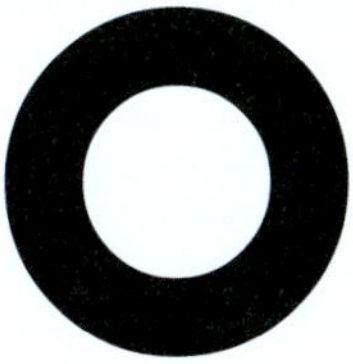

厚輪《あつわ》

太輪《ふとわ》

竹輪《たけわ》

雪輪《ゆきわ》

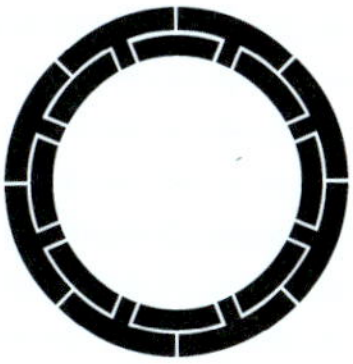

源氏輪《げんじわ》

月輪《つきわ》

片藤輪《かたふじわ》

菊輪《きくわ》

藤輪《ふじわ》

唐草輪《からくさわ》

薄《すすき》輪《わ》

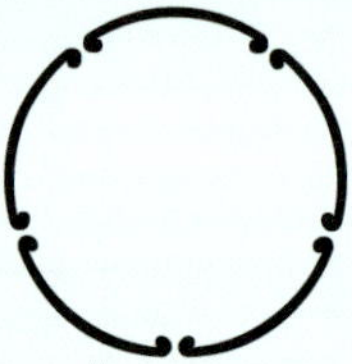

鐶《かん》輪《わ》

浪《なみ》輪《わ》

二重《ふたえ》輪《わ》

石《いし》持《も》ち

朧《おぼろ》輪《わ》

光琳梅《こうりんうめ》輪《わ》

梅《うめ》輪《わ》

丸《まる》に輪《わ》違《ちが》い

輪《わ》違《ちが》い

武 脇坂氏（竜野藩）

輪違い【わちがい】

二つ以上の輪を重ねた幾何学的な意匠。基本は二つの輪による構成だが、中には六個の輪を使ったものや角との組み合わせも。江戸時代にはいくつかの大名家が家紋として採用したほか、幕臣の間でも一定の人気があったとされる。

角《かく》輪《わ》違《ちが》い

五《いつ》つ輪《わ》違《ちが》い

四《よ》つ輪《わ》違《ちが》い

三《み》つ輪《わ》違《ちが》い

六《む》つ輪《わ》違《ちが》い

剣《けん》三《み》つ輪《わ》違《ちが》い

中輪《ちゅうわ》に割《わ》り輪《わ》違《ちが》い

花《はな》輪《わ》違《ちが》い

角字《かくじ》

角字は方形の中に特定の一文字をぴったりとおさめる図案。その形状は、下の源氏香とよく似ている。文字をそのまま図案化することができるため、名字の一字をとって家紋にする例が多かったようだ。文字紋と扱われることもある。

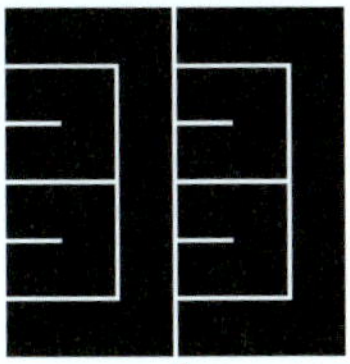
羽《う》

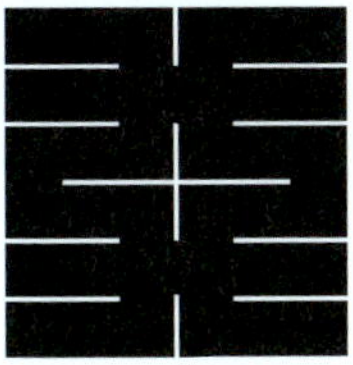
井《い》

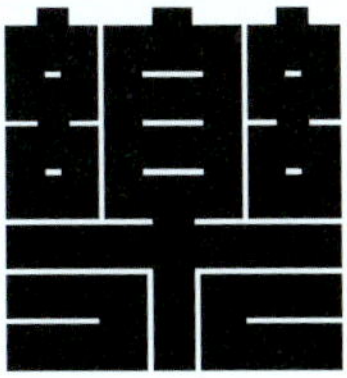
楽《らく》

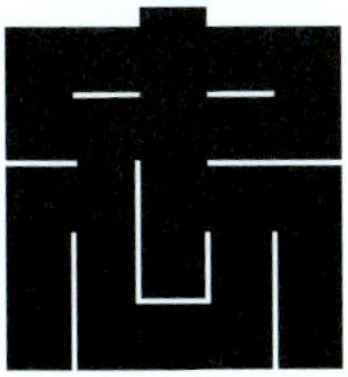
忠《ちゅう》

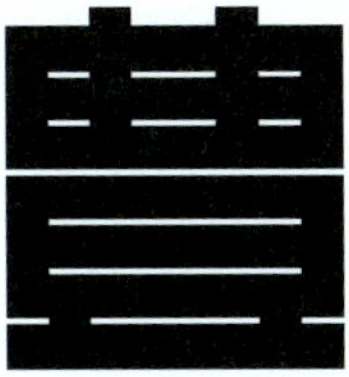
豊《とよ》

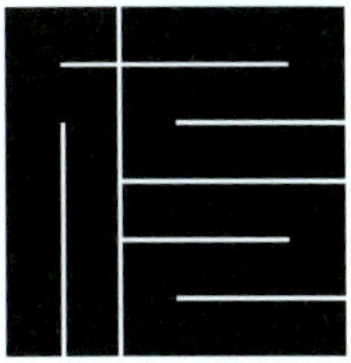
仁《じん》

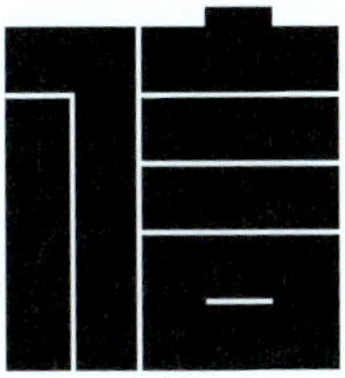
信《しん》

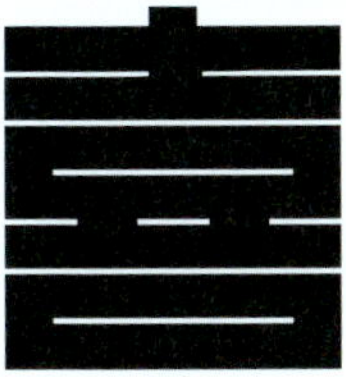
喜《き》

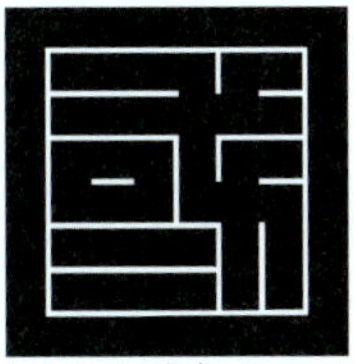
國《こく》

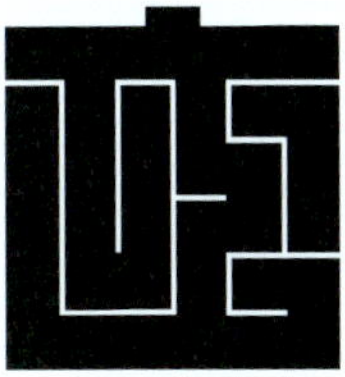
武《ぶ》

源氏香《げんじこう》

源氏香は他の家紋とは異なり、香道の中で用いられる特殊な記号から発生した。江戸初期に考案されたといわれる。図形の呼び名は源氏物語54帖から採り、それぞれの図形に意味がある。やがて文様として、家紋として使われるようになった。

玉鬘《たまかずら》

胡蝶《こちょう》

花散里《はなちるさと》
武 佐竹氏（常陸）

桐壺《きりつぼ》

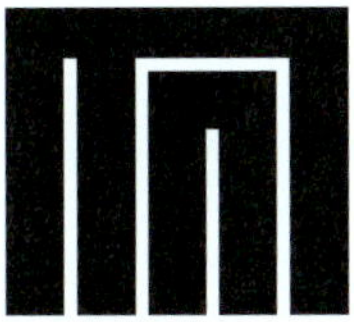
若菜《わかな》（上）

野分《のわき》

◇参考文献

『家紋の事典』(東京堂出版) ／『日本紋章学』(人物往来社) ／『家紋の文化史』(講談社)
『戦国武将100　家紋・旗・馬印FILE』(学研パブリッシング) ／『苗字と名前の歴史』(吉川弘文館)
『新版　家紋から日本の歴史をさぐる』(ごま書房) ／『よくわかる！名字と家紋』(ＰＨＰ研究所)
『家紋　知れば知るほど』(実業之日本社) ／『苗字と名前を知る事典』(東京堂出版)
『日本人の苗字　三〇万姓の調査から見えたこと』(光文社) ／『姓氏家系大辞典』(角川書店)
『名字でたどる　日本の名家』(日本実業出版社) ／『姓氏・地名・家紋総合事典』(新人物往来社)
『全国名字辞典』(東京堂出版) ／『名字から歴史を読む方法』(河出書房新社)
『日本史事典』(平凡社) ／『ビジュアルワイド図説日本史』(東京書籍)　など

な

は

さ

た

用語索引

あ

か

●著者紹介　網本 光悦
[あみもと みつよし]
フリーライター・歴史研究家。長年学習書の編集に携わったのち、フリーに。古典や歴史分野を中心に、雑誌やムックなどで執筆活動をおこなっている。

●デザイン――櫻井ミチ
●DTP――株式会社明昌堂
●イラスト――大管雅晴　堀 美紀
●編集協力――株式会社スリーシーズン　大道寺ちはる

※本書の家紋は、『家紋大全』（マツイシステム刊）より使用しました。

※本書は、当社刊『決定版 知れば知るほど面白い！ 家紋と名字』（2011年3月発行）をオールカラーにリニューアルし、書名・判型・価格を変更したものです。

カラー版《ばん》 イチから知《し》りたい！ 家紋《かもん》と名字《みょうじ》

●著　者――網本 光悦
●発行者――若松 和紀
●発行所――株式会社西東社《せいとうしゃ》
〒113-0034 東京都文京区湯島 2-3-13
電話　03-5800-3120（代）
URL　https://www.seitosha.co.jp/

ISBN978-4-7916-2307-5